· 西北大学“双一流”建设项目资助（Sponsored by First-class Universities and Academic Programs of Northwest University）
· 西北大学2024年度“国家社科基金孵化计划”项目资助
（项目名称：马克思主义视阈下当代中国农村土地制度演化研究；
项目编号：24XNFH010）
· 教育部哲学社会科学研究重大课题攻关项目资助
（项目名称：中国特色社会主义政治经济学理论与实践研究；
项目编号：20JZD005）

当代中国农村土地制度演化研究

Study on the Evolution of Rural Land System in Contemporary China

赵麦茹　刘若冰　等◎著

中国经济出版社
CHINA ECONOMIC PUBLISHING HOUSE
北 京

图书在版编目（CIP）数据

当代中国农村土地制度演化研究 / 赵麦茹等著 . 北京：中国经济出版社，2024. 10. -- ISBN 978 - 7 - 5136 - 7930 - 5

Ⅰ. F321. 1

中国国家版本馆 CIP 数据核字第 2024AD2419 号

责任编辑 贺 静
责任印制 李 伟
封面设计 华子设计

出版发行 中国经济出版社
印 刷 者 河北宝昌佳彩印刷有限公司
经 销 者 各地新华书店
开 本 710mm × 1000mm 1/16
印 张 19. 25
字 数 276 千字
版 次 2024 年 10 月第 1 版
印 次 2024 年 10 月第 1 次
定 价 89. 00 元
广告经营许可证 京西工商广字第 8179 号

中国经济出版社 **网址** http://epc. sinopec. com/epc/ **社址** 北京市东城区安定门外大街 58 号 **邮编** 100011
本版图书如存在印装质量问题，请与本社销售中心联系调换（联系电话：010 - 57512564）

目录
Contents

第一章　导论

一、研究背景与研究意义　/ 1
（一）研究背景　/ 1
（二）研究意义　/ 2
二、研究思路与研究方法　/ 4
（一）研究思路　/ 4
（二）研究方法　/ 5
三、研究内容与研究框架　/ 6
（一）研究内容　/ 6
（二）研究框架　/ 8
四、主要贡献　/ 9

第二章　文献综述、理论基础及机制分析

第一节　文献综述　/ 10
一、当代中国农村土地制度演化的阶段特征及动因　/ 10
（一）当代中国农村土地制度演化阶段特征的相关研究　/ 10
（二）当代中国农村土地制度演化动因的相关研究　/ 11
二、当代中国农村土地制度演化的内在逻辑及目标　/ 12

（一）当代中国农村土地制度演化内在逻辑的相关研究 / 12
（二）当代中国农村土地制度演化目标的相关研究 / 13
三、当代中国农村土地制度演化的方式与绩效 / 13
（一）当代中国农村土地制度演化方式的相关研究 / 13
（二）当代中国农村土地制度演化绩效的相关研究 / 14
第二节 理论基础 / 15
一、马克思主义的土地制度理论 / 15
（一）马克思、恩格斯的土地制度理论：土地公有制代替私人占有制 / 15
（二）列宁的土地制度理论：实行土地国有化 / 18
二、马克思主义的制度变迁理论 / 20
（一）制度变迁的动力：生产力与生产关系的矛盾运动 / 21
（二）制度变迁的主体：代表先进生产力发展的阶级 / 21
（三）制度变迁的路径：革命性和渐进性变迁相结合 / 24
三、诺思的制度变迁理论 / 25
（一）制度变迁的动力：节约交易成本 / 25
（二）制度变迁的方式：强制性变迁与诱致性变迁 / 27
第三节 马克思主义视阈下当代中国农村土地制度演化机制分析 / 29
一、演化机制的理论分析 / 29
（一）生产力和生产关系的相互作用引致制度变迁 / 29
（二）经济基础和上层建筑的矛盾运动推动制度变迁 / 31
二、演化机制示意图 / 34

第三章 1949—1978 年：社会主义革命和建设时期农村土地制度的演化

第一节 社会主义革命和建设时期农村土地制度演化的背景 / 35
一、农村生产力发展不足 / 35
（一）新中国成立初期（1949—1952 年）：农村生产力发展落后 / 35

（二）农业互助合作时期（1953—1978 年）：农村生产力发展水平有所提高，但增长有限 / 37
二、农村土地生产关系不适应生产力的发展要求 / 48
（一）新中国成立初期（1949—1952 年） / 48
（二）农业互助合作时期（1953—1978 年） / 49
三、农村土地制度改革思想的发展演变 / 55
（一）新中国成立初期（1949—1952 年）："要解决好农民问题，必须解决好土地问题"的思想形成 / 55
（二）农业互助合作时期（1953—1978 年）：服务于国家工业化目标战略的思想共识形成 / 58
第二节 社会主义革命和建设时期农村土地制度的演化 / 73
一、社会主义革命和建设时期农地制度的演化 / 73
（一）新中国成立初期（1949—1952 年）："农民所有、农民经营"的农地制度 / 73
（二）农业互助合作时期（1953—1978 年）：从"农民所有、农民互助经营"农地制度转变为"集体所有、集体经营"农地制度 / 74
二、社会主义革命和建设时期宅基地制度的演化 / 87
（一）新中国成立初期（1949—1952 年）：农民私有的宅基地制度 / 88
（二）农业互助合作时期（1953—1978 年）：从农民私有的宅基地制度转变为集体所有、农民使用的宅基地制度 / 90
三、社会主义革命和建设时期集体经营性建设用地制度的演化 / 97
（一）新中国成立初期（1949—1952 年）：农民私有的集体经营性建设用地制度 / 97
（二）农业互助合作时期（1953—1978 年）：从农民私有的集体经营性建设用地制度转变为集体所有的集体经营性建设用地制度 / 98

第三节　社会主义革命和建设时期的土地实践及影响　/ 101
一、社会主义革命和建设时期农地实践及影响　/ 101
（一）新中国成立初期的农地制度实践及影响（1949—1952 年）　/ 101
（二）农村互助合作时期农地制度实践及影响（1953—1978 年）　/ 112
二、社会主义革命和建设时期宅基地制度实践及影响　/ 140
（一）新中国成立初期宅基地制度实践及影响（1949—1952 年）　/ 140
（二）农业互助合作时期宅基地制度实践及影响（1953—1978 年）　/ 141
三、社会主义革命和建设时期集体经营性建设用地制度实践及影响　/ 144
第四节　本章小结　/ 146

第四章　1978—2012 年：改革开放与社会主义现代化建设新时期农村土地制度的演化

第一节　改革开放与社会主义现代化建设新时期农村土地制度演化的背景　/ 152
一、生产力水平不断提升，与发达国家相比仍有发展潜力　/ 152
二、农村土地制度的发展与不适应性　/ 157
三、农村土地制度改革思想的发展演变　/ 159
（一）“解放思想，实事求是”，突破农业旧体制　/ 159
（二）“三个有利于”思想的引入，不断深化土地制度改革　/ 160
（三）重视“三农”问题，发展“三农”思想　/ 162
第二节　改革开放与社会主义现代化建设新时期农村土地制度的演化　/ 166
一、改革开放与社会主义现代化建设新时期农地制度的演化　/ 166
（一）1978—1984 年：确立家庭联产承包责任制的农地制度　/ 166
（二）1984—1998 年：家庭联产承包责任制成为基本经济制度，

探索使用权流转的农地制度 ／167
（三）1998—2004 年：以家庭承包经营为基础，构建规范化的农地流转制度 ／170
（四）2004—2012 年：法律上明确土地承包经营权为用益物权，健全农地流转制度 ／171
二、改革开放与社会主义现代化建设新时期宅基地制度的演化 ／174
三、改革开放与社会主义现代化建设新时期农村集体经营性建设用地制度的演化 ／184
（一）1978—1998 年：限制流转的集体经营性建设用地制度 ／184
（二）1998—2012 年：有限放开和局部探索的集体经营性建设用地制度 ／185
第三节 改革开放与社会主义现代化建设新时期农村土地制度的实践与影响 ／189
一、改革开放与社会主义现代化建设新时期农地实践及影响 ／189
（一）土地转包 ／191
（二）反租倒包 ／192
（三）土地股份制 ／194
二、改革开放与社会主义现代化建设新时期宅基地实践及影响 ／197
三、改革开放与社会主义现代化建设新时期农村集体经营性建设用地实践及影响 ／203
第四节 本章小结 ／210

第五章 2012 年至今：中国特色社会主义新时代农村土地制度进一步优化

第一节 中国特色社会主义新时代农村土地制度演化的背景 ／214
一、生产力发展水平日益提高，但仍有较大发展空间 ／214
二、新时代农村土地生产关系的调整与不适应性 ／218

三、新时代生产力与生产关系变迁背景下农村土地改革思想的变化 / 222
（一）完善新型农业经营体系，增强农村发展活力 / 223
（二）实施乡村振兴战略，深化农村土地制度改革 / 224
（三）深化农村土地制度改革，赋予农民更加充分的财产权益 / 226
第二节 中国特色社会主义新时代农村土地制度的演化 / 227
一、构建“三权分置”的农地制度 / 228
二、构建使用权放活流转的宅基地制度 / 236
三、构建城乡建设用地同等入市的集体经营性建设用地制度 / 242
第三节 中国特色社会主义新时代农村土地制度的实践及影响 / 247
一、农地制度的实践及影响 / 247
（一）农地细碎化整合实践 / 248
（二）农地经营权流转实践 / 249
（三）农地确权登记实践 / 250
二、宅基地制度的实践及影响 / 254
（一）“一户多宅”问题治理实践 / 255
（二）宅基地自愿有偿退出实践 / 256
（三）宅基地使用权盘活实践 / 257
三、集体经营性建设用地制度的实践及影响 / 260
第四节 本章小结 / 267

第六章 当代中国农村土地制度演化的特点、逻辑及现实意义

一、当代中国农村土地制度演化的特点 / 270
二、当代中国农村土地制度演化的逻辑 / 272
三、当代中国农村土地制度演化的现实意义 / 277

参考文献 / 281
后 记 / 297

第一章　导论

一、研究背景与研究意义

（一）研究背景

“三农”（农业、农村、农民）问题是关系国计民生、社会主义现代化建设、民族复兴的根本性问题。从2004年开始，中央一号文件连续20年聚焦“三农”问题。党的十九大提出乡村振兴战略，强调城乡融合发展；党的二十大报告把“全面推进乡村振兴”作为“加快构建新发展格局，着力推动高质量发展”的五大主要内容之一。土地是农村经济发展的重要生产要素，提高土地使用效率、让农民从土地要素中获取更多的收益是解决“三农”问题、推进乡村振兴的关键所在。

土地制度是国家经济社会发展过程中基础性、全局性的制度安排，是构成生产关系和一切经济关系的重要基础。充分激发土地要素的市场活力，适宜的土地制度必不可少。党的二十大报告指出，要“深化农村土地制度改革，赋予农民更加充分的财产权益。保障进城落户农民合法土地权益，鼓励依法自愿有偿转让”，这一重要论述是对党的十八届三中全会关于“赋予农民更多财产权利”精神的进一步深化和创新，为新时代我国农村土地制度改革发展指明了新方向、提供了新思路。

新中国成立以来，土地制度在持续改革中不断解放和发展农村生产力，不断夯实和巩固农业生产基础，推动农村经济的稳步发展。当前，中国正在坚定地向着第二个百年奋斗目标迈进，彻底解决“三农”问题，建设产业兴旺、生态宜居、乡风文明、治理有效、生活富裕的现代化农村，实施城乡融合发展，成为建设社会主义现代化强国的必然要求，符合当前局势的适宜土地制度成为进一步解放与发展农村生产力、解决上述问题的重中之重。那么，何谓适宜的土地制度？以往促进生产力发展的土地制度有何共性？对当前的借鉴意义何在？“以史为鉴，可以知兴替”。梳理新中国成立以来的土地制度演化史，可为新时代背景下上述问题的解决提供一定的思路。

（二）研究意义

1. 理论意义

（1）本书在马克思主义视阈下研究当代中国农村土地制度演化，可在一定程度上丰富马克思主义土地制度理论与制度变迁理论。

马克思、恩格斯的土地制度理论与制度变迁理论深刻揭示了资本主义社会地租的本质与来源，剖析了剩余价值创造过程中不公平剥削的制度因素，彰显了唯有通过无产阶级革命才能推翻包括资本主义土地制度在内的一切不公平制度的变迁指向。但是，马克思恩格斯的以上理论主要是基于对以英国为代表的发达资本主义国家的研究而得出的，随着国际共产主义运动及中国社会主义革命与建设的推进，原有理论并没有可直接适用于社会主义革命与实践的新问题、新现象的观点与主张，需要沿着马克思主义原有逻辑进行时代化发展。

当代中国农村土地制度实践是社会主义国家在新历史时期的最新实践，拓展了马克思主义研究的新领域，为马克思主义土地制度理论完善提供了现实微观基础。在马克思主义视阈下研究当代中国农村土地制度演化，正是对马克思主义原有理论逻辑的当代延伸，是马克思主义土地制度理论与制度变迁理论的时代化发展，是其解释力在当代的具体体现。

（2）本书细致梳理了当代中国农村土地制度的演化过程，有助于更好地理解和认识当代中国农村土地制度演化的内在规律。

本书围绕农地、宅基地及集体经营性建设用地，对“三块地”的制度演化背景、内容及实践影响进行细致梳理，这种梳理有助于从宏观全局深刻认知当代中国农村土地制度演化的客观规律。以农地为例，新中国成立至今，在不同时期受各种因素影响，形成了以下代表性农村土地制度：“耕者有其田”的土地制度、以“集体所有，统一经营”为特点的“三级所有，队为基础”的土地制度、家庭联产承包责任制的土地制度、“三权分置”的土地制度等。不同时期农村土地制度的变迁绝非随意为之，而是有其内在的演化规律，是特定环境下的必然产物。梳理当代中国农村土地制度的演化过程，可以对其演化过程背后的客观规律进行归纳、总结与剖析，洞察当代中国土地制度演化的动力、特点、逻辑及趋势，进而在理论层面上更深刻地把握与认知这种规律。

（3）本书探索和揭示了中国土地制度演化的理论机制，有利于促进中国特色社会主义政治经济学的理论创新。

中国特色社会主义政治经济学是马克思主义与中国实践相结合的产物，是马克思主义的中国化发展。所有制制度最能体现国家及政权性质，“以公有制为主，多种所有制共同发展”的所有制制度是中国基本经济制度的三大内容之一，是中国特色社会主义政治经济学的有机组成。农村土地制度是所有制制度的有机组成，亦是中国特色社会主义政治经济学的核心内容，反映了中国人民在理论层面对中国农村土地与经济社会发展规律的探索。

形成于各个时期的中国特色土地制度是马克思主义与中国革命和建设实践相结合的产物，是中国各时期杰出的党与国家领导人、人民大众的智慧结晶，是适合中国国情农情的制度，体现了中国人民在土地制度层面对社会主义国家解决农村问题的理性思考。因而，当代中国农村土地制度理论已成为中国特色社会主义政治经济学的有机组成，对其深入研究可在很大程度上助推中国特色社会主义政治经济学的理论创新与完善。

2. 实践价值

（1）在马克思主义视阈下研究当代中国农村土地制度演化，可为解决当前中国“三农”问题、乡村振兴、城乡融合发展提供智力支持。

中国农村土地制度是马克思土地制度理论与中国实际相结合的产物，是适合中国国情农情的制度。新中国成立以来，中国农村土地制度的不断创新产生了明显的制度绩效。本书系统梳理了新中国成立以来中国农村土地制度的演进过程，深入分析了农地、宅基地、集体经营性建设用地的阶段特征和主要特点，从中国农村土地制度的演进脉络和复杂表象中揭示出农地制度变迁的必然规律和内在逻辑，总结其历史经验，为当前农村土地制度改革提供思路借鉴。

（2）在马克思主义视阈下研究当代中国农村土地制度演化，可为中国未来进一步深化农村土地制度改革提供一定的借鉴。

深化农村土地制度改革是社会主义新时代农村经济发展的必然要求，坚持农地制度的守正与创新有助于中国农地制度高质量发展。本书系统梳理了中国农村土地制度的演化以及相关的农地实践事件，有助于更好地了解我国当前农村土地制度的发展现状及改革面临的现实困境，为后续农村土地制度的改革提供制度基础与现实依据，助力农村土地制度的进一步完善。

二、研究思路与研究方法

（一）研究思路

本书的研究思路为“文献梳理—理论分析—内容剖析—特点逻辑意义阐释”。结合历史长视角，本书主要阐述马克思主义视阈下当代中国农村土地制度演化的内容，并对制度演化特点、逻辑和当代影响做出总结。

首先，文献梳理、理论基础及演化机制分析。一是文献梳理。通过梳理围绕主题的前沿文献，掌握学术界围绕当代中国土地制度演化的代表性观点、著作、争鸣、分歧等相关内容，厘清当代中国土地制度演化的学术史发展线索及前沿动态，为后续研究提供扎实的研究基础。二是理论基础。重在介绍马克思主义土地思想、马克思主义制度变迁理论，这部分是本书后续理论分析的理论工具。三是演化机制。以马克思主义生产力与生产关系、经济基础与上层建筑的互动关系、渐进变迁与突变制度理论，结合时代背景、社会争鸣、土地制度实践及影响等维度的互动过程，从理论层面分析各时期农村土地制度演化的机制。

其次，内容剖析。以历史唯物主义方法，系统梳理当代中国农村土地制度演化的过程，介绍社会主义革命和建设时期（1949—1978 年）、改革开放和社会主义现代化建设新时期（1978—2012 年）、中国特色社会主义新时代（2012 年至今）等三个阶段中国农村土地制度的背景、内容、实践及影响。客观还原当代中国农村土地制度的演化过程，并进行理论阐释与分析。

最后，特点、逻辑及当代意义分析。基于客观史实，凝练当代中国土地制度演化的特点，厘清当代中国土地制度演化的逻辑，点明当代中国土地制度演化的现实意义。

（二）研究方法

（1）文献研究法。通过搜集整理新中国成立以来各时期农村土地制度的相关政府文件、制度条例，当前学术界研究新中国各时期农村土地制度的代表性文献，各个智库、高校、科研院所关于新中国农村土地制度的数据库资料，构建数据库与资料库，形成对中国农村土地制度变迁的基本认知，厘清当代中国农村土地制度的演化规律、特点及逻辑。

（2）制度分析法。基于马克思主义土地制度思想、马克思主义制度变迁理论，分析当代中国农村土地制度演化的内容、特点、逻辑及规律。通过构建“社会背景—土地制度—土地制度实践—新社会背景”的分析框架，把农村土地制度的演化置入生产力与生产关系的动态演化与相互影响的过程之中，并将产权、国家与意识形态“三位一体”的制度变迁理论有机融入分析过程之中，凸显中国农村土地制度演化的动态性、系统性与复杂性。

（3）比较研究法。以历时性与共时性视角，通过比较不同时期、不同地区农村土地制度的实践及效果，分析当代中国农村土地制度的多元化、差异化发展进程。首先，对不同时期农村土地制度进行对比分析，从历时性视角总结农村土地制度演化的特点。其次，对各地区农村土地制度实践进行比较分析。根据不同地区试点实践模式差异，探索其共性与差异，分析各地区实践效果差异化的原因，以共时性视角分析各地区农村土地制度演化的特点与逻辑。

（4）田野调查法。用田野调查的方法对中国特色社会主义新时代的农村土地制度进行考察。选择新时代有代表性的农村土地制度实践地区，深入农村土地制度实践前沿，深度考察农村土地制度的政策实施情况，理解当前土地制度改革的动能和阻力，为分析当代中国农村土地制度的进一步改革提供翔实的现实基层资料。

三、研究内容与研究框架

（一）研究内容

本书旨在对新中国成立以来至今的农村土地制度演化进行研究。全书总共六章，第一章为导论，第二章为文献综述、理论基础及机制分析，第三章为1949—1978年社会主义革命和建设时期农村土地制度的演化，第四章为1978—2012年改革开放与社会主义现代化建设新时期农村土地制度的演化，第五章为2012年至今中国特色社会主义新时代农村土地制度进一步优化，第六章为当代中国农村土地制度演化的特点、逻辑及现实意义。其中，第一章、第二章是本书的背景及理论基础阐释，重在分析研究的必要性、紧迫性、重要性与可行性。第三章、第四章、第五章是本书的核心章节，主要介绍三个阶段中国农村土地制度的演化，每一章又具体围绕“三块地”制度演化的背景、内容、实践及影响而展开，聚焦当代中国农村土地制度的动态演化过程。第六章是本书的理论剖析与当代意义阐释，以马克思主义理论视角总结新中国成立以来农村土地制度演进的特点与逻辑，提炼其当代意义。各章的具体内容如下：

第一章，导论。介绍新中国农村土地制度演化的研究背景与研究意义、研究思路与研究方法、研究内容与研究框架，本书的主要贡献等。

第二章，文献综述、理论基础及机制分析。首先，从三个维度对学术界当代中国农村土地制度演化的相关文献进行梳理，包括当代中国农村土地制度演化的阶段特征及动因、内在逻辑及目标、演化方式与绩效等领域的文献。其次，理论基础部分以马克思主义和新制度经济学制度变迁理论相结合的视角，进行理论介绍，具体包括马克思主义的土地制度理论、马克思主义的制度变迁理论、诺斯的制度变迁理论等。最后，在马克思主义视阈下对当代中国农村土地制度演化进行机制分析。

第三章，1949—1978 年：社会主义革命和建设时期农村土地制度的演化。梳理 1949—1978 年“三块地”相关制度的背景、内容、实践及影响，分析农地从私有私营向公有公营的转变、宅基地从农民私有向集体所有的转变、农村集体经营性建设用地的所有权和使用权分别经历了从私有向集体的转变和私有向集体再向私有的转变，发掘该时期“三块地”制度演化的过程，总结其阶段特点及意义。

第四章，1978—2012 年：改革开放与社会主义现代化建设新时期农村土地制度的演化。梳理 1978—2012 年“三块地”相关制度的背景、内容、实践及影响，结合“三块地”的实践案例，分析家庭联产承包责任制确立基础上各地的土地调整和制度创新实践、宅基地在集体所有的前提下使用权的自由流转向限制流转的实践、集体建设用地财产价值被进一步挖掘、地方集体建设用地流转模式多样化的相关实践。在此基础上，总结这一时期“三块地”制度演化的阶段性特点及意义。

第五章，2012 年至今：中国特色社会主义新时代农村土地制度进一步优化。梳理 2012 年以来“三块地”相关制度的背景、内容、实践及影响，分析新时代农地、宅基地、集体经营性建设用地制度的重要政策性文件，结合各地土地改革试点具体案例与实际效果，总结各试点地区实践模式，分析试点地区经验全国推广的可能性及普适性价值，系统总结新时代农村土地制度改革的阶段性特点、意义及未来演化趋势。

第六章，当代中国农村土地制度演化的特点、逻辑及现实意义。基于上述分析，系统总结当代中国农村土地制度的演化特点、逻辑及其现实意义。聚焦当代中国农村土地制度演化一以贯之的特点，重点剖析其历史逻辑、理论逻辑与实践逻辑，分析其理论意义及实践意义。

（二）研究框架

本书的研究框架如图 1-1 所示。

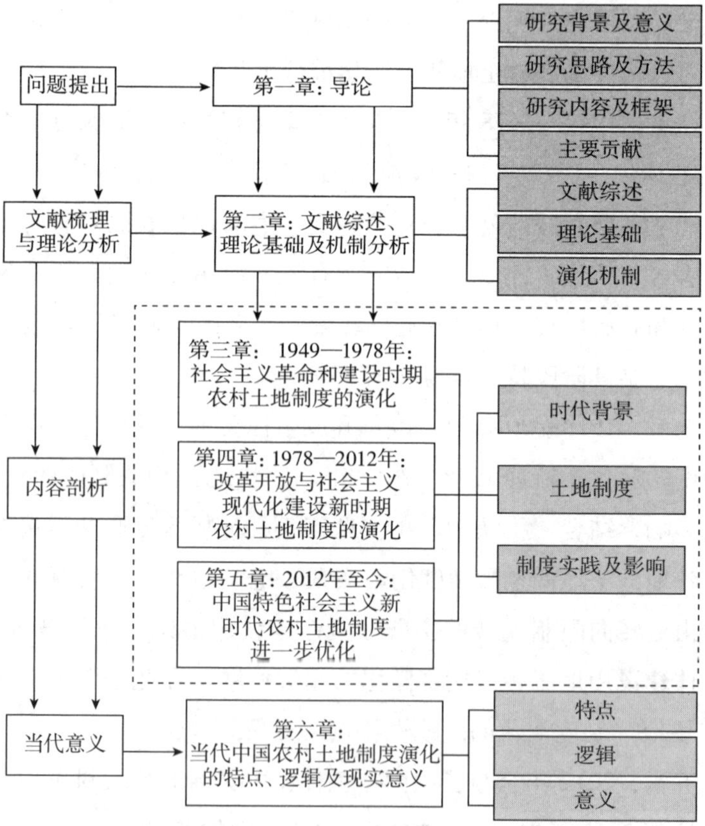

图 1-1　本书研究框架

四、主要贡献

1. 以历时性视角对当代中国农村土地制度演化过程进行了动态分析

学术界对我国农村土地制度的演化已进行了较充分的探讨，但现有研究缺乏具有历史贯通性的解释框架，且大多研究较关注农村土地制度演化过程中几个比较重要的时间节点，忽略了“三块地”在不同时期的延续与承接过程。本书基于大历史视角，以当代中国农村土地制度的历史进程为主线，围绕耕地、宅基地与集体经营性建设用地，梳理三个时期农村土地制度的时代背景、内容、实践及影响，客观还原当代中国农村土地制度演化的动态过程。

2. 基于马克思主义理论，深入剖析了当代中国农村土地制度演化的特点及其逻辑

基于马克思土地制度思想、马克思制度变迁理论，本书构建了一个马克思主义分析框架，以“时代背景—土地制度—实践及影响—新时代背景”的演进为研究思路，对社会主义革命和建设时期、改革开放和社会主义现代化建设新时期、中国特色社会主义新时代的农村土地制度进行细致分析，在此基础上提炼其演化特点，剖析演化逻辑，从理论层面深刻洞察当代农村土地制度演化的内在规律。

3. 立足“学以致用”，提炼了当代中国农村土地制度演化的现实意义

以史为鉴，可以知兴替。通过梳理各个时期“三块地”相关的制度及其实践，在宏观视野下剖析当前农地制度的演化路径，审视农村土地制度的现实困境及未来改革方向，总结农村土地制度促进生产力发展的关键因素，为中国“三农”问题的彻底解决、乡村振兴战略的更好实施、城乡融合发展的进一步推进提供智力支持。

第二章　文献综述、理论基础及机制分析

第一节　文献综述

新中国成立以来，农村土地制度作为国家基础性、全局性的制度安排，影响着国民经济和国家安全稳定。为应对人民诉求与国家发展战略需要，我国农村土地制度始终处于不断演化的动态发展过程之中，从集体土地所有制到家庭联产承包责任制，再到新时代农地“三权分置”，土地制度的系列改革对推动解放和发展农村生产力起到了关键作用。当前学术界对当代中国70余年农村土地制度演化的阶段特征、内在逻辑、演化方式等脉络已形成不同视角的分析，展现了学者们丰富的研究成果。

一、当代中国农村土地制度演化的阶段特征及动因

（一）当代中国农村土地制度演化阶段特征的相关研究

现有研究对土地制度演化的阶段特征展开了诸多讨论，对于新中国成立以来农地制度的演化，刘广栋等（2007）将其划分为农民土地所有制（1949—1953年）、合作和集体经营（1953—1978年）、家庭承包（1978年至今）三个阶段，在各阶段时间内部也有细致划分。郑淋议等（2019）将

其划分为新中国成立初期的“产权合一”、集体化时期的“两权分离”、改革开放以后的“两权分离”和新常态以来的“三权分置”四个阶段。黄少安（2022）基于土地产权结构细分和流转权能的调整过程，将改革开放以来我国农地制度变迁大致划分为四个阶段，分别是：家庭联产承包责任制的确立阶段（1978—1988年）、家庭联产承包责任制的稳定和土地使用权流转的探索阶段（1989—2002年）、土地使用权流转的规范发展阶段（2003—2012年）、土地“三权分置”的改革阶段（2013年至今）。

（二）当代中国农村土地制度演化动因的相关研究

对于土地制度演化动因，学者们的观点集中在以下方面：王西玉（1998）认为家庭联产责任制改革的诱因是人民公社体制下农民面临生存危机，周其仁（1995）也提出是当时普遍的贫困和温饱困局以及集体制度运行成本与收益结构的变化推动着农地制度的变革。但农地制度的变革并非源于中央政府的顶层设计，而是在制度环境变化下各方主体力量共同作用、互动呼应、审时度势决策推动的结果（杜润生，2005；周其仁，1994）。在集体化农业产出低迷、国家实现工业化目标发展战略等客观因素的影响下，农民为摆脱现实困境所开展的自下而上的自发性演进（Lin，1988），本质上是农民在国家发展目标和集体化需要等既定制度框架内所做出的一种自发性努力（刘守英，2017），并非“由底层发动并一举成功的故事”（崔传义等，1983；陆子修，1998）。陈锡文（2005）认为家庭联产承包责任制下农民可以最大限度地获得其种地所得，打破了原有困境。

冀县卿等（2019）分析认为，农地制度得以成功改革与中央、国家层面的积极推动密不可分。1982—1983年的中央一号文件认可了家庭联产承包责任制的改革思路，进而开启了合法承认改革的程序（周其仁，2008），将集体土地所有制改为“两权分离”，即所有权与承包经营权相分离。1993年《中华人民共和国农业法》明确了以家庭联产承包为主的责任制地位。许庆等（2019）指出，国家政治的阶段变化、外围环境的改变以及决策者思想认知的转变在农地制度变迁过程中发挥关键作用。

丰雷等（2019）在构建“中央—地方—个体”三者互动共演的动态土地制度变迁分析框架的基础之上，分析当代中国农地制度变迁的动态过程，认为中央政府发展战略和决策者认知的转变、地方政府特征的改变以及农民制度需求的变化在变迁过程中起到重要作用。同时，通过研究当代农地制度实践，认为在改革开放前30年的艰难探索中，中央政策可行集的设定存在一定偏差，缺少强制性与诱致性（中央与地方）的互动；而改革开放后成功的关键在于中央政策可行集得到调整，进行了强制性与诱致性的互动，充分利用了制度的互补性，使改革得以广泛推进。

二、当代中国农村土地制度演化的内在逻辑及目标

（一）当代中国农村土地制度演化内在逻辑的相关研究

蔡继明等（2021）从产权管制的视角出发，在将当代中国土地制度划分为三个阶段的基础上，梳理其历史逻辑，认为土地制度变迁是始终服从于国家发展战略目标、政府与农民的土地权益分配交织推进的历史过程。王敬尧等（2016）引入“黏性生成—黏性稀释”的分析框架，指出正式制度与非正式制度的紧张互动贯穿当代中国农地制度变迁过程，以及思想观念和意识形态等非正式制度在正式制度建构和消解过程中起到的关键作用。钱忠好（1999）也强调了文化、道德、国家意识形态等非正式制度对土地制度变迁产生的重要影响。马池春等（2018）以农民利益保护和发展为线索，从国家、市场和农民三个主体维度分析农村集体产权制度的改革调整过程。孙乐强（2021）则从大历史观的角度，指出农村土地制度的变革与中国革命、建设、改革和农业现代化发展道路的选择紧密相关。严金明等（2021）从历史逻辑、理论逻辑和实践逻辑“三个逻辑相统一”的维度出发，系统梳理了百年土地制度变迁的历史脉络，并挖掘了其中的必然性联系和内在规律性。蒋远胜（2018）则从体制逻辑、经济逻辑和市场逻辑三个方面系统分析了农地制度的变迁历程。

（二）当代中国农村土地制度演化目标的相关研究

政府作为制度供给的主体，在制度演化过程中发挥着主导作用。杨瑞龙（1994）认为政府通过制度创新实现其经济目标和政治目标，前者遵循效率优先原则，旨在提高资源配置效率，通过降低交易费用达到社会总产出最大化，产权结构具有排他性和可转让性；而后者则受制于政治、军事、社会、历史和意识形态等多重因素的影响，遵循非效率优先原则，通过产权结构的竞争与合作赢得最大的政治支持，从而使中心利益集团收益最大化。季辉（1995）认为农地制度改革的目标，首先是界定农村土地的产权归属，明确农村土地的产权；其次是建立合理的土地流转机制，使土地市场能够起到优化土地资源配置的作用，从而实现土地适度规模经营。罗必良等（2014）认为政府在不同阶段的制度目标具有差异性，农村基本经营制度的核心目标需要满足：一是必须有利于保障农产品有效供给，确保粮食安全和食品安全；二是必须有利于农业生产效率的改善，确保农民增收和提高经营者收益。

三、当代中国农村土地制度演化的方式与绩效

（一）当代中国农村土地制度演化方式的相关研究

杨瑞龙（1994）将中国土地制度的变迁分为需求引致型和供给主导型；郑淋议等（2019）将其划分为自上而下的激进型变迁和自下而上的渐进式变迁。周业安（2000）认为 1978 年以前我国土地制度的改革以强制性变迁为主，之后以诱致性变迁为主。邵传林等（2009）认为在一定的条件下，非正式制度创新在边际上的不断积累终会使正式制度偏离其锁定路径。

丰雷等（2013）基于新制度经济学制度变迁理论，对中国农村土地调整的制度演进及地区差异进行了实证分析，认为土地调整的制度演进具有诱致性特征，即资源相对稀缺程度和相对价格的变化是制度变迁的重要来

源。但同时，农村土地制度演进在很大程度上是强制性制度变迁的结果，中央政府的决策显著影响了制度变迁的总体路径。丰雷等（2019）也指出家庭联产承包责任制改革是诱致性变迁与强制性变迁的结合，是政府作用与农民创新良好互动的成果，是典型的“渐进式”改革。

（二）当代中国农村土地制度演化绩效的相关研究

在土地制度变迁的绩效分析层面，国内外学者也给出了各自的观点。家庭承包经营体制改善了生产队体制，促进了农业生产效率的提高（Huang et al.，1996），对农业产出的增长产生了重要影响。不同学者计算了1978—1984年家庭责任制改革对农业增长的贡献，分别得出46.89%（Lin，1992）和78%（McMillan et al.，1989）的结果，认为农业产出的增长主要源自家庭联产承包责任制的实施。一些学者指出上述研究结论因为未考虑技术变量而被高估，制度改革虽重要，但技术引起的产出占比超过了家庭联产承包责任制占比的贡献（Huang et al.，1996）。钱忠好等（2009）认为农地产权强度的增强、产权结构的不断完善是家庭联产承包责任制对农业增长发挥作用的源泉。瞿商（2009）从制度均衡的角度讨论了新中国农地制度的变迁过程，指出政府的制度供给和农民的制度需求经历了从均衡到非均衡再到均衡的演化阶段，并对农业生产效率产生了不同的影响，认为1979年之后的农地制度变迁提高了农业生产效率，为农村产业分工提供条件并培育了市场主体，为社会主义市场经济体制建立奠定了基础。

总体而言，学术界对当代中国农村土地制度的演化已经进行了较为充分的探讨，但现有研究缺乏具有历史贯通性和全方位的解释框架，集中于对农村耕地制度的理论与实证分析，较少对宅基地与集体建设性用地的演化历程进行梳理和理论研究，且大多研究较关注农村土地制度演化过程中几个比较重要的时间节点，忽略了“三块地”在不同时期的延续与承接过程。本书基于历时性视角，以当代中国农村土地制度的历史进程为主线，围绕农地、宅基地与集体经营性建设用地，在唯物史观及马克思主义的制度变迁理论的分析框架基础之上，系统梳理社会主义革命和建设时期（1949—1978 年）、改革开放与社会主义现代化建设新时期（1978—2012 年），以及进入中国特色社会主义新时代后（2012 年至今）这三个时期农村土地制度的时代背景、内容、实践及影响，客观还原了当代中国农村土地制度的动态演化过程。

第二节 理论基础

一、马克思主义的土地制度理论

（一）马克思、恩格斯的土地制度理论：土地公有制代替私人占有制

土地作为人类赖以生存最基础、最根本的物质条件，马克思认为它是“一切生产和一切存在的源泉”①，在唯物史观和剩余价值这两大理论的基础上，马克思论证了土地公有制代替私有制的理论必然性。

土地所有权理论是马克思土地思想的基础，马克思指出“土地所有权的前提是一些人垄断一定量的土地，把它作为排斥其他一切人的、只服从个人意志的领域”②。马克思认为，一切地租都是剩余价值，是剩余劳动的产物，一切形态的地租都是以土地所有权的存在为前提的，是土地所有权在经济上的实现。地租产生的原因是土地所有权和经营权的垄断，也即资本主义私有制的存在，其本质是对农业工人的剥削，是资本家和地主根据生产资料所有权进行分配的方式，无偿占有土地经营使用劳动所创造的剩余价值。同时，马克思还首创了绝对地租的范畴，也就是由于土地私有权

① ［德］马克思，恩格斯. 马克思恩格斯选集：第 2 卷［M］. 北京：人民出版社，2012：707.

② ［德］马克思. 资本论：第 3 卷［M］. 北京：人民出版社，2004：695.

的存在，租种任何土地都必须缴纳的地租。而土地的级差地租则是由于土地经营权的垄断，这是基于土地质量优劣和生产率的差异所产生的。

谈及资本主义经济条件下土地所有权与经营权的统一和分离问题，马克思认为，在土地所有者使用自有土地经营农场的情形下，土地所有权与经营权是相统一的，但这并非资本主义经济的典型情况。资本主义经济的典型情况是土地所有权与经营权相分离。在这一情形下，土地经营者有资本，但不是土地所有者；土地所有者有土地，但不是土地经营者，这造成了“资本和土地的分离、租地农场主和土地所有者的分离”①。

此外，马克思研究分析了资本主义生产方式以及与之相适应的生产关系的历史地位，指出资本主义生产关系和财产关系曾经是社会生产力发展的物质形式，对生产力的发展起到过积极作用，但二者关系本身具有对抗性质，即资本主义生产关系下的人会成为财产关系中的牺牲品。马克思曾提出“无产阶级要求否定私有财产”②，资本主义的生产关系成为生产力发展的桎梏，因而需要更高形态的社会主义生产关系将其替代，社会主义运动的起点是为生产资料公有化创造条件。

由于土地所有权的垄断，资本无法自由进入农业生产领域的同时，也抑制了农业资本家投入资本提升土地生产力的积极性。因而，马克思认为必须废除土地私有制。土地私有制消灭以后，在理想的共产主义社会，土地应为所有人共同所有，整个社会只是土地的利用者与改良者，绝对地租和一切地租形式都将消失。马克思和恩格斯认为，要对农村封建土地实行国有化，鉴于小农将不可避免地走向灭亡，要解放农民，也必须消灭农民小块土地私有制，实行土地公共占有。但是在一定阶段，为吸引农民参加革命队伍，需要对农民小块土地进行保护。“必须要求把没收过来的封建地产变为国有财产，变成工人移民区，由联合起来的农村无产阶级利用大规模农业的一切优点来进行耕种。这样一来，在资产阶级所有制关系发生

① ［德］马克思，恩格斯. 马克思恩格斯全集：第25卷［M］. 北京：人民出版社，1974：847.

② ［德］马克思，恩格斯. 马克思恩格斯全集：第3卷［M］. 北京：人民出版社，2002：213.

动摇的情况下，公有制的原则立刻就会获得巩固的基础”①。

早在《共产党宣言》中，马克思就提出了消灭私有制、剥夺地产的思想，后来又在《论土地国有化》中详细地阐述了土地国有思想，提出土地国有化将彻底改变劳动和资本的关系，并最终消灭工业和农业中的资本主义生产方式。马克思和恩格斯在对资本主义土地制度深入研究的基础上，不断探索更高社会层次的社会主义社会应当建立何种土地制度。他们认为，农业生产资料主要是土地，农业生产资料的所有制主要是土地的所有制。马克思说“我早就确信，社会革命必须认真地从基础开始，就是说，从土地所有制开始”。② 土地所有制的变革是农业社会主义改造的基础。马克思和恩格斯主张把农业生产资料的占有形式由“私人占有”变为“合作社占有”，以此来实现农业土地所有制的改造。在社会生产力高度发展、农业中以大土地所有制为主的国家和地区，他们主张在社会主义改造中实行土地国有化制度，变土地私人所有为国家所有。在《共产党宣言》中，他们明确指出“剥夺地产，把地租用于国家支出”。③ 后来，马克思在《论土地国有化》中又指出：“土地国有化将劳动和资本之间的关系彻底改变，归根到底将完全消灭工业和农业中的资本主义生产方式。……生产资料的全国性的集中将成为由自由平等的生产者的联合体所构成的社会的全国性基础，这些生产者将按照共同的合理的计划自觉地从事社会劳动。”④ 恩格斯也在他的《德国农民战争》第二版序言中说：“为了社会的利益，必须把地产变成国家财产。”⑤ 关于适用实行土地国有化制度的国家或地区，恩格斯有明确的论述：“主要是这样的国家，那里存在有大地产以及与它相联系的、在大片土地上经营的大规模经济，而且在这种大地产上存在有一个主人和许多雇佣工人。”⑥ 在社会生产力水平低下、农业中大量存在小农

① [德]马克思，恩格斯. 马克思恩格斯选集：第10卷[M]. 北京：人民出版社，1998：394.
② [德]马克思，恩格斯. 马克思恩格斯选集：第3卷[M]. 北京：人民出版社，1975：530.
③ [德]马克思，恩格斯. 马克思恩格斯选集：第1卷[M]. 北京：人民出版社，1995：293.
④ [德]马克思，恩格斯. 马克思恩格斯选集：第3卷[M]. 北京：人民出版社，1995：129－130.
⑤ [德]马克思，恩格斯. 马克思恩格斯选集：第2卷[M]. 北京：人民出版社，1995：630.
⑥ [德]马克思，恩格斯. 马克思恩格斯选集：第2卷[M]. 北京：人民出版社，1995：630.

经济的国家或地区，马克思、恩格斯主张在农业社会主义改造中实行土地集体所有的制度，变土地私人所有为集体所有。

马克思在《巴枯宁〈国家制度和无政府状态〉一书摘要》中说：“凡是农民作为土地私有者大批存在的地方，凡是像在西欧大陆各国那样农民甚至多少还占据多数的地方，凡是农民没有消失，没有像在英国那样为雇农所代替的地方，……就应当促进土地私有制向集体所有制的过渡。”① 在应该实行土地集体所有制的国家和地区，马克思、恩格斯反对实行土地国有化制度。马克思在《论土地国有化》中说：法国不同于英国的情况，法国不能像英国那样实行土地国有化制度，而且只能一开始就实行土地的集体所有制。因为，“法国的农民所有制，比英国的大地主所有制离土地国有化要远得多”，因为，“土地所有制的这种形式以及由此造成的把土地分成小块耕种的方式”把“耕作者本身变成任何社会进步尤其是土地国有化的最坚决的反对者”②。因此，马克思说：“既然农民所有制是土地国有化的最大障碍，所以目前情况下的法国，无疑不是我们应当寻求这个重大问题的解决办法的地方。”③ 在农业的社会主义改造中，无论是实行国家所有制的土地，还是实行集体所有制的土地，都必须由合作社实际占有，由合作社支配和使用。这是马克思、恩格斯关于农业生产资料所有制形式和以它为基础的农业生产资料占有制形式的基本思想。

（二）列宁的土地制度理论：实行土地国有化

在土地所有制方面，列宁主张实行土地国有化。他指出：“全部土地必须成为全体人民的财产。从这里可以看出，我们主张立即把地主的土地无偿交给当地农民，但我们绝不赞成把这些土地夺过来变成私有财产，决不赞成分这些土地。我们认为，必须根据当地多数农民代表的决定，由当地农民共同耕种土地。我们决不主张把这些土地变成现时拿来共同耕种的

① ［德］马克思，恩格斯. 马克思恩格斯选集：第 3 卷［M］. 北京：人民出版社，1995：286 - 287.
② ［德］马克思，恩格斯. 马克思恩格斯选集：第 2 卷［M］. 北京：人民出版社，1995：128.
③ ［德］马克思，恩格斯. 马克思恩格斯选集：第 2 卷［M］. 北京：人民出版社，1995：129.

农民的私产。"[①] 在土地的经营形式和农业的组织形式方面，对于实现农业合作化的具体道路与形式，列宁的理论与实践经历了一个巨大的、战略性的转变过程。

1918 年 1 月，列宁领导苏维埃政权颁布了《土地社会化法令》，其基本思想是要在土地国有化的基础上进一步开展"减少个体经济，发展集体经济"的社会革命。1918 年 3 月，列宁在俄国社会民主工党（布）第七次代表大会上提出，把"稳步地过渡到共耕制和大规模的社会主义农业"[②] 作为党近期的奋斗目标。接着，由于 14 个国家发动了对新生苏维埃政权的武装干涉，切断了苏维埃政府最重要的粮食、原料、燃料的来源，造成了严重的饥荒与灾难，苏维埃政府为挽救危机而实行了战时共产主义政策。为了有利于战时共产主义政策的推行，苏维埃政府进一步加紧了实现农业生产集体化的步伐。在此期间，列宁把体现农业生产集体化特点的"共耕制"，完全视作摆脱粮食危机、支持战时共产主义政策的有效法宝。他说"只有共耕制才是出路"，才是"振兴农业，改进农业，节省人力，同富农、寄生虫和剥削者作斗争的手段"，才是"摆脱小农经济的坏处的救星"[③]。

"共耕制"组织有三种基本形式，即农业公社、农业劳动组合、共耕社（协作社）。农业公社的特点是：全部生产资料除国有土地之外为全公社公有和公用；集中劳动；个人消费品的分配名为"各取所需"，实际上是平均分配。农业劳动组合的特点是：生产资料除国有土地之外归集体所有；集中劳动；产品也归集体所有，个人消费品实行按劳分配；允许社员经营少量规定数量的宅旁园地和家庭副业。共耕社（协作社）的特点是：生产资料除国有土地之外归社员私人所有；集中劳动；产品按各户社员投入的生产资料与劳动力的比例进行分配。可见，"共耕制"的三种基本形式具有共同的特征，即集中劳动，统一经营，统一分配。

---

① [俄]列宁. 列宁全集：第 29 卷[M]. 北京：人民出版社，1990：294.

② [俄]列宁. 列宁全集：第 27 卷[M]. 北京：人民出版社，1958：140.

③ [俄]列宁. 列宁全集：第 28 卷[M]. 北京：人民出版社，1956：157.

列宁认为，建立和发展“共耕制”有利于取消商品经济。他说，由于“办起协作农场，工人大伙一起种地……那时候，就是还想照旧单独经营的小农也不会为市场而经营，不会卖给别人，而是为工人协作社而经营，小农把粮食、肉、青菜供给工人协作社，而工人会把机器、耕畜、肥料、衣服和农民所需要的其他一切东西不要钱给他们”①。可见，列宁认为只要办起了“协作农场”，就有利于消灭商品经济、实行产品经济。但是，“共耕制”并没有达到其最初建立的预期目标，为国家提供的粮食产量水平与人均生产水平存在较大差异。由于参加“共耕制”组织的农民对“共耕制”和余粮征集制的严重不满和对抗，以至于其喊出“苏维埃万岁，但要打倒公社”的口号。这使列宁深刻地认识到，“共耕制”组织形式并不是对农民进行社会主义改造过程中一开始就应该采取的理想形式，也不是解决粮食危机和提高农业生产力的理想形式。从此，列宁关于农业合作化的思想便开始了具有战略意义的转变。新战略的特点是首先依靠个体农民的生产积极性大力发展农业商品经济，同时从流通领域内把个体农民联合起来组织流通合作社，其次才在生产领域中把农民联合起来组织生产合作社。

二、马克思主义的制度变迁理论

从理论框架的角度不难发现，马克思主义经济学的制度变迁理论是一种动态发展的理论。马克思以生产力与生产关系的矛盾运动来解释社会制度的变革过程。整个社会基本矛盾的运动是从生产力发展到生产力解放的循环往复，实质上可以归结为生产力—生产关系（经济基础）—上层建筑的层层决定和层层反作用的关系。生产力和生产关系以及由此而派生的经济基础与上层建筑之间的矛盾运动构成了一个宏大的动态理论框架。

---

① ［俄］列宁. 列宁选集：第1卷［M］. 北京：人民出版社，1972：433－434.

（一）制度变迁的动力：生产力与生产关系的矛盾运动

马克思认为社会制度变迁的根本推动力是生产力与生产关系的矛盾运动，“一切重要历史事件的终极原因和伟大动力是社会的经济发展，是生产方式和交换方式的改变”①。而生产力和生产关系作为生产过程中不可分割的两个方面，生产力是生产的物质内容，生产关系是生产的社会形式，二者始终处于对立统一的关系。首先表现为生产力决定生产关系。生产力的性质决定生产关系的性质，生产力的发展决定生产关系的发展。但是，生产关系并不是消极被动的，它对生产力具有能动的反作用，体现在当生产关系适合生产力的性质时，会促进生产力的发展；反之，会阻碍生产力的发展。生产力作为生产过程中最活跃的因素，呈现出易变的特征，而生产关系则具有相对稳定性。生产力的变化引起了生产关系的改变，经济基础的变化引起上层建筑的不适应，因而上层建筑也随之改变。马克思十分强调制度变迁的客观推动力量，认为其是由于生产力作为最活跃的因素始终处于动态变化之中，即使在上层建筑与相应的经济基础、生产关系不相适应的情形下，生产力也在缓慢地发展，从而使得生产力与不相适应的生产关系、经济基础与上层建筑之间的矛盾不断加深积累，最终导致制度变迁对其加以调整。正如马克思所言，当“社会的物质生产力发展到一定阶段，便同它们一直在其中运动的现存生产关系或财产关系（这只是生产关系的法律用语）发生矛盾。于是这些关系便由生产力的发展形式变成生产力的桎梏。那时社会革命的时代就到来了。随着经济基础的变更，全部庞大的上层建筑也或慢或快地发生变革”②。这时，新的生产力就要求由新的生产关系来代替旧的生产关系，推动制度变迁的发生。

（二）制度变迁的主体：代表先进生产力发展的阶级

马克思认为制度变迁的主体是代表先进生产力发展的阶级，是先进生

① ［德］马克思，恩格斯．马克思恩格斯选集：第3卷［M］．北京：人民出版社，2012：760.

② ［德］马克思，恩格斯．马克思恩格斯选集：第2卷［M］．北京：人民出版社，2012：2－3.

产力的发展推动了社会制度的变革。由代表先进生产力的阶级按照生产力发展的要求对与之不相适应的生产关系、组织形式和国家政权进行变革，才能更好地适应和促进生产力的发展。体现在社会经济制度变更的历史进程中，资产阶级是资本主义制度代替封建制度的主体，而无产阶级则是共产主义制度代替资本主义制度的主体。资产阶级赖以形成的“生产资料和交换手段”① 在封建社会的胎胞里孕育，而随着资本主义制度的不断完善，资产阶级所创造的生产力“比过去一切世代创造的全部生产力还要多，还要大”②。这意味着资产阶级创造的资本主义制度相较于封建制度对于促进生产力的发展具有更大的潜能，具有历史进步性。但当社会物质生产力日益强大直至威胁到资本主义所有制的存在，使整个经济社会陷入“生产过剩的瘟疫”③ 的混乱之中时，“资产阶级用来推翻封建制度的武器，现在却对准资产阶级自己了”④，代表先进生产力发展的无产阶级将成为资本主义制度的埋葬者。而代表先进生产力的阶级在制度变迁中的主体性蕴含于社会基本矛盾的历史运动中，体现在代表先进生产力的阶级对制度的创造和选择上，推动着社会历史向前发展。此外，新旧制度的转换仍要受到社会基本发展规律的约束。因此，马克思认为代表先进生产力发展的阶级是社会制度变迁的历史主体与推动者。

此外，国家作为阶级统治的工具和权力中心，具有暴力优势，国家的阶级属性职能在人类文明演化的每个阶段都服务于特定历史阶段中处于权力中心的利益集团。马克思和恩格斯明确指出，“至今一切社会的历史都是阶级斗争的历史”⑤，而“过去一切阶级在争得统治之后，总是使整个社会服从于它们发财致富的条件，企图以此来巩固它们已获得的生活地位……过去的一切运动都是少数人的或者为少数人谋利益的运动”⑥。当封

---

① [德]马克思，恩格斯. 共产党宣言[M]. 北京：人民出版社，2014：32.
② [德]马克思，恩格斯. 共产党宣言[M]. 北京：人民出版社，2014：32.
③ [德]马克思，恩格斯. 共产党宣言[M]. 北京：人民出版社，2014：33.
④ [德]马克思，恩格斯. 共产党宣言[M]. 北京：人民出版社，2014：34.
⑤ [德]马克思，恩格斯. 共产党宣言[M]. 北京：人民出版社，2014：27.
⑥ [德]马克思，恩格斯. 共产党宣言[M]. 北京：人民出版社，2014：39.

建所有制成为生产力发展的桎梏，“取而代之的是自由竞争以及与自由竞争相适应的社会制度和政治制度、资产阶级的经济统治和政治统治”①。当资产阶级掌握政权和生产资料后，资产阶级的国家机器、社会意识以及相应的政治法律制度等上层建筑竖立其上，进而供给致力于维护资产阶级根本利益的各种社会制度。资产阶级利用自身所掌握的资本，雇用失去生产资料、除自身劳动力之外一无所有的劳动者，并无偿占有其创造的剩余价值，从而实现自己的资本增值及利益保障。在资产阶级实行自由竞争及与之相适应的各种制度的影响下，资产阶级的剥削呈现出隐蔽的特征，自由雇佣这种形式上的自由掩盖了事实上的不自由——工人除了出卖自己的劳动力之外别无选择。这种隐蔽的剥削带来了伦理上的正当性，使得资产阶级在保护并实现其阶级利益方面如虎添翼。

然而“无产阶级的运动是绝大多数人的，为绝大多数人谋利益的独立的运动”②，随着无产阶级革命队伍的形成和壮大，无产阶级夯实了摧毁资产阶级统治的基础，进而用暴力革命推翻资产阶级并建立自己的统治。当代表先进生产力的阶级一旦掌握政权，建立代表其利益的政府、监狱和法庭等暴力机关，国家会在意识形态等上层建筑的指导下，制定颁布有利于保护其统治阶级利益的各项制度，进而会促进生产力的发展。无论是所有制结构的调整，还是公有制实现形式的变迁，只要制度变迁的过程始终遵循生产关系一定要适应生产力发展状况这一基本规律，便会推动社会物质生产力不断向前发展，相应的社会经济制度也会在生产力发展过程中不断适应调整。此外，国家一方面维持现有的政治、规章和法律制度，另一方面通过修改调整某些非根本的制度来进一步强化现有的基本经济制度。同时，社会生产关系的变化也会促使国家供给新的制度，代表先进生产力的阶级通过政治法律等上层建筑与现有生产关系形成积极有效的互动，推动社会制度的变迁。

① ［德］马克思，恩格斯．共产党宣言［M］．北京：人民出版社，2014：33.
② ［德］马克思，恩格斯．共产党宣言［M］．北京：人民出版社，2014：39.

（三）制度变迁的路径：革命性和渐进性变迁相结合

谈及制度变迁的路径，马克思是从生产力和生产关系等矛盾运动出发，结合阶级斗争的社会现象展开的，认为其充分条件是：一方面，生产力达到一定水平，与生产关系的矛盾要达到这样的程度：不变革生产关系，生产力就不能发展；另一方面，原有的生产关系所能容纳的生产力发挥殆尽，即“无论哪一个社会形态，在它所能容纳的全部生产力发挥出来以前，是决不会灭亡的；而新的更高的生产关系，在它的物质存在条件在旧社会的胎胞里成熟以前，是决不会出现的”①。马克思强调了社会制度的发展演化是一个螺旋式上升的自我革命过程，制度演化在长时域视角下总是向更高级的形态发展。

马克思受唯物历史辩证法支配，认为制度变迁是量变与质变、渐进与革命的统一，其路径主要有两种：一种是通过社会革命暴力打破原有旧制度，产生新制度；另一种是在保持现有社会根本制度不变的情况下，对部分制度进行改革调整。一般是先有微观非根本制度的变化，等渐进式变迁在量上积累到一定程度下，才会导致社会革命，推动所有制与国家制度的质的革命性变迁。如马克思对资本主义制度变迁的分析，先是具体地分析资本主义微观企业制度三个阶段的渐进性变迁，然后对股份制的过渡性进行分析，把渐进性变迁引入根本性制度的变迁，认为股份制是扬弃私有制，实现公有制的过渡形式，当微观制度变迁的量变与部分质变到了一定阶段，无产阶级的力量也日益壮大，此时，马克思主张通过社会主义革命来促进资本主义根本制度的变迁。“人们在他们的交往（commerce）方式不再适合于既得的生产力时，就不得不改变他们继承下来的一切社会形式”②。当现有的生产关系成为生产力发展的桎梏，就必须对既有的生产关系进行调整，从而适应生产力发展的需求。那么，制度变迁也就势在必

① ［德］马克思，恩格斯. 马克思恩格斯选集：第 2 卷［M］. 北京：人民出版社，2012：3.
② ［德］马克思，恩格斯. 马克思恩格斯选集：第 2 卷［M］. 北京：人民出版社，2012：409.

行。暴力革命是推翻落后生产关系及其利益集团的必要手段，代表先进生产力的阶级通过暴力革命的方式掌握政权，进而调整生产关系使其符合先进生产力发展的方向。但是暴力革命并不是改变现有社会制度的唯一方式，在生产关系的调整或社会变革中也可以在维持原有社会制度的前提下，对部分制度进行改革。

马克思在其理论中，既强调了革命对改变社会的根本性经济制度如所有制层面和社会制度的必要性，又深入探讨了制度变迁的渐进性，如企业制度、股份制等非根本性制度。其制度变迁方式总体而言是渐进性变迁和革命式变迁的结合，但其对渐进式变迁的分析范围仅限在微观的非根本性制度上。如果从根本性制度的变迁上观察，马克思的制度变迁理论更多强调革命性的制度变迁方式。

三、诺思的制度变迁理论

道格拉斯·诺思是新制度经济学派的重要代表人物之一，是制度变迁理论的集大成者。诺思在摒弃新古典主义完全理性人假设、发展有限理性经济人假设的基础上，采用成本—收益分析法对制度与制度变迁过程展开分析，认为制度变迁是制度从非均衡向均衡转化的动态过程，并且着重强调了国家和意识形态在其中所发挥的重要作用。

（一）制度变迁的动力：节约交易成本

诺思的制度变迁是相对于制度稳定而言的，制度稳定是指“行为者的谈判力量及构成经济交换总体的一系列和约谈判给定时，没有一个行为者会发现将资源用于再建立协约是有利可图的”① 这样一种均衡状态。而制度变迁则是由经济活动中的微观主体或宏观主体带有改善自身收益目的而推动发生。以诺思为代表的新制度经济学认为，人类社会的经济关系是一

① ［美］道格拉斯·C. 诺思. 制度、制度变迁与经济绩效［M］. 杭行，译. 上海：格致出版社，2014：112－113.

系列交换关系的集合，而在这种交换关系的过程中必定会产生一定的成本，为了在现有经济环境的条件下促进交换的发生，降低交易成本，就必须对原有的制度进行创新，推动制度的变迁。

诺思将交易成本定义为包含于人类相互交往中的成本，具体体现为那些用以测度交易内容以及实施契约的成本，其大小会影响经济活动的组织方式和运行方式。同样，制度的安排也会对交易成本产生影响，相对完备的产权和契约制度会降低制度的执行成本，降低经济活动中的不确定性，规避机会主义空间和外部性，降低交易成本，从而改善整个经济体系的经济绩效；而无效率的产权则会产生高昂的交易费用。

诺思认为人们产生对制度变迁需求的原因在于，现存的制度安排结构下交易成本过高，无法实现获利，所以才导致新的制度安排（或变更旧的制度安排）的形成，即人们认为在现有的制度环境下仍存在帕累托改进的空间，预期制度变迁后可以降低交易成本，获得原有制度安排下无法获取的潜在收益，于是产生对新制度的需求。具体体现在市场活动中：第一，要素价格的相对变动引起了利益再分配，可能会直接引起产权制度的变迁；第二，技术进步所引起的规模报酬的增加，在微观上更为复杂的、规模庞大的组织管理形式的建立更有利于直接推动新的制度组织形式的变迁；第三，群体或组织偏好的变动，一般而言，偏好的形成可能与国家的社会意识具有密切的联系，而偏好的变动可能会直接影响到群体的价值观、利益观，进而对原有制度产生新的看法，导致制度变迁需求的产生。

此外，诺思指出，现有的制度均衡不会永久地保持，制度变迁的需求，并不是制度变迁产生的充分条件。由于制度的形成是从非均衡向均衡转化的过程，制度变迁的动因还包含有制度供给方面的因素，即要求制度供给的主体感知到推动制度变迁的收益将会大于制度变迁的成本，存在潜在利润形成的可能性，只有当这一条件得到满足时，我们才可能发现在一个社会内改变现有制度和产权结构的企图。

总之，制度变迁的动力源自对节约交易成本、期望获取潜在利润最大化的追求。但同时需要指出的是，由于制度变迁存在着多个行为主体，各个主体的成本—收益观念可能存在着一定的偏差。因此，制度变迁是一个多主体协同推进的过程，在多种利益观念视角下相互联系、相互制约，共同推动着社会制度的变迁。

（二）制度变迁的方式：强制性变迁与诱致性变迁

在经济发展的历史进程中，各个国家地区的经济发展模式、路径及其绩效呈现出异质性的特征，诺思认为“不同经济的长期绩效差异从根本上受制度演化方式的影响”①，制度调整的过程“是正式的与非正式的约束以及实施的变动的缓慢演化构成的”②。其中，正式约束即现有的法律或规则，非正式约束则来源于文化的传承，前者可能会在一夕之间发生改变，而“嵌入在习俗、传统和行为准则中的非正式约束可能是刻意的政策所难以改变的”③。从长期来看，非正式约束在制度演化中起着至关重要的作用，是路径依赖形成的根源所在。

诺思指出，路径依赖是理解长期经济变迁的关键，其来源于一旦走上某个特定路径就能强化这一方向的报酬递增机制。报酬递增以及以明显的交易费用为特征的不完全市场形塑了制度变迁的路径。诺思认为不同社会制度下行动者的初始选择的差异，是由于意识形态或文化等非正式约束的差别所造成的偶然性结果，“参与者的主观的心智构念将演化出一种意识形态。这种意识形态不仅能为社会结构辩护，还能为其低绩效找到理由”④，解释了不正确的初始制度选择造成低绩效制度的长期存在。

制度变迁的方式存在多样性，在变迁主体视角下，制度变迁的方式可分为诱致性变迁与强制性变迁两种。所谓诱致性制度变迁，是指个体或自愿团体在利益驱动下自发组织、推行的新制度安排。但由于制度本身的公共物品性质以及制度变迁过程中难免存在“搭便车”行为，导致纯粹由私

① [美]道格拉斯·C.诺思.制度、制度变迁与经济绩效[M].杭行，译.上海：格致出版社，2014：3.
② [美]道格拉斯·C.诺思.制度、制度变迁与经济绩效[M].杭行，译.上海：格致出版社，2014：113.
③ [美]道格拉斯·C.诺思.制度、制度变迁与经济绩效[M].杭行，译.上海：格致出版社，2014：7.
④ [美]道格拉斯·C.诺思.制度、制度变迁与经济绩效[M].杭行，译.上海：格致出版社，2014：117.

人自发形成或仅依靠诱致性制度变迁形成的新制度安排的供给往往不足。加之制度本身的规模报酬递增性质以及行为人受“主观模型”和意识形态的影响，制度变迁存在“路径依赖”。因此，需要国家或政府干预介入，进行强制性制度变迁，即政府部门通过颁布法律或者规章制度来推动制度变迁，以弥补纯粹由诱致性制度变迁所带来的制度供给不足。

在制度的演化进程中，“自发”的诱致性制度变迁需求在基层产生，如果得到中央政府正式规则的支持并得以全面推广，则方向一致的强制性制度变迁就会形成。而符合市场需求变化的中央正式政策的实施，在很大程度上是诱致性制度变迁的延续，并进一步巩固了诱致性制度变迁的成果。中央政府作为政策的制定者和实施者，其决策显著影响了制度变迁的总体路径和经济绩效。

总体而言，诺思的制度变迁理论在本质上与马克思主义的制度变迁理论存在相通之处，如在分析范式上，两者都强调历史分析的重要性。马克思基于唯物史观，将生产力与生产关系、经济基础与上层建筑之间的矛盾运动视为制度变迁的根本动力，注重从社会经济结构的整体宏观历史视角对制度变迁过程进行系统考察；诺思也从对经济史的考察出发，在新制度经济学基本分析范式的基础上，分析制度与制度变迁二者的内在联系及其产生的经济绩效。此外，诺思将产权、国家和意识形态“三位一体”的理论用于制度变迁分析，强调正式制度与非正式制度的相互作用推动制度变迁，而非正式制度是指意识形态、思想观念等因素，这与马克思主义唯物史观中作为上层建筑的意识形态相契合。除此之外，强制性变迁与诱致性变迁、革命式与渐进式变迁也体现出同质性的特点。强制性变迁本身就具有激进性以及存量革命性的特征，往往呈现出自上而下的变迁路径。诱致性变迁由于受到资源禀赋条件和社会市场需求的影响，在“自发”的自下而上的演进过程中往往是渐进的，这也印证了马克思与诺思的制度变迁理论分析框架的一致性。诺思本人曾直言，“在详细描述长期变迁的各种理论中，马克思的分析框架是最有说服力的，这恰恰是因为它包括了新古典分析框架所遗漏的所有因素：制度、产权、国家和意识形态。……这是一个根本性的贡献”。[①] 因此，我们吸收诺思理论中合理科学的方法，在演化机制部分，着重使用马克思主义唯物史观的理论范式对当代中国农村土地制度的演化机制进行系统分析。

第三节　马克思主义视阈下当代中国农村土地制度演化机制分析

社会基本矛盾原理，即生产力与生产关系、经济基础与上层建筑之间的矛盾运动，是马克思主义唯物史观的重要原理。它揭示了社会历史运动、变化和发展的客观规律，揭示了土地制度革命和改革的历史必然性。我国以马克思主义为指导思想，经济、政治等领域的各项改革举措都遵循唯物史观的客观发展规律，因而唯物史观的基本原理同样适用于当代中国农村土地制度演化历程的分析。不断满足和提高人民日益增长的物质和文化生活需要，是解放和发展生产力的现实推动力。与此同时，马克思主义政治经济学更加注重生产关系如何适应和匹配生产力发展这一关键问题的研究阐释。农村土地制度作为生产关系的具体表现形式，不断改革和完善土地制度，使其更好地匹配现实生产力发展的需要，是新时代我国农业农村现代化发展的必然选择和应有之义。

一、演化机制的理论分析

（一）生产力和生产关系的相互作用引致制度变迁

在社会物质生产过程中，生产力是生产关系的物质基础，是生产关系发展变化的根据和前提。在无产阶级取得政权后，劳动者在社会生产中居于主人翁地位，解放和发展生产力是其最终目的和诉求。只有生产力得到

① ［美］道格拉斯·C. 诺思. 经济史上的结构与变革［M］. 厉以平，译. 北京：商务印书馆，1992：68.

发展和提高，社会主义生产关系才能有更加牢固的物质基础，才能更好地解决社会生产中所存在的各种客观矛盾，使生产关系得以不断地发展和完善。

1. 生产力决定生产关系

首先，生产力发展状况决定生产关系的性质和形式。人们在生产过程中建立何种生产关系，取决于当时历史条件下生产力的发展状况。不同历史时期的生产关系呈现出多样的表现形式和本质特征，是由于生产力处于不同的历史发展阶段。新中国成立以后，曾短暂地实行了农民土地所有制（1949—1952 年），并取得了一定成效，平稳度过了国民经济恢复时期，但为了克服小农经济天然的脆弱性以及避免农村两极分化现象的产生，同时面对国际外围环境所发生的变化，出于巩固共和国新生政权以及实现工业化等国家发展战略目标的需要，党和国家对农村生产关系进行了调整，通过互助组、初级合作社、高级社等方式逐步实现了对生产资料的集体所有，确立了土地公有制，为社会主义制度的建立奠定了前提基础。

其次，生产力的发展决定了生产关系的变化和发展。在生产力和生产关系的对立统一关系中，生产力始终保持动态变化的发展过程，呈现出易变的特征，有其发展诉求。与此相比，生产关系则具有相对稳定性，新的生产关系一经形成，就在一定历史时期内表现为相对稳定的状态。当生产力由于其内在动力而向前发展到更高水平时，与相对稳定的原有生产关系便会产生矛盾。此时，生产力要求冲破旧的生产关系的束缚，力图建立新的能够匹配先进生产力的生产关系，即旧生产关系的灭亡和新生产关系的诞生，都是由生产力的变化和发展所决定的。如在改革开放前，集体土地所有制在相当长时间内延续，面对农业生产率低下、经济增长率常年低迷的现实困境，迫切需要解决生产力发展停滞的问题，变革不合理的生产关系，进而推动农村家庭联产承包责任制的改革。

2. 生产关系对生产力的能动反作用

生产力决定生产关系，但生产关系对生产力绝不是消极的、被动的，而是具有能动的反作用。这种反作用表现为：首先，当生产关系适合生产力的状况时，它对生产力的发展起促进作用。合适的生产关系能够最大限度地发挥劳动者的积极性、生产工具和劳动对象的作用，因而是对生产力的解放和发展。家庭联产承包责任制改革解放和发展了农村生产力，推动了农业生产效率的稳步提升，生产关系变革的巨大反作用得以体现。其次，当生产关系不适合生产力的状况时，会阻碍乃至破坏生产力的发展，由物质生产力的发展形式变为生产力发展的桎梏。原因在于，不合适的生产关系严重抑制了生产力中最关键的因素——劳动者的生产积极性和创造性。此时，即使对生产关系的某些不合理层面进行调整而使矛盾有所缓和，甚至在短时间内推动了生产力的发展，在根本上也并不能消除矛盾。只有在旧生产关系彻底变革、建立适合生产力状况的新生产关系后，矛盾才能加以解决。

3. 生产力和生产关系的相互作用引致制度变迁

生产力和生产关系的相互作用，构成了生产方式的矛盾运动。生产力的易变性和生产关系的相对稳定性，使生产力和生产关系之间自始至终存在着矛盾，但这种矛盾在物质生产方式发展过程的不同阶段，具有不同的表现形式。在新生产关系确立后的一段时间内，生产关系同生产力发展的要求基本相适应，即使生产力与生产关系产生矛盾，也不会引起生产关系的根本变革。然而随着生产的持续进行，当生产力发展到一定程度时，原有的生产关系就会逐步变得不适合生产力发展的要求，随着二者内在矛盾的不断激化，旧的生产关系必须变革，从而建立新的生产关系。当新的生产关系建立之后，又会在新的基础上展开生产力和生产关系之间新的矛盾运动，不断循环往复，推动土地制度的发展演变。

（二）经济基础和上层建筑的矛盾运动推动制度变迁

每一种社会都以一定的社会关系为其特征。在社会发展过程中，构成全部社会关系基础的，是人们之间的经济关系即生产关系。马克思在《〈政治经济学批判〉序言》中说：“这些生产关系的总和构成社会的经济结构，即有法律的和政治的上层建筑竖立其上并有一定社会意识形式与之相适应的现实基础。”① 这个基础即经济基础，可见，经济基础是指同物质生产力一定发展阶段相适应的生产关系的总和。

上层建筑是反映这种生产关系总和的政治及思想关系。在任何社会形态中，经济基础的存续和发展，不仅需要强制性的国家政治法律制度和设施来约束人们的行为，而且需要与之对应的意识形态来论证经济和政治制度的合理性，从而最大限度地使公众遵守这种制度。

经济基础决定上层建筑，上层建筑反作用于经济基础，这便是经济基础和上层建筑之间的辩证关系，二者的相互作用是推动制度变迁的重要动力。

第一，经济基础决定上层建筑。首先，经济基础是根本，上层建筑是其派生物。无论是政治的还是思想的上层建筑，都源于经济基础。恩格斯说：“每一时代的社会经济结构形成现实基础，每一个历史时期的由法的设施和政治设施以及宗教的、哲学的和其他的观念形式所构成的全部上层建筑，归根到底都应由这个基础来说明。”② 其次，经济基础的性质决定上层建筑的性质。有什么样的经济基础，或迟或早就会有什么样的上层建筑与其相适应。最后，经济基础决定上层建筑的变化发展。经济基础不仅提出了上层建筑变化、发展的要求，而且决定着上层建筑变化发展的内容和方向。当新的经济基础形成之后，反映旧经济基础的旧上层建筑必然为新的上层建筑所替代。

第二，上层建筑对经济基础具有能动的反作用。上层建筑对经济基础的反作用，是通过为经济基础服务实现的。当上层建筑所维护巩固的是先进的经济基础，所破坏的是腐朽的经济基础时，它就成为促进生产力、推动社会进步的力量；反之，上层建筑会成为破坏社会生产力发展、阻碍社会前进的消极力量。当经济基础严重束缚生产力发展，成为生产力进一步发展的桎梏，而旧的上层建筑严重阻碍这一经济基础变更时，变革旧的上

---

① ［德］马克思，恩格斯. 马克思恩格斯选集：第 2 卷［M］. 北京：人民出版社，1995：32.

② ［德］马克思，恩格斯. 马克思恩格斯选集：第 3 卷［M］. 北京：人民出版社，1995：365.

层建筑就成了经济基础变更和生产力解放的决定性条件。

经济基础和上层建筑的相互作用，构成了社会的矛盾运动。在社会发展中，经济基础对于生产力是相对稳定的，相对于上层建筑来讲又是易变的，上层建筑往往落后于经济基础的变化，经济基础即使在相对稳定阶段也会发生某些变化。即使是新的上层建筑，也有与其经济基础不相适应的部分，此时便会发生矛盾。因此，需要对上层建筑中不尽完善的部分不断调整，以更好地适应经济基础发展的需要。

生产力和生产关系的矛盾、经济基础和上层建筑的矛盾，作为社会基本矛盾，所处的地位和作用并不相同。首先，在这两对互相联系、制约的社会基本矛盾中，生产力和生产关系的矛盾更为根本，它决定和制约着经济基础和上层建筑矛盾的发展变化。其次，生产力和生产关系矛盾的解决，又依赖于经济基础和上层建筑矛盾的解决。这是因为生产关系对生产力有反作用，上层建筑对经济基础有反作用。社会基本矛盾运动的规律原理贯穿于人类社会历史发展过程，生产力、生产关系（经济基础）、上层建筑之间的层层决定作用和层层反作用，构成了整个社会的矛盾运动，正如两对社会基本矛盾不可分割一样，这两条规律也不能单独地存在和孤立地发生作用，它们的相互作用，表现为社会土地制度的不断更替，如图 2－1 所示。

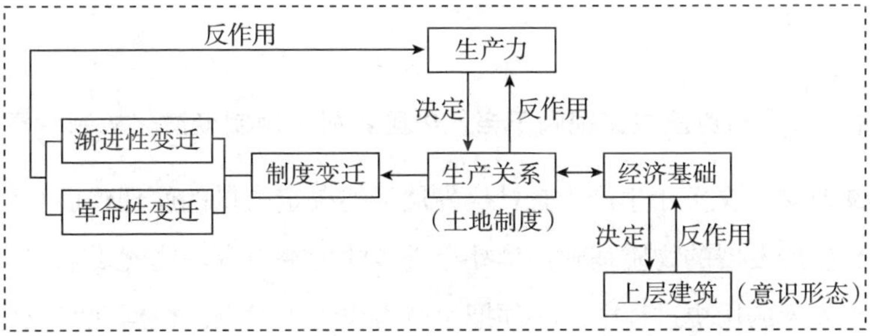

图 2－1　社会基本矛盾运动推动土地制度变迁示意图

二、演化机制示意图

马克思主义作为意识形态的指导思想，其与中国特色社会主义相结合形成的理论成果是上层建筑的重要组成部分。政治和观念上的上层建筑对社会主义经济基础具有巨大的反作用。当意识形态和思想观念符合客观经济基础现实时，就会推动生产关系的完善，即形成积极有效的土地制度，进一步解放和发展生产力，如此循环往复，始终处于一个动态演变的过程，推动着我国农村土地制度的改革与完善。整个循环过程如图 2－2 所示。

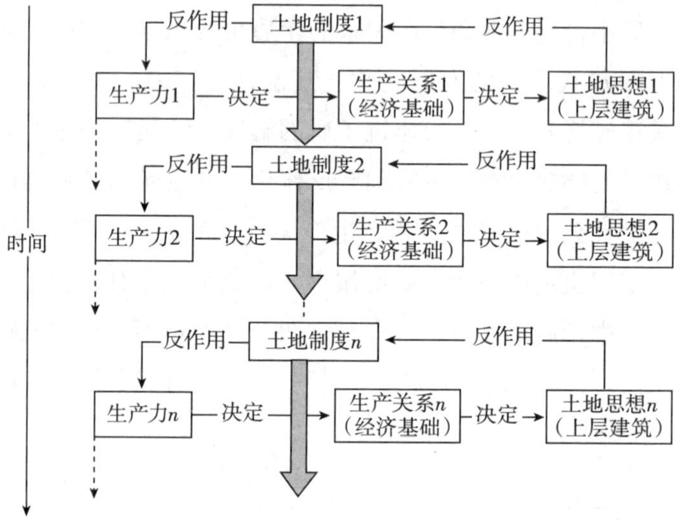

图 2－2　马克思主义视阈下当代中国农村土地制度演化机制示意图

历史唯物主义关于生产力是社会发展最终决定力量的原理告诉我们，生产力是社会生产发展的物质基础，是社会进步的根本内容。这就要求我们在土地制度改革发展的历史进程中，必须把生产力作为出发点，根据现实农村生产力的发展状况决定土地制度变革的路线、方针和政策，把解放生产力和发展生产力作为土地改革的根本任务和目的。坚持改革和完善不适应生产力发展的生产关系和上层建筑的某些环节，是解放和发展新时代农村生产力的必由之路，也是坚持和发展中国特色社会主义、实现农业现代化的必然选择。

第三章　1949—1978 年：社会主义革命和建设时期农村土地制度的演化

第一节　社会主义革命和建设时期农村土地制度演化的背景

社会主义革命和建设时期的土地制度指的是从新中国成立后至改革开放前这一时期的土地制度。在这一时期内，土地制度可分为两个大的阶段，分别是新中国成立初期的土地制度和农村合作化运动时期的土地制度，而在农村合作化运动时期又可进一步细化为互助合作时期、初级合作化时期、高级合作化时期以及人民公社化时期。由于不同阶段对应着不同的土地制度，产生各个时期土地制度的背景也不尽相同。本节按照社会主义革命和建设时期的不同阶段，阐述相应的土地制度背景。

一、农村生产力发展不足

（一）新中国成立初期（1949—1952 年）：农村生产力发展落后

新中国成立伊始，农村生产力落后。在新中国成立初期全面进行土地改革之前，我国农村土地制度含有封建农村土地制度的性质，封建土地制度下无法完全激发农民的生产积极性，因此在这种制度基础上形成的农村生产力十分落后。制度的落后再加上长期经受战争的侵害，使得中国农村生产力遭到极大的破坏，和战前相比较，粮食产量和牲畜等大量减少。如表 3－1、表 3－2 所示，战前、战后的粮食产量形成了鲜明的对比，全国粮食总产量下降，1949 年产量相比战前产量（1936 年和 1937 年的平均产量）来说，只占后者的 79.3%；主要粮食产量均有了不同程度的下降，其中小麦和大豆下降程度最深，只相当于战前水平的 39.2% 和 45.1%；人均原粮也从战前的约 600 斤降到 425 斤。① 如表 3－3 所示，战前战后，部分牲畜量有了不同程度的下降，平均减少率约为战前的四分之一。

表 3－1　战前、战后全国粮食产量对比

战前产量（1936 年和 1937 年的平均量）	1949 年产量	1949 年产量/战前产量×100%
28446000 万斤	22547680 万斤	79.3%

资料来源：中国社会科学院，中央档案馆．1949—1952 中华人民共和国经济档案资料选编：农业卷［M］．北京：社会科学文献出版社，1991：7.

表 3－2　战前和新中国成立后主要粮食产量对比

	稻谷	小麦	玉米	大豆	粮食总计
战前最高产量（1936 年）/万吨	3735	2330	1010	1130	15000
1949 年指数（1936 年＝100）	81.8	39.2		45.1	75.5

资料来源：中国社会科学院，中央档案馆．1949—1952 中华人民共和国经济档案资料选编：农业卷［M］．北京：社会科学文献出版社，1991：9.

表 3－3　战前、战后部分牲畜量对比

	战前（千头）	战后（1946 年）（千头）	减少数（千头）	减少率（%）
马	6597	4967	1630	25
驴	11363	6847	4516	40
骡	4507	2828	1679	37
水牛	13102	7203	3899	30
黄牛	27275	22885	4390	16
合计	62844	46730	16114	26

资料来源：中国社会科学院，中央档案馆．1949—1952 中华人民共和国经济档案资料选编：农业卷［M］．北京：社会科学文献出版社，1991：3.

① 中国社会科学院，中央档案馆．1949—1952 中华人民共和国经济档案资料选编：农业卷［M］．北京：社会科学文献出版社，1991：8.

（二）农业互助合作时期（1953—1978 年）：农村生产力发展水平有所提高，但增长有限

（1）劳动互助时期：经过土地改革后农村生产力有所提高，但由于改革造成生产资料的不适配等问题，农村生产力仍难以大力发展。如表 3 -4 所示对 23 个省的调查结果显示，土地改革结束时，在 15432 户农户中，贫雇农户均占有耕地数 12. 46 市亩，拥有耕畜 0. 47 头，犁 0. 41 张，水车 0. 07 部；中农户均占有耕地 19. 01 市亩，拥有耕畜 0. 91 头，犁 0. 74 张，水车 0. 13 部；富农情况稍微好一点，但占有情况也并不十分宽裕，耕地占有 25. 09 市亩，耕畜超过 1 头，户均 1. 15 头，犁只拥有 0. 87 张，水车 0. 22 部（见表 3 -4）。从以上数据可以看出，农民整体的生产资料占有情况不佳，但贫雇农占有的生产资料尤其缺乏。表 3 -5 中贫雇农生产资料占有占中农、富农生产资料占有比重更能直观反映出这一观点。

表 3 -4　23 个省份各个阶层土地改革后户均占有生产资料情况

阶层	耕地/市亩	耕畜/头	犁/张	水车/部
贫雇农	12. 46	0. 47	0. 41	0. 07
中农	19. 01	0. 91	0. 74	0. 13
富农	25. 09	1. 15	0. 87	0. 22
地主	12. 16	0. 23	0. 23	0. 04
其他	7. 05	0. 32	0. 38	0. 06

资料来源：苏星．我国农业的社会主义改造［M］．北京：人民出版社，1980：12.

表 3 -5　23 个省份各个阶层土地改革后户均占有生产资料比重情况　（%）

各阶层生产资料之间占比	耕地	耕畜	犁	水车
贫雇农生产资料占有占中农生产资料占有比重	65. 54	51. 65	55. 41	53. 85
贫雇农生产资料占有占富农生产资料占有比重	49. 66	40. 87	47. 13	31. 82
中农生产资料占有占富农生产资料占有比重	75. 77	79. 13	85. 06	59. 09

资料来源：苏星．我国农业的社会主义改造［M］．北京：人民出版社，1980：12.

据湖南省长沙县统计数据，农村土地改革后，贫雇农占有的耕牛数仍十分缺乏，与其他阶层相比，差距过大。石碑乡的具体情况是：富农户均拥有的耕牛最多，中农次之，情况最差的为贫雇农。富农、中农、贫雇农户数分别为17户、122户、477户，其相对应的耕牛数量分别为16.5头、87.5头和31.0头，户均耕牛拥有量依次递减。① 如表3－6所示，可以计算得出，每户富农平均耕牛为0.97头，每户平均不到一头；每户中农平均占有耕牛0.72头，和富农相比有一些差距；但是每户贫雇农平均占有耕牛则只有0.06头，数据上和前两者相差很大，贫雇农对于耕牛占有十分缺乏。长安县高家湾村的调查情况也呈现出同样的特点：全村共167户农民，其中中农52户，雇农8户，贫农107户，在这些阶层群体中没有牲口的户数分别是5户、8户以及71户。② 对于其他农具也是如此，中农缺少，贫雇农则缺得更多。土地改革后，由于土地的重新分配，中农和富农土地减少但牲畜剩余，贫雇农土地增加，但牲畜仍缺乏。③

表3－6　湖南省长沙县石碑乡各个阶层占有耕牛情况　　单位：头

	17户富农	122户中农	477户贫雇农
占有耕牛数	16.5	87.5	31.0
每户平均数	0.97	0.72	0.06

资料来源：中国社会科学院，中央档案馆．1949—1952中华人民共和国经济档案资料选编：农村经济体制卷［M］．北京：社会科学文献出版社，1992：480.

可见，土地改革以后造成生产资料不适配的情况比较明显。如表3－5所示，贫雇农所拥有的生产资料无论是和中农相比还是和富农比较，都存在生产资料占有不平衡的情况，而表3－6更是直接表达了三个阶层农民所占有的耕牛数量的严重不平衡情况。由于生产资料的占有不平衡，农民就无法使用相配套的生产资料进行搭配生产，或者造成个别

① 中国社会科学院，中央档案馆．1949—1952中华人民共和国经济档案资料选编：农村经济体制卷［M］．北京：社会科学文献出版社，1992：480.

② 中国社会科学院，中央档案馆．1949—1952中华人民共和国经济档案资料选编：农村经济体制卷［M］．北京：社会科学文献出版社，1992：481.

③ 中国社会科学院，中央档案馆．1949—1952中华人民共和国经济档案资料选编：农村经济体制卷［M］．北京：社会科学文献出版社，1992：481.

生产资料的剩余，或者造成个别生产资料的短缺，无论是哪种情况，都无法使生产资料的使用效率达到最高，使生产力作用得到有效发挥。

中国自古就是农业大国，并且在进行土地改革以后，农民的生产积极性得到极大激发，粮食产量取得了不小成果。从图3－1中可以看出，从新中国成立后至完成土地改革以前，中国的粮食产量较当时世界上其他国家都是十分具有优势的。但是对于刚刚新生的国家来说，中国有着十分急迫的愿望——达到工业化战略目标，而一国主要工业产品产量意味着该国工业基础的实力。就钢产量而言，中国和世界上其他国家相比还相去甚远。如图3－2所示，1949年新中国成立之初的钢产量为15.8万吨，1952年我国的钢产量为135万吨，而同一时期的其他国家钢产量与我国形成了较为显著的对比，其中钢产量最低的印度1949年的钢产量为137万吨，竟略高于我国1952年135万吨的成绩。而在1952年，我国的煤炭产量为6600万吨，同等时间点下，美国和苏联的煤炭产量分别为46033万吨和30088万吨（见图3－3）。因此，要实现工业化目标，我国当时的生产力水平还远远不足。

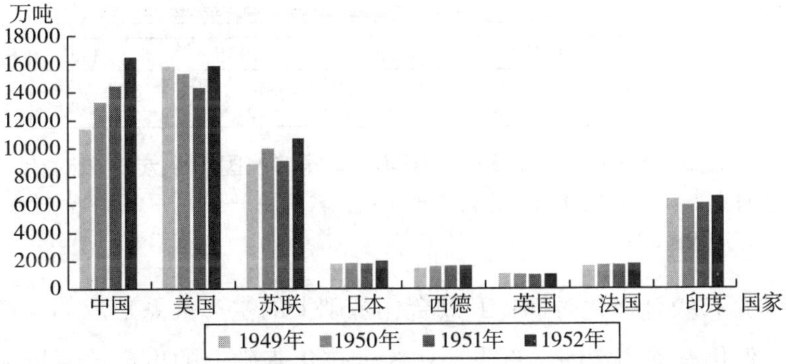

图3－1 1949—1952年中国和世界其他国家粮食产量对比

资料来源：国家统计局．建国三十年国民经济统计提要［M］．北京：中国统计出版社，1979：377.

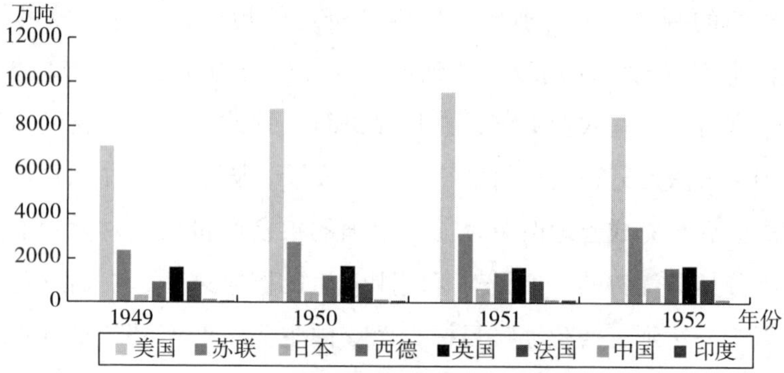

图 3－2　1949—1952 年中国和世界其他国家钢产量对比

资料来源：国家统计局．建国三十年国民经济统计提要［M］．北京：中国统计出版社，1979：382.

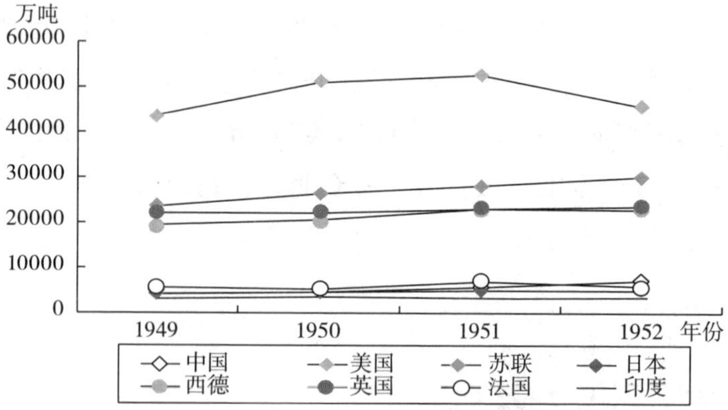

图 3－3　1949—1952 年中国和世界其他国家煤炭产量对比

资料来源：国家统计局．建国三十年国民经济统计提要［M］．北京：中国统计出版社，1979：381.

（2）初级合作化时期：互助合作基础上的生产关系形成的生产力有所进步，但仍有提高空间。首先，初级合作化基础上的生产关系形成的生产力体现了更大的优越性。1952 年 5 月，山西长治反映试办的农业生产合作社情况显示，入社地的产出效果明显好过未入社的（互助组和单干户）表现。例如，东监漳受自然灾害的影响，是 10 个社中增产情况最差的，即使这样，入社地每亩平均二石零四，分别超过最好的互助组和单干户的一斗六和五斗四；如表 3－7 所示，从每人平均收入情况来看，也是农业初级生产合作社更胜一筹。合作社社员每人平均收入折款380180元，而互助组和单干户的人均收入情况分别是320430元和305000元。①

表3－7　东监漳农业生产合作社情况　　单位：元

	单干户	互助组	初级合作社
每人平均收入	305000	320430	380180

资料来源：中国社会科学院，中央档案馆．1949—1952中华人民共和国经济档案资料选编：农村经济体制卷［M］．北京：社会科学文献出版社，1992：556.

其次，虽然中国通过互助合作形式取得了比单干更好的效果，但工业水平仍与其他国家相差较大。如表3－8、图3－4所示，就钢产量而言，1953年，中国的钢产量已经达到177万吨，同等时间点的印度钢产量为153万吨，虽然这时中国的钢产量已经赶上并超过印度，但相比其他国家而言，还远远不足。1949年，中国钢产量为15.8万吨，同期美国和苏联的钢产量分别为7074万吨和2329万吨，分别约为中国钢产量的447.7倍和147.4倍；1953年，美国钢产量约是中国的57倍，苏联约是中国的21.5倍。虽然我国钢产量增长速度较其他国家快，但由于我国的钢产量在1949年的基数小，总体数量还远远不足。如图3－5所示，中国的煤炭产量在1949—1953年虽然有所增长，但距离美国、苏联、西德和英国还有不小差距。如表3－9所示，中国的原油产量和发电量和美国、苏联相比，基础更是薄弱。因此，生产力发展水平还远不能支撑我国快速实现工业化目标。

表3－8　1949—1953年中国和世界其他国家钢产量情况　　单位：万吨

年份	中国	美国	苏联	日本	西德	英国	法国	印度
1949	15.8	7074	2329	311	916	1580	915	137
1950	61	8785	2733	484	1212	1655	865	146
1951	90	9544	3135	650	1351	1589	984	152
1952	135	8452	3449	699	1581	1668	1087	160

① 中国社会科学院，中央档案馆．1949—1952中华人民共和国经济档案资料选编：农村经济体制卷［M］．北京：社会科学文献出版社，1992：556.

续表

年份	中国	美国	苏联	日本	西德	英国	法国	印度
1953	177	10125	3813	766	1542	1789	1000	153

资料来源：国家统计局．建国三十年国民经济统计提要［M］．北京：中国统计出版社，1979：382.

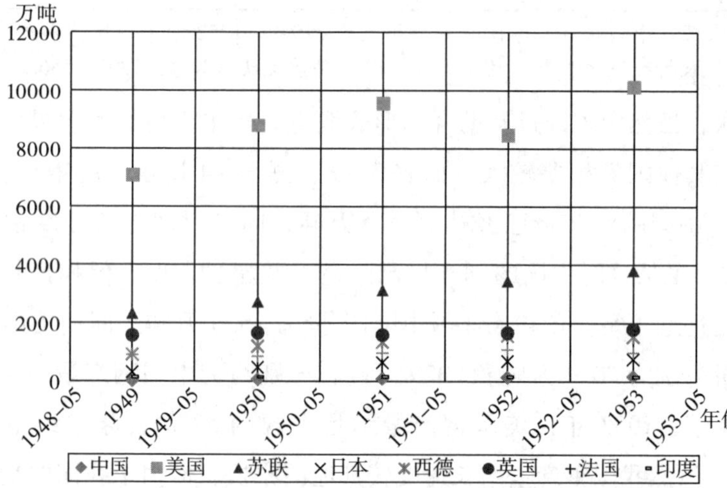

图 3－4　1949—1953 年中国和世界其他国家钢产量对比

资料来源：国家统计局．建国三十年国民经济统计提要［M］．北京：中国统计出版社，1979：382.

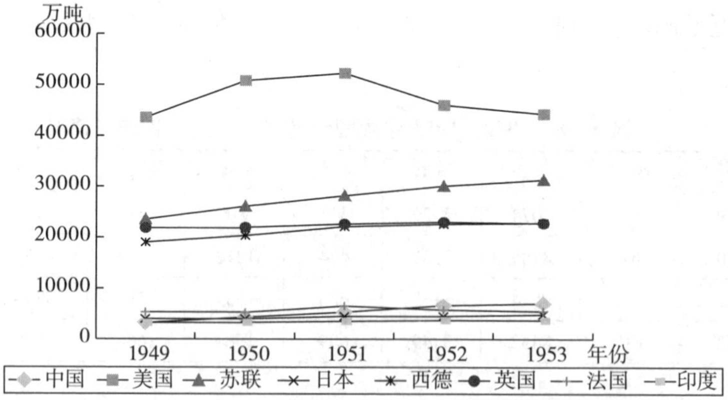

图 3－5　1949—1953 年中国和世界其他国家煤炭产量对比

资料来源：国家统计局．建国三十年国民经济统计提要［M］．北京：中国统计出版社，1979：381.

表 3-9 1949—1953 年中国、美国、苏联原油产量和发电量对比

年份	原油产量（万吨）			发电量（亿千瓦·时）		
	中国	美国	苏联	中国	美国	苏联
1949	12	24892	3344	43	3451	783
1950	20	26671	3788	46	3887	912
1951	31	30375	4255	57	4334	1040
1952	44	30945	4731	73	4631	1191
1953	62	31854	5278	92	5142	1343

资料来源：国家统计局．建国三十年国民经济统计提要［M］．北京：中国统计出版社，1979：378，380.

（3）高级农业合作化时期：初级合作化基础上的生产关系形成的生产力有所提升，但其优越性仍显不足。经历过土地改革、互助合作以及初级合作化运动，中国的农业生产力水平得到有效提升。如表 3-10 所示，1949—1955 年，中国粮食产量年平均增量为 1179.17 万吨，而同一时期，美国、苏联、日本、法国和印度的粮食年平均增量分别为 55.83 万吨、499.17 万吨、80.00 万吨、90.83 万吨以及 248.33 万吨。1949—1956 年，我国粮食的年平均增长量与其他国家相比较高。可以看出，我国粮食产量在当时世界上具有绝对优势。但同时，我国主要工业产品还与其他国家有一定差距。如钢产量相比世界其他国家而言，差距还比较明显，如图 3-6 所示，我国钢产量水平仅仅超过所列国家中印度的钢产量，产量基础较为薄弱；如图 3-7 所示，1949—1956 年，我国煤炭产量增长速度虽然比日本、法国和印度快，但截至 1956 年年底，我国煤炭产量总体数量不仅与美国、苏联相差较多，与西德、英国也有一定差距；如图 3-8 所示，1956 年，我国发电量也仅仅超过印度，与世界上其他国家还有一定距离。要想实现工业化目标，并且没有内忧外患的顾虑，当时我国的工业化力量还远远不足。

表 3-10 1949—1956 年中国和世界其他国家粮食产量情况 单位：万吨

年份	中国	美国	苏联	日本	西德	英国	法国	印度
1949	11320	15740	8810	1780	1450	1025	1610	6285
1950	13215	15235	9890	1810	1590	1010	1690	5865

续表

年份	中国	美国	苏联	日本	西德	英国	法国	印度
1951	14370	14225	9045	1760	1605	975	1680	6005
1952	16390	15760	10610	1970	1630	1015	1735	6475
1953	16685	15190	9700	1630	1690	1100	2125	7865
1954	16950	15505	10060	1800	1680	930	2180	7570
1955	18395	16075	11805	2260	1610	990	2155	7775
1956	19275	16380	14420	2035	1740	1000	2290	8000
1949—1955年平均增量	1179. 17	55. 83	499. 17	80. 00	26. 67	-5. 83	90. 83	248. 33
1949—1956年平均增量	1136. 43	91. 43	801. 43	36. 43	41. 43	-3. 57	97. 14	245. 00

资料来源：国家统计局．建国三十年国民经济统计提要［M］．北京：中国统计出版社，1979：377.

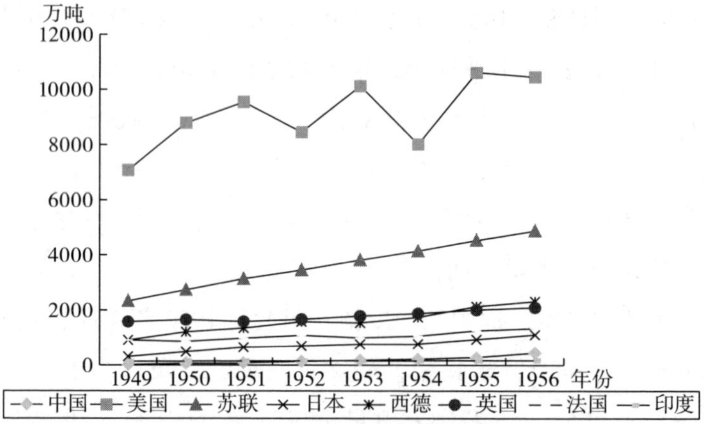

图3-6　1949—1956年中国和世界其他国家钢产量对比

资料来源：国家统计局．建国三十年国民经济统计提要［M］．北京：中国统计出版社，1979：382.

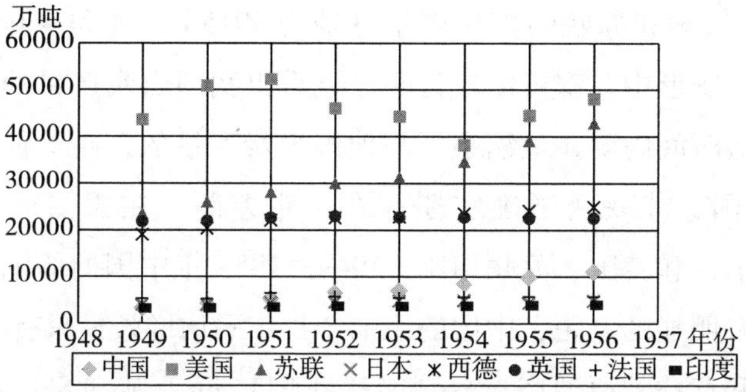

图 3－7　1949—1956 年中国和世界其他国家煤炭产量对比

资料来源：国家统计局．建国三十年国民经济统计提要［M］．北京：中国统计出版社，1979：381.

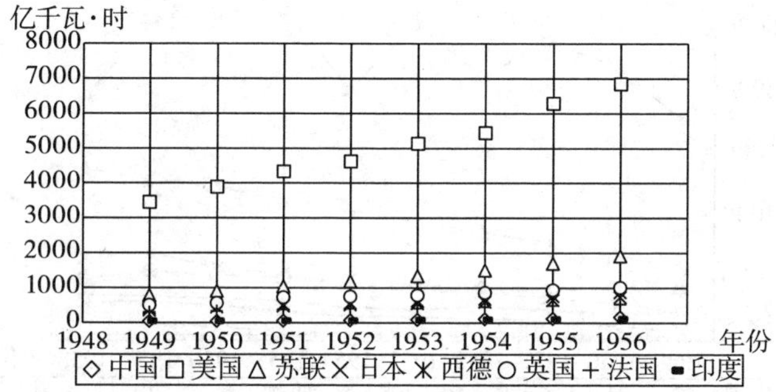

图 3－8　1949—1956 年中国和世界其他国家发电量对比

资料来源：国家统计局．建国三十年国民经济统计提要［M］．北京：中国统计出版社，1979：380.

（4）人民公社化时期：高级合作化基础上的生产关系形成的生产力不能满足“赶超”战略下的生产力要求。我国主要工业产品与世界上其他国家相比还相去甚远。如图 3－9 所示，我国钢产量发展水平相比世界其他国家来说还不高，有较为明显的差距。我国虽在 1953 年已赶上印度，并在后续时间内已明显超过印度的钢产量，但与日本和法国相比还有相当差距，和苏联、美国相比更是差距悬殊。如图 3－10 所示，1949—1958 年我国煤炭产量实现了快速增长，在这段时间内，已经陆续超过了印度、日本、法国、西德和英国。1949 年，中国的煤炭产量为 3200 万吨，美国和苏联的产量分别为 43597 万吨和 23550 万吨；到了 1958 年，中国的煤炭产量为

27000万吨，美国和苏联的煤炭产量分别为39156万吨和49611万吨，无论从数据还是图形中，都可以较为明显地看出我国煤炭产量的增长速度之快，我国在短时间内明显地缩小了与他国煤炭产量的差距。但中国在煤炭产量上和美国、苏联两国确实还存在一定差距。在原油产量方面，如表3－11所示，和美国、苏联相比，1949—1958年中国的原油产量一直与这两个国家有明显的差距，中国的原油产量年平均增长量只有23.78万吨，而同期美国和苏联的原油产量分别能达到911.56万吨和886.44万吨。发电量方面也是如此，如图3－11所示，中国和美国、苏联的对比较为明显。

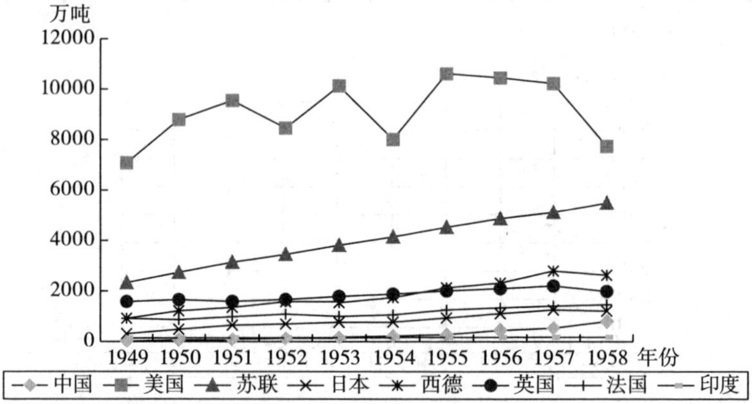

图3－9　1949—1958年中国和世界其他国家钢产量对比

资料来源：国家统计局．建国三十年国民经济统计提要［M］．北京：中国统计出版社，1979：382.

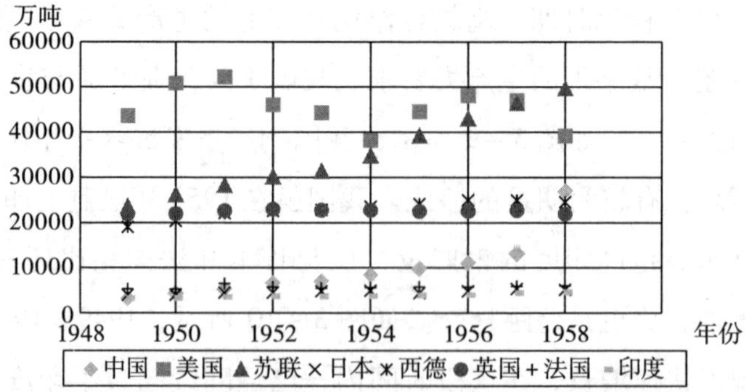

图3－10　1949—1958年中国和世界其他国家煤炭产量对比

资料来源：国家统计局．建国三十年国民经济统计提要［M］．北京：中国统计出版社，1979：381.

表 3-11　1949—1958 年中国、美国、苏联原油产量情况　　单位：万吨

年份	中国	美国	苏联
1949	12	24892	3344
1950	20	26671	3788
1951	31	30375	4255
1952	44	30945	4731
1953	62	31854	5278
1954	79	31285	5928
1955	97	33574	7079
1956	116	35370	8381
1957	146	35365	9835
1958	226	33096	11322
年平均增长量	23.78	911.56	886.44

资料来源：国家统计局．建国三十年国民经济统计提要［M］．北京：中国统计出版社，1979：378.

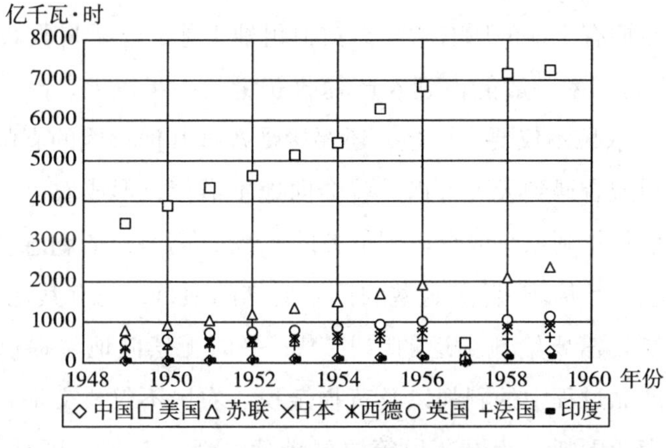

图 3-11　1949—1958 年中国和世界其他国家发电量对比

资料来源：国家统计局．建国三十年国民经济统计提要［M］．北京：中国统计出版社，1979：380.

二、农村土地生产关系不适应生产力的发展要求

（一）新中国成立初期（1949—1952 年）

新中国成立伊始，旧的农村土地制度下形成的生产关系不适应当时生产力要求。落后的生产关系主要表现为农民各阶层土地占有情况严重失衡，生产力遭到严重束缚。新中国成立之前的旧的土地制度存在着极不合理的问题，地主和富农在农村人口中总共占不到 10% 的数量，但是这部分群体却拥有 70% ~80% 的土地，而在农村人口中占 90% 的贫雇农、中农及其他人民，却只拥有三成不到的土地，在这样的生产关系下，农民终日辛苦劳作，却填不饱肚子。全国各地农村，一半以上的农户没有土地，并且地主和富农占有的土地质量较好。[①] 中农以及贫雇农耕种了约 90% 的土地，但由于他们只拥有较少的土地所有权，自然也不能享有所有的劳动成果。他们不仅不能拥有土地的所有权，需被迫租种土地，还要将收获的 50% 交给地主，[②] 即地租率一般能占到农产物收获量的一半以上，高一点的甚至能达到 80%。农民不仅要交地租，还要接受各种其他形式的剥削。如果农民交不起地租或者遇到天灾人祸，就会向地主借债，形成农民和地主间的借贷关系，借贷年利息一般会占到债务的 30%，高一点的利息会达到债务本身的 1 倍甚至 5 倍。[③] 除了这些农民主要交的项目，还有其他零星项目，例如，重要节日需要给地主送的“礼”[④]；平时无偿向地主提供的一些劳动；出售农产品过程中的剥削以及苛捐杂税。农民不仅要交地租，还要饱受附加租、商业剥削、苛捐杂税等层层摧残。遇到荒年，更是妻离子散，家破人亡。“农民头上两把刀：租子重，利钱高；农民眼前三条路：逃荒，上吊，坐监牢。”这首民谣深刻地反映了广大农民在旧社会所处的水深火

---

① 苏星. 我国农业的社会主义改造[M]. 北京：人民出版社，1980：7.

② 董志凯. 土地改革与我国的社会生产力——回答对我国土改的一种看法[J]. 中国经济史研究，1987(3)：84，151－161.

③ 苏星. 我国农业的社会主义改造[M]. 北京：人民出版社，1980：8.

④ 逢年过节，佃户需要向地主送租鸡、租鱼。

热的悲惨境地。[1]

（二）农业互助合作时期（1953—1978 年）

（1）劳动互助时期。农民所有、农民私营的农村土地制度下形成的生产关系不适应生产力发展。土地改革以后解决了农民土地占有不均的难题，但仍有生产资料不适配问题存在，从而影响了生产力的发展。土地改革完成后，农民有了自己的土地，在自己的土地上进行耕种维持基本家庭生计，按道理，分得属于自己的土地对于农民来说是欢天喜地的好事情，但由于新中国成立时间不久，经济基础还十分薄弱，在此基础上进行的土地改革也会存在基础标准较低的问题，对于很多农民家庭来说，农具以及农业生产资料都十分简陋、缺乏，单凭分配的土地和生产资料难以让农民单独进行农业经营、解决生活所需，因此，要想克服农民生产经营中的困难，就必须解决其生产资料不适配这一主要问题。1951 年 12 月 25 日中共中央印发的《关于农业生产互助合作的决议（草案）》[2] 第（三）条指出，"党中央从来认为要克服很多农民在分散经营中所发生的困难，要使广大贫困的农民能够迅速地增加生产而走上丰衣足食的道路，要使国家得到比现在多得多的商品粮食及其他工业原料，同时也就是提高农民的购买力，使国家的工业品得到广大的销场，就必须提倡'组织起来'，按照自愿和互利的原则，发展农民劳动互助的积极性"。一方面是生产资料的不适配，另一方面是国家想要让农民过上丰衣足食的日子以及国家欲达到工业化战略目标，在二者的矛盾冲突之下，党和国家认为开展互助合作的生产形式有助于解决这一矛盾冲突。

农民所有的农村土地制度下形成的生产关系导致土地买卖盛行。根据 1952 年 7 月中共山西忻县地委《关于农村阶级分化情况的调查报告》，在 143 个农村中，农户数共有 42215 户，土地总计 715976 亩。自土地改革以

① 苏星.我国农业的社会主义改造[M].北京:人民出版社,1980:8.

② 关于农业生产互助合作的决议(草案)[EB/OL]. 中国经济网.(2007－05－28)[2023－03－15].http://www.ce.cn/xwzx/gnsz/szyw/200705/28/t20070528_11516124.shtml.

后，已经有8253户（约19.5%的农户）出卖土地和房屋，具体出卖土地数据为39912亩，出卖房屋为5162间。出卖土地占卖地户每户平均土地的28%，占总土地的5.57%。[①] 而新区虽然比老区改革得晚，但并不意味着土地分化速度更慢。143个村子中，新区共有35个，老区共有108个。新区村子自1950年以来，卖地农户数占总农户数的比重为25.25%，出卖土地占总土地的比重为13.39%；老区村子自1949年以来的这两个数据分别为16.97%和3.55%。可以看出，与老区相比，新区无论是卖地户占总户数的比重还是出卖土地占总土地的比重都远远大于老区，分化速度明显加快。[②] 从出卖者的身份（土地改革前的划分）来看，在7260户中，贫雇农出卖最多，占比为61.7%；中农次之，为37%；出卖最少的是地主和富农，仅占到1.3%。这也更加说明，贫雇农在土地改革以后面临的生产经营困难不小，以致不得不以卖地维持生计。并且，这种土地出卖的情况并不是政策"水土不服"的短暂反应，而是具有逐年增长的趋势。从49个村的调查结果来看，1949年出卖土地的占比为3.95%，数据并不十分高扬，1950年这一数据就上升到30.99%，等到1951年，这一比重又进一步提高到51.15%。[③] 探究农户为何进行土地出卖，原因如下：对143个村，共计8125户卖地户进行的调查显示，其中因生产生活困难[④]被迫出卖的农户占总数的比重最大，为50.36%；因灾、病、婚、丧大事出卖土地者的比重为12.51%，因调整生产出卖土地的户数比重为19.15%，其他原因（挥霍、害怕政策改变等）占17.83%。可以看出，前三个原因究其根本在于现有的劳作无法维持生活，这种情况占比总共为82.02%。由此可见，把土地分给农民并不是一劳永逸的做法，农民单独经营也并不能保证其基

① 中国社会科学院，中央档案馆. 1949—1952 中华人民共和国经济档案资料选编：农村经济体制卷[M]. 北京：社会科学文献出版社，1992：485.

②③ 中国社会科学院，中央档案馆. 1949—1952 中华人民共和国经济档案资料选编：农村经济体制卷[M]. 北京：社会科学文献出版社，1992：486.

④ 生产困难的表现即为缺乏耕畜和生产投资。

本生活。[①]

互助合作基础上的生产关系展现出的优越性使得一些地区出现了歧视单干户的现象。互助合作化生产方式得到认可后，在一些地区出现了严重的强迫农民入组的行为，出现了一些限制农民单干的情况。例如，如果农户不入组，就不给这些农户办理贷款、贷农具，从生产经营上限制单干农户，甚至有些地方在人格上孤立单干户，强迫单干户入组。对于单干农户来说，不入组可能就意味着要面临经济和生活上的双重惩罚。[②] 实事求是地讲，并不是所有的单干户都适合互助合作这种形式，因此这种“一刀切”的方式并不可取。但反过来思考，这种现象反映了这样一个问题：互助合作的劳动形式显示了其优越性，因此得到多人支持，也就是说，互助合作虽不是对所有地区、所有农民都适用，但起码对部分地区、部分农民是适用的，而原因就在于这种生产关系可以使愿意参与互助合作的农民群体提高劳动生产力，这也从侧面说明当时旧的生产关系已不能满足农民发展生产力的需求。

诚然，在解放前就有互助合作的劳动生产方式，但解放前互助合作基础上的生产关系缺乏规范性，已经不适应土地改革之后的生产力发展要求，因此，土地改革后的互助合作必须有所改善才能适应当下的生产力发展要求。1951 年 12 月 9 日，中共浙江省委农村工作委员会《关于浙江省农村劳动互助组问题给省委的报告》中说明了一些关于我国农村中组织的劳动互助情况，在解放前，由于生产力遭到严重破坏，生产资料也更为短缺，经常出现劳动力和生产资料不匹配的问题，仅凭借个人力量无法单独完成生产，因此成就了劳动互助方式的出现。例如，空有劳动力而缺乏牲畜以及一些生产工具，或者虽然有牲畜劳作，但生产工具缺乏劳动力联合配套进行生产。即使互助劳动这种形式在新中国成立前就存在，但和新中国成立后相比，还是存在差异。首先，新中国成立前互助劳动的生产关系主要发生在亲朋好友之间，连接彼此之间合作的纽带是相互之间的情分，

---

① 中国社会科学院，中央档案馆. 1949—1952 中华人民共和国经济档案资料选编：农村经济体制卷[M]. 北京：社会科学文献出版社，1992：486 - 487.

② 薄一波. 若干重大决策与事件的回顾（上）[M]. 北京：中共党史出版社，2008：142.

并没有固定时间以及人员，因此，依靠感情而非契约之上的合作容易建立但持久性欠佳，容易造成时间效率损失并缺乏一定的稳定性；其次，互助的基本范围发生在青壮年之间，一工顶一工，计算简单，并没有将半劳动力吸收参与进来，没有将工作性质、强度以及成果进行综合考量①；最后，在哪方先予以帮助这个问题上比较主观，缺乏整体的合理规划，在先做、后做上，由于会影响最终的产量，各阶层农民之间存在矛盾。② 这种劳动互助形式虽然在以前就有，但随着生产力需要和体制变化，其内容也需要随之改变。

（2）初级合作化时期。当时的生产关系难以达到国家工业化战略目标下生产力的要求。虽然互助劳动解决了生产资料不适配的问题，但这种生产关系难以形成规模效益、缺乏整体规划，难以充分促进生产力的发展。实行农业集体化的一个重要原因在于，当时党和国家认识到：一直依靠小农经济来满足日后的粮食需要是不现实的，必须通过规模化的农业集体化才能解决问题。1952 年，苏联共产党召开的第十九次代表大会中提到农业集体化解决了严重的粮食问题，这对我国产生了启发和影响，因此，我国领导人也决定将希望寄托在发展农业集体化上。1953 年 10 月 15 日，毛泽东在和中央农村工作部负责人谈话时明确指出，“个体所有制的生产关系与大量供应是完全冲突的”。③ 即需要解决所有制的问题，走农业集体化道路才能解决生产力的问题。1955 年 7 月 31 日，《关于农业合作化问题的决议》④的报告中提到，“大家知道，我国的商品粮食和工业原料的生产水平，现在是很低的，而国家对于这些物资的需要却是一年一年地增大，这是一个尖锐的矛盾。如果我们不能在大约三个五年计划的时期内基本上解决农业合作化的问题……我们的社会主义工业化事业就会遇到绝大的困难，我们

① 中国社会科学院，中央档案馆. 1949—1952 中华人民共和国经济档案资料选编：农村经济体制卷[M]. 北京：社会科学文献出版社，1992：513 - 514.

② 苏星. 我国农业的社会主义改造[M]. 北京：人民出版社，1980：88.

③ 薄一波. 若干重大决策与事件的回顾（上）[M]. 北京：中共党史出版社，2008：256.

④ 中华人民共和国中央人民政府. 关于农业合作化问题的决议[EB/OL].（2008 - 06 - 02）[2023 - 04 - 01]. http://www.gov.cn/govweb/test/2008 - 06/02/content_1002944.htm.

就不可能完成社会主义工业化。这个问题，苏联在建设社会主义的过程中是曾经遇到了的，苏联是用有计划地领导和发展农业合作化的方法解决了，我们也只有用这个方法才能解决它”。这段话提到了我国在走农业合作化这条道路时苏联给我们带来的巨大影响，以及更加肯定了当时领导层对于“所有制和大量供应之间存在巨大矛盾”这一判断。陈云同志在党的七届六中全会上提到，“增加我国农业产量的方法是很多的，例如，开垦荒地、兴修水利等等……就目前的需要与可能来说，增加农业产量的主要办法，无疑是实现农业生产的合作化……这是一种投资最少、收效最大、收效最快的农业增产办法”。陈云的发言不仅表达了农业生产合作在当时是最直接高效的方式，即只要农民进行生产合作，就能使分散农户无法解决、无法生产的问题得到解决，还表达了即使使用现有农具，在新的合作方式下也可以达到增产20%的结果，而增产后又会带动农具更新换代，从而使生产更具规模化。①

（3）高级合作化时期。初级合作化基础上形成的生产关系不适应工业化目标下的生产力发展要求。旧的生产关系在一定程度上发挥了规模效益，提高了土地利用率以及整体配置效率，但土地私有仍妨碍了先进农具使用以及农田基本建设，从而影响了生产力水平的进一步发挥。首先，工业化与现有生产关系下可供生产原料之间的矛盾较为突出。随着经济恢复与工业化进程推进，工业化与其工业生产原料之间依然存在尖锐矛盾，1955年10月11日，中共中央通过的《关于农业合作化问题的决议》中提到了这一背景，“我国工业的发展是迅速的。事实已经证明：如果农业合作化的发展跟不上去，粮食和工业原料作物的增长跟不上去，我国的社会主义工业化就会遭遇极大的困难”。② 经历过互助合作、初级合作化，农业生产发展水平仍然不能满足当时我国的发展目标，因此，当时中央认为只有进一步改善生产关系才能满足我国工业化发展目标。其次，初级合作化

① 薄一波. 若干重大决策与事件的回顾（上）[M]. 北京：中共党史出版社，2008：256，257.

② 中共中央文献研究室. 建国以来重要文献选编（第七册）[M]. 北京：中央文献出版社，1993：242.

基础上形成的生产关系仍然使得农村两极分化现象加剧。虽然土地改革以后，各个阶层的农民生活、收入有了不同程度的改善，但仍然存在不少生产生活困难的农民，遇到难以抵挡的自然灾害以及其他剥削，不得不失去自己的土地。一方面，对于这部分农民来说，他们有合作劳动的现实需求；另一方面，对于整个国家来说，如果不能引导农民走向社会主义道路，眼前存在的两极分化趋势就会越加严重。

（4）人民公社化时期。高级合作化基础上形成的生产关系不适应工业化目标下的生产力发展要求。旧的生产关系有利于集中规划，有利于农田基本建设及提高生产技术，但在“左”倾思潮的影响下，当时社会对于生产力发展的目标远超客观实际，而旧的生产关系不能与人们心中的生产力目标相适应。只有发展大社才能满足生产的规模效益。新中国成立后，中国共产党带领全国人民在经济恢复期取得了不小的成绩，并且在探索社会主义道路时，迅速完成了土地革命以及社会主义三大改造，这向党和国家释放出积极信号，助长了我们的冒进情绪。小型农业生产合作社的发展规模无法满足当时国家的经济需求和人民的心理需求。因此，1958 年 3 月成都会议通过的《中共中央关于把小型的农业合作社适当地合并为大社的意见》中提到，“我国农业正在迅速地实现农田水利化，并将在几年内逐步实现耕作机械化，在这种情况下，农业生产合作社如果规模过小，在生产和组织和发展方面势将发生许多不便”。[①] 这个文件表明，要实现农田水利化和耕作机械化，必须发展大社，否则难以发挥生产的规模效益。大社的发展成为人民公社的前奏。[②]

只有进一步改善生产关系，国家才能加强对农民产出的控制，更好地

① 武力. 过犹不及的艰难选择——论 1949—1998 年中国农业现代化过程中的制度选择[J]. 中国经济史研究，2000(2)：87－98.

② 忽略了大社在非自愿互利和社员不能退出的情况下，非自愿入社的社员会有抵触心理，本身意愿上就不喜欢以这样的方式进行劳作，因此这部分群体在劳动过程中无法发挥最大的积极性，而自愿入社的社员可能刚开始干劲十足，但随着时间的推移，这些群体会因为社内有社员在劳作时偷懒、“搭便车”，逐渐地，他们就会发现自己的付出和劳动不成正比，不能获得相应的回报，因此，这部分群体也会产生消极怠工的情绪，这样一来，管理大社的成本将会大大增加。

服务于国家工业化目标。统购统销政策剥夺了农民对于农业产出的自由支配权，而合作化进一步缩小了农民的权利，剥夺了农民在农业生产经营上的权利。由于合作社逐渐公有化，农民面对国家收取剩余产品这件事，利益则会高度一致，因此，1956 年以后，国家的收购任务完成得越来越艰难，农村存在很多合作社不管不顾国家政策，以公有制的名义积极从事非农产业和利用自由市场的行为。① 因此，为更好地完成收购任务，国家需加强对农民产出的控制，进一步改善生产关系，以便达到我国工业化目标所要求的生产力水平。

三、农村土地制度改革思想的发展演变

（一）新中国成立初期（1949—1952 年）："要解决好农民问题，必须解决好土地问题"的思想形成

党和国家意识到，"这种严重情况，是我们民族被侵略、被压迫、穷困及落后的根源，是我们国家实现民主化、工业化、独立、统一及富强的基本障碍"②。中国封建制度下的农民饱受摧残和压迫，维持简单的再生产都十分艰难，农民的温饱问题得不到解决，劳动积极性也逐渐丧失，农业的生产力也因此受到严重阻碍。在这种背景之下，国家的政权稳定也会受到威胁，因此，必须破除这种封建落后的土地制度、解决农业生产力发展的问题，才能满足广大农民的生计需求和我国兴国安邦大业。

欲恢复和提高生产力需要改变落后的生产关系，需照顾广大农民的利益。中国自古就是农业大国，农民占到我国人口的绝大多数，在两千多年的封建社会中，由于不满当时统治阶级的压迫，进行过多次农民起义，这些农民起义的次数和规模在世界上都是罕见的。但由于农民自身的认知水平不高，没有科学的理论指导，没有新兴阶级的领导，这些起义多以失败

---

① 武力. 过犹不及的艰难选择——论 1949—1998 年中国农业现代化过程中的制度选择[J]. 中国经济史研究，2000(2)：87－98.

② 中共中央委员会. 中国土地法大纲[M]. 渤海：渤海新华书店，1948：1.

告终，没有达到起义的目的——解决土地问题。到了近代，中国的民族资产阶级具有软弱性，其虽然赞成土地改革，但在行动上却没有落实。伟大革命者孙中山先生不仅提出了“平均地权”的主张，也提出了“耕者有其田”的口号，但由于没有依靠农民，反而对帝国主义和封建势力抱有幻想，具有软弱性和妥协性，因此也以失败告终。而中国的官僚资产阶级，则是坚决地反对土地改革。在中国，历史选择了代表无产阶级利益的中国共产党，中国共产党不负众望，根据不同形势制定相应的、彻底的土地制度，为广大农民争取利益，为新中国而奋斗。[①]

首先，在新中国成立之前，毛泽东就意识到了农民对于中国革命的重要性。例如，1926 年 3 月毛泽东在《中国社会各阶级的分析》一文中指出，“中国无产阶级的最广大和最忠实的同盟军是农民，这样就解决了中国革命中的最主要的同盟军问题”。[②] 1926 年 9 月 1 日，毛泽东在《国民革命与农民运动》一文中提到，“农民问题乃国民革命的中心问题，农民不起来参加并拥护国民革命，国民革命不会成功；农民运动不赶速地做起来，农民问题不会解决；农民问题不在现在的革命运动中得到相当的解决，农民不会拥护这个革命”。[③]

其次，农民最关心的就是土地问题，因此，要解决好农民的问题，就要解决好农民最关心的土地问题。为解决土地问题，毛泽东多次在农村进行调查活动，面对存在的阶级占有土地严重失衡的情况，毛泽东认为唯有“革命”。[④] 1929 年 4 月，毛泽东根据中共六大精神，主持制定了《兴国土地法》，其中将《井冈山土地法》中“没收一切土地”的规定改为“没收一切公共土地及地主阶级的土地”。[⑤] 1931 年 2 月，在毛泽东主持通过的《土地问题与反富农策略》的决议以及他给江西省苏维埃政府的信中，提

① 苏星. 我国农业的社会主义改造[M]. 北京：人民出版社，1980：9.
② 毛泽东. 毛泽东选集（第一卷）[M]. 北京：人民出版社，1966：3.
③ 毛泽东. 毛泽东文集（第一卷）[M]. 北京：人民出版社，1993：37.
④ 龙观华. 毛泽东解决中国农民土地问题的历史考察[J]. 江西社会科学，2002（11）：110－112.
⑤ 作者不详. 兴国土地法 [J]. 新湘评论，2019（9）：51.

出了土地所有权归农民私有的主张。[①] 在抗战期间，为了团结一切有利因素一致对外，击退外来侵略，中国共产党将原本没收地主的土地分给农民的政策调整为减租减息政策。日本投降以后，中国共产党又根据现实情况，及时恢复之前的土地政策，满足农民需求。[②] 1947 年 9 月 13 日，中国共产党全国土地会议通过了《中国土地法大纲》[③]，其中第一条规定，“废除封建性及半封建性剥削的土地制度，实行耕者有其田的土地制度”；第六条规定，“乡村中一切地主的土地及公地由乡村农会接收，连同乡村中其他一切土地，按乡村全部人口，不分男女老幼，统一平均分配。在数量上抽多补少，质量上抽肥补瘦，使全乡村人民均获得同等的土地，并归各人所有”；第十一条规定，“分配给人民的土地，由政府发给土地所有证，并承认其自由经营、买卖及在特定条件下出租的权利。土地制度改革以前的土地契约及债约，一律作废”。《中国土地法大纲》的颁布实施符合新中国成立前期的国情，对于调动农民积极性、获得广大农民支持具有重要意义，为夺取政权、实现全国解放，做出了重要贡献。1948 年 1 月 15 日，毛泽东在《西北野战军前委扩大会议上的讲话》中提到，“地主作为一个阶级要消灭，作为个人要保护。为什么要消灭地主阶级？因为它代表的是反动的生产关系。政治上打倒蒋介石，目的就是为着在经济上摧毁封建买办的生产关系，解放被束缚的生产力。在农村就是解放农民，打破封建的土地所有制，实行彻底的平分土地，把土地所有权交给农民，使农民放心大胆好好生产，改进农作方法”。[④] 1949 年 3 月 5—13 日，中共七届二中全会提出今后要将重心从农村转向城市。[⑤] 但考虑到农村尚有反封建任务待完成，并且农村问题关系着我国工商业问题的解决和政权稳固，一致认为

---

① 龙观华. 毛泽东解决中国农民土地问题的历史考察[J]. 江西社会科学,2002(11):110 - 112.

② 苏星. 我国农业的社会主义改造[M]. 北京:人民出版社,1980:9.

③ 中共中央委员会. 中国土地法大纲[M]. 渤海:渤海新华书店,1948:3 - 8.

④ 中共中央文献研究室. 毛泽东文集:第 5 卷[M]. 北京:人民出版社,1996:23.

⑤ 这样的提法在当时产生了一些疑惑,但并没有明确究竟是要将工作重心放在城市还是以城市领导农村。

首先应当解决农村问题。[①] 1950 年 6 月，刘少奇在土地改革报告中表达：农民需要付出极大的代价来支援人们革命战争，这种代价包括出兵、出义务劳动和出公粮，而争取战争胜利是全国人民最高利益，因此需要没收地主和富农的财产，让之前无地少地的农民有极大获得感，发动每个农民个体的革命热情。[②] 这里所说的发动农民的革命热情，可以达到出兵、出义务劳动和出公粮的目的，也可以使生产力得以提高。中国共产党深深认识到中国革命需要广大农民参与，农村生产力的提高必须依靠每一个农民个体，而广大农民翻身也需要共产党的领导。[③] 正如这句话所说——“农民取得土地，党取得农民”。可以看出，在新中国成立前出现的“平分土地”的思想和新中国成立后的土地改革一脉相承。

（二）农业互助合作时期（1953—1978 年）：服务于国家工业化目标战略的思想共识形成

1. 劳动互助时期思潮：“支持互助、不排斥单干”

土地改革以后，农业生产力大大提高，但在短期提高以后仍然出现了生产资料不适配等问题，这些问题反映了当时的生产关系与生产力不相适应的客观事实，生产关系阻碍了生产力的进一步提高，因此生产关系的变革就成了人们讨论的焦点。诚然，对于我国走社会主义道路大家都是十分坚定的，但具体怎么走，在一些时间点人们的看法难免会出现分歧。我国 1948 年土地改革完成后，东北一些地区农民的生活水平发生了变化，大部分农民的生活水平有所提高，但还存在一部分农民的生活水平因生产资料的短缺、疾病灾害等原因而有所下降，因此出现了买卖、出租土地等现象。针对这一阶级分化问题，1950 年春天，党内发生了一场对劳动互助和农民单干看法的争论。除此之外，一些领导人在文章中也流露出对于这一问题的看法。总体上，这些意见可以分为两类：一类鼓励互助合作形式，

---

① 杜润生. 杜润生自述：中国农村体制变革重大决策纪实[M]. 北京：人民出版社，2005：2－3.

② 杜润生. 杜润生自述：中国农村体制变革重大决策纪实[M]. 北京：人民出版社，2005：19.

③ 杜润生. 关于中国的土地改革运动[J]. 中共党史研究，1996(6)：17－19，24.

同时不排斥农民的单干行为。持这类观点的主要有张闻天、中组部、毛泽东。另一类支持个体农民进一步发展。持这类观点的以高岗为代表。

首先，持第一类观点的群体中，张闻天比较客观地看待土地买卖、出租的现象，但同时也支持发展劳动互助合作。1949 年 5 月 17 日，张闻天认为，“凡有利于土地的合理使用、工矿事业和农村副业的发展，有利于社会分业分工的租佃、买卖及移居，我们不应反对；但要发展供销合作与劳动互助，从各方面帮助贫雇农，解决其生产中的困难，使之免受新富农过分的剥削”。1949 年 5 月 22 日，张闻天谈道，“反对强迫命令和急性病，反对那种以为要农村不走资本主义道路，就必须把所有的农民都依照我们的愿望组织在生产互助组内的‘左’的观点”。[①] 因此，对于张闻天来说，他支持的不是哪种劳动形式，而是从如何有利于发展生产的角度出发的。同样地，中组部也是类似的看法——支持互助合作，但客观上接受个体经济的发展。1950 年 1 月 23 日，中组部在答复东北局的信中提到，“在今天农村个体经济基础上，农村资本主义的一定限度的发展是不可避免的”。[②] 并且，从中央发布的一些文件以及毛泽东的文章来看，他们是支持互助合作的，认为这是比单干更加先进的一种劳动生产方式，但也同时表明不能歧视单干。例如，1951 年 2 月 2 日，政务院发布的《关于 1951 年农林生产的决定》中提到：“劳动互助组，应受到人民政府的各种奖励和优待——得享受国家贷款、技术指导、优良品种、农用药械和新式农具的优先权，以及国家贸易机关推销农业和副业产品、供给生产资料的优先权。”[③] 1951 年 10 月 17 日，毛泽东同志手稿刊印的《逐步发展农业生产互

① 薄一波. 若干重大决策与事件的回顾（上）［M］. 北京：中共党史出版社，2008：138.

② 薄一波. 若干重大决策与事件的回顾（上）［M］. 北京：中共党史出版社，2008：140.

③ 中国社会科学院，中央档案馆. 1949—1952 中华人民共和国经济档案资料选编：农业卷［M］. 北京：社会科学文献出版社，1991：39.

助合作组织》中提到，“中央认为高岗同志在这个报告[①]中所提出的方针是正确的。一切已经完成了土地改革任务的地区的党委都应研究这个问题，领导农民群众逐步地组成和发展各种以私有财产为基础的农业生产互助合作组织，同时不要轻视和排斥不愿参加这个运动的个体农民。每个省区都要建立生产新式农具的国营工厂，以便农民购用此种农具”。[②] 1951 年 12 月 15 日，毛泽东为再次支持农业互助合作而起草了通知——《把农业互助合作当作一件大事去做》，这一通知中提到，“兹将关于农业生产互助合作的决议草案一件发给你们，请印发到县委和区委。请即照此草案在党内外进行解释，并组织实行。这是在一切已经完成了土地改革的地区都要解释和实行的，请你们当作一件大事去做”。[③] 1953 年 3 月 24 日，《正确对待单干农民》一文中提到，“在解决了有关农业互助合作的许多问题之后，党中央认为必须重复地唤起各级党委和一切从事农村工作的同志和非党积极分子的注意，要充分地满腔热情地没有隔阂地去照顾、帮助和耐心地教育单干农民，必须承认他们的单干是合法的（为《共同纲领》和《土地改革法》所规定），不要讥笑他们，不要骂他们落后，更不允许采用威胁和限制的方法打击他们。农业贷款必须合理地贷给互助合作组织和单干农民两方面，不应当只给互助合作组织方面贷款，而不给或少给单干农民方面贷款。在一个农村内，哪怕绝大多数农民都加入了互助组或合作社，单干农民只有极少数，也应采取尊重和团结这少数人的态度”。[④]

其次，持第二类观点的代表人物高岗在 1949 年 12 月 10 日召开的东北

① 此处是指中共中央东北局书记高岗 1951 年 10 月 14 日关于东北农村的生产合作互助运动给毛泽东的报告。报告中提出，对农村生产合作互助运动要根据群众的自愿与需要，加以积极扶助与发展，并逐步由低级引向较为高级的形式。这里的关键是指对合作互助组领导的实际成效如何评价，即是否提高了农业生产力，多打了粮食，增加了农民的收入。各类形式的合作互助组要做出比较优良的成绩，来积极动员与吸引单干的农户自愿加入各种类型的合作互助组，但必须强调自愿，不能对单干户有任何强迫和歧视。对于单干户在生产与生活上的困难，同样要帮助他们解决。人民政府应从各方面给互助组以优待，特别是在农具、技术指导与供销方面。

② 中共中央文献研究室. 毛泽东文集：第 6 卷[M]. 北京：人民出版社，1999：180.

③ 中共中央文献研究室. 毛泽东文集：第 6 卷[M]. 北京：人民出版社，1999：214.

④ 中共中央文献研究室. 毛泽东文集：第 6 卷[M]. 北京：人民出版社，1999：275.

农村工作座谈会上提到，“我们农村经济发展的方向是使绝大多数农民上升为丰衣足食的农民。而要做到这一点则又必须使绝大多数农民‘由个体逐步地向集体方面发展’组织起来发展生产，乃是我们农村生产领导的基本方向”。“现时的互助合作，在获得生产工具的改进之后，还可以进一步提高与发展”。同时，高岗在贷款、新式农具使用以及国家其他的扶助等方面，向互助合作的政策倾斜。[①] 而高岗在1949年12月10日的东北农村工作座谈会上虽然也提到允许单干，但在表述中和政策表现中明显地偏向于互助合作。会后，《东北日报》将高岗的思想概括为“把互助合作组织提高一步”。[②] 这次谈话属于高层内部的谈话，因此只有部分人知道，而高岗的观点则在报纸上传播影响，因此，在部分地方出现了严重的强迫入组现象。

可以看出，对于张闻天来说，他支持的不是哪种劳动形式，而是从如何有利于发展生产的角度出发的，同样地，中组部、毛泽东也是类似的看法，支持互助合作，但客观接收个体经济的发展。而高岗在1949年12月10日的东北农村工作座谈会上同时也提到允许单干，但在表述中和政策表现中明显地偏向互助合作，会后，《东北日报》将高岗的思想概括为“把互助合作组织提高一步。”[③] 高岗的观点在报纸上传播影响，因此，在部分地方出现了严重的强迫入组现象。综合以上可以看出，这一阶段总体思想倾向于互助合作形式，但同时也不排斥单干。

2. *初级合作社思潮：“进一步提高互助形式”*

互助合作形式有效地解决了农民单干时产生的生产资料不适配等问题，使得生产力水平进一步提高，但由于国家急切地想要实现工业化战略目标，一部分人认为进一步改善生产关系有利于生产力水平的进一步提高和工业化战略目标的实现，基于此，人们展开了争论。这种争论不仅发生在领导人之中，底层农民对于生产关系的进一步改善也有不同意见。

---

① 薄一波.若干重大决策与事件的回顾(上)[M].北京:中共党史出版社,2008:139.
② 薄一波.若干重大决策与事件的回顾(上)[M].北京:中共党史出版社,2008:139.
③ 薄一波.若干重大决策与事件的回顾(上)[M].北京:中共党史出版社,2008:139.

一方面，党内一些领导对于生产关系的改善持不同意见。1951 年 4 月 17 日，围绕山西省发展农业合作社问题，党内又有了一次争论，争论点在于要不要进一步将互助组织提高。这次争论主要分为以山西省委、毛泽东为代表的希望进一步提高互助合作形式的一方，以及以华北局、刘少奇、薄一波等为代表的，认为目前不应当提高劳动合作形式的一方。

认为可以进一步提高互助合作形式的一方。山西省委主要出于担心农民富裕后对互助合作产生威胁的考虑，认为亟须加快对农民的引导，使他们走向集体化道路。1951 年 4 月 17 日，山西省委向中央、华北局递呈了一份题为《把老区互助组织提高一步》的报告。报告说："在山西老区由于农村经济的恢复和发展，战争时期的劳、畜力困难，已不再是严重的问题，一部分农民已达到富裕中农的程度，加以战争转向和平，就使某些互助组织中发生了涣散的情形……农民的自发力量是发展了的，它不是向着我们所要求的现代化和集体化的方向发展，而是向着富农方向发展……老区互助组的发展已经到了这样的转折点，使得互助组必须提高，否则就会后退。"① 毛泽东同志则用西方工场手工业的发展举例，支持将互助组进一步提高到农业生产合作社。他在 1951 年 7 月后提到，"既然西方资本主义在其发展过程中有一个工场手工业阶段，即尚未采用蒸汽动力机械，而依靠工场分工以形成新生产力的阶段，则中国的合作社，依靠统一经营形成新生产力，去动摇私有基础，也是可行的"。② 通过这样的理由说服了全党。毛泽东同志认为我国是可以举办农业生产合作社的，并且在他的实际调研中更加确信了这一点，之后毛泽东同志的文章中表达出：可以不需要互助组的过渡，直接进入农业生产合作社，只有生产合作社才可能组织农民卖地，这时，改变生产关系看起来像更重要的事情。例如，1953 年 2 月 15 日，毛泽东邀请邢台县委第二书记、县长张玉美到专列上汇报当地农业互助合作发展情况，张玉美表示：当地农民入社、入组情况十分积极，成

---

① 薄一波. 若干重大决策与事件的回顾(上)[M]. 北京:中共党史出版社,2008:130－131.

② 薄一波. 若干重大决策与事件的回顾(上)[M]. 北京:中共党史出版社,2008:135.

果也甚好，毛泽东听了十分高兴，说道，“看来农业不先搞机械化，也能实现合作化，中国不一定仿照苏联的做法”①；1953年10月15日和11月4日，毛泽东在《关于农业互助合作的两次谈话》中提到，“办好农业生产合作社，即可带动互助组大发展”②。“一般规律是经过互助组再到合作社，但是直接搞社，也可允许试一试。走直路，走得好，可以较快地搞起来，为什么不可以？可以的……个体农民，增产有限，必须发展互助合作……现在农民卖地，这不好。法律不禁止，但我们要做工作，阻止农民卖地。办法就是合作社。互助组还不能阻止农民卖地，要合作社，要大合作社才行。大合作社也可使得农民不必出租土地了，一二百户的大合作社带几户鳏寡孤独，问题就解决了。小合作社是否也能带一点，应加研究。互助组也要帮助鳏寡孤独。合作社不能搞大的，搞中的；不能搞中的，搞小的。但能搞中的就应当搞中的，能搞大的就应当搞大的，不要看见大的就不高兴”③。“要搞社会主义。‘确保私有’是受了资产阶级的影响。‘群居终日，言不及义，好行小惠，难矣哉’。‘言不及义’就是言不及社会主义，不搞社会主义。搞农贷，发救济粮，依率计征，依法减免，兴修小型水利，打井开渠，深耕密植，合理施肥，推广新式步犁、水车、喷雾器、农药，反对‘五多’等等，这些都是好事。但是不靠社会主义，只在小农经济基础上搞这一套，那就是对农民行小惠。这些好事跟总路线、社会主义联系起来，那就不同了，就不是小惠了。必须搞社会主义，使这些好事与社会主义联系起来。至于‘确保私有’‘四大自由’，那更是小惠了，而且是惠及富农和富裕中农。不靠社会主义，想从小农经济做文章，靠在个体经济基础上行小惠，而希望大增产粮食，解决粮食问题，解决国计民生的大计，那真是难矣哉！”④。1953年12月，中共中央宣传部发布的《党在过渡时期总路线的学习和宣传提纲》中也体现了对于生产关系的错误认

① 武力. 中国共产党“三农”思想政策史[M]. 北京：中国时代经济出版社，2013：230－231.
② 中共中央文献研究室. 毛泽东文集：第6卷[M]. 北京：人民出版社，1999：298.
③ 中共中央文献研究室. 毛泽东文集：第6卷[M]. 北京：人民出版社，1999：299.
④ 中共中央文献研究室. 毛泽东文集：第6卷[M]. 北京：人民出版社，1999：302.

识，认为在农业上体现社会主义的道路是唯一的出路。其中引用斯大林的话，“可以在多少长久的时期内，把苏维埃政权和社会主义事业建筑在两个不同的基础上，建筑在最巨大集中的社会主义工业基础上和最散漫落后的小商品农民经济基础上吗？当然是不可以的。长此以往，整个国民经济都会有完全瓦解的一日。出路何在呢？出路就在于使这个农业成为巨大的农业，使它成为能够实行积累、能够实现扩大再生产的农业，并以此而改造国民经济的农业基础。可是，怎样才能使它成为巨大的农业呢？为要达到这一步，只有两条道路可走。一条是资本主义的道路……另外一条是社会主义的道路……同样，社会主义的道路也是我国农业唯一的出路”。①

认为目前不应当提高劳动合作形式的另一方。华北局不同意山西省委的意见，认为劳动形式应当符合自愿原则，不可强迫。华北局在收到山西省委的报告之前，已对情况有所了解，早在 1951 年 3 月 17 日《华北春耕中应当注意的八件事》一文中就表示过不同意山西省委的意见。华北局认为，“只可在农民觉悟程度与组织程度较高的地区适当提倡，但不能普遍推广，更不可强迫一般互助组照办”。② 刘少奇与华北局的看法比较一致，认为现在进入农业生产合作社的行为不合时宜，仅仅使用这种形式是无法使我们进入社会主义的。刘少奇同志表示：“现在采取动摇私有制的步骤，条件不成熟。没有拖拉机，没有化肥，不要急于搞农业生产合作社。”③ 1951 年 5 月 7 日，刘少奇同志在全国宣传工作会议上说：“山西省委在农村里边要组织农业生产合作社（苏联叫共耕社），这种合作社也是初步的。”“这种合作社是有社会主义性质的，可是单用这一种农业合作社、互助组的办法，使我们中国的农业直接走到社会主义化是不可能的。”“那是一种空想的农业社会主义，是实现不了的。”“我们中国党内有很大的一部分同志存有农业社会主义思想，这种思想要纠正。”“农业社会化要依靠工

---

① 中共中央文献研究室. 建国以来重要文献选编(第四册)[M]. 北京：中央文献出版社，1993：714 -715.

② 薄一波. 若干重大决策与事件的回顾(上)[M]. 北京：中共党史出版社，2008：132.

③ 薄一波. 若干重大决策与事件的回顾(上)[M]. 北京：中共党史出版社，2008：132.

业。”[1] 早在1950年1月23日，刘少奇在与时任中组部副部长的安子文谈话时就提到，“东北土改后农村经济开始向上发展了。有三匹马一副犁一挂大车的农民，不是富农，而是中农。今天东北的变工互助组是建筑在破产、贫苦的个体经济基础上的，这是一个不好的基础。将来70%的农民有了三匹马，互助组就会缩小，因为中农更多了，他能够单干了。这是好现象。现在的变工互助组能否发展成为将来的集体农庄？我认为是不可能的。这是两个不同的阶段。不能把新民主主义阶段同社会主义阶段混为一谈。由个体生产到集体农庄，这是生产方式的革命。没有机器工具的集体农庄是巩固不了的”。[2] 薄一波也认为这是一种空想，这样的做法还可能会影响互助组。1951年6月30日，薄一波同志在《加强党在农村中的政治工作——纪念中国共产党三十周年》中提出，“没有强大的国营工业，就不能有全体规模的集体化”。“在互助组内逐步动摇削弱直至否定私有财产，来达到农业集体化，这样的农业集体化道路，是一种完全的空想”。“此外，在目前的互助组内逐步动摇、削弱直至否定私有财产也是错误的。这要直接破坏互助组。这是一种空想的农业社会主义思想”。[3]

另一方面，处于底层的农民对生产关系的进一步提高也存在一些抵触心理。前一个阶段的土地改革承认了土地的农民私有性，农民因土地私有劳动积极性大涨，应了那句“多劳多得、少劳少得”，这与互助合作的价值取向是矛盾的，互助合作的本质是多补少、强补弱，体现了“共同富裕”。[4] 因此有些农民心里并不十分愿意，抵触情绪较大，认为单干才能致富，互助就是帮扶穷人。[5] 这是可以单干的农民的想法，对于单干能力不足的农民来说，他们内心也是有顾虑的，不只担心人多引发的各种矛盾争执，也怕人心不齐。[6] 因此，可以单干的或者是单干能力不足的农民对于

---

① 薄一波. 若干重大决策与事件的回顾(上)[M]. 北京:中共党史出版社,2008:133.
② 薄一波. 若干重大决策与事件的回顾(上)[M]. 北京:中共中央党校出版社,1991:197－198.
③ 薄一波. 若干重大决策与事件的回顾(上)[M]. 北京:中共党史出版社,2008:134.
④ 李立志. 土地改革与农民社会心理变迁[J]. 中共党史研究,2002(4):33－38.
⑤ 黄道霞. 建国以来农业合作化史料汇编[M]. 北京:中共党史出版社,1992:23.
⑥ 李立志. 土地改革与农民社会心理变迁[J]. 中共党史研究,2002(4):33－38.

互助合作都具有抵触情绪。但李立志（2002）认为，尽管在互助合作中有不利因素，但终究是有利因素压倒不利因素，而有利因素中包括两点：一是不少有关互助合作的文件中表明将地主、富农排除在外，因此对于农民来说，不入社就等于和地主、富农一样，没有走社会主义道路的觉悟；二是由于毛主席对于农民来说是近乎神一样的存在，因此农民群众对于党和国家的决定十分信任，总体上仍然表现出合作意愿，但还存在一些抵触心理。

3. 高级合作社思潮："加快步伐办社"

初级合作社成立以后，生产力水平有一定程度的提高，基于当时国际国内现实背景，国内实现工业化目标的急切愿望不断显现，因此，一度出现想要加快生产关系变革以提高生产力的思想。基于此，1955 年 6 月，邓子恢和毛泽东在农业生产合作社发展速度问题上产生争论。以邓子恢为代表的一方认为合作社数量应当按照客观实际要求去办，不应盲目追求数量。而以毛泽东、陈云为代表的另一方认为应当加快步伐，支持农业合作社形式。并且，对"小脚女人"的批判引得举国上下掀起了农业合作社的高潮。

首先，认为应该巩固现有社，不应盲目办社的邓子恢认为，"办合作社和土改不同，土改发动群众，把地分配下去就完成了，可是搞合作化，把社建起来，才刚开始。要把一个合作社办好，内部团结，走上轨道，确实增产，把社员教育好，比土改难得多"。[①] 1953 年他提出："互助合作运动要根据生产需要，逐步前进，绝不能凭单纯主观要求，否则就达不到增产的目的。"[②]

其次，支持农业合作化形式的代表人物毛泽东认为，只有加快步伐，像苏联一样才可能解决我国粮食问题和农村两极分化问题。新中国成立以后，吃饭对于我国人民来说就是 个十分重要的事情，虽然土地改革大大解放了生产力，但随着时间推移，人们发现依靠小农经济无法满足粮食需求。1952 年，苏联共产党召开第十九次代表大会，马林科夫在报告中表

① 薄一波. 若干重大决策与事件的回顾（上）[M]. 北京：中共党史出版社，2008：242.
② 薄一波. 若干重大决策与事件的回顾（上）[M]. 北京：中共党史出版社，2008：247.

明：最尖锐的粮食问题被农业集体化解决了，农业集体化使苏联1952年的小麦产量比1940年增长了48%。[①] 苏共十九大提到的这个报告无疑对我国产生了十分重要的影响，让我国将解决粮食的办法寄希望于此。毛泽东曾在1953年10月召开中央政治局会议时讲述了苏联依靠农业集体化道路收获的成果，并且这些可喜成果鼓舞了当时的到会人员。1955年7月31日，在《关于农业合作化问题》的报告中，毛泽东更进一步地表达了这一思想。他说："大家知道，我国的商品粮食和工业原料的生产水平，现在是很低的，而国家对于这些物资的需要却是一年一年地增大，这是一个尖锐的矛盾。如果我们不能在大约三个五年计划的时期内基本上解决农业合作化的问题……我们的社会主义工业化事业就会遇到绝大的困难，我们就不可能完成社会主义工业化。这个问题，苏联在建设社会主义的过程中是曾经遇到了的，苏联是用有计划地领导和发展农业合作化的方法解决了，我们也只有用这个方法才能解决它。"[②] "在全国农村中，新的社会主义群众运动的高潮就要到来。我们的某些同志却像一个小脚女人，东摇西摆地在那里走路，老是埋怨旁人说：走快了，走快了。过多的评头品足，不适当的埋怨，无穷的忧虑，数不尽的清规和戒律，以为这是指导农村中社会主义群众运动的正确方针。否，这不是正确的方针，这是错误的方针。"[③] "大家已经看见，在最近几年中间，农村中的资本主义自发势力一天一天地在发展，新富农已经到处出现，许多富裕中农力求把自己变为富农。许多贫农，则因为生产资料不足，仍然处于贫困地位，有些人欠了债，有些人出卖土地，或者出租土地。这种情况如果让它发展下去，农村中向两极分化的现象必然一天一天地严重起来。失去土地的农民和继续处于贫困地位的农民将要埋怨我们，他们将说我们见死不救，不去帮助他们解决困难……这个问题，只有在新的基础之上才能获得解决。这就是在逐步地实现社会主义工业化和逐步地实现对于手工业、对于资本主义工商业的社会

① 薄一波.若干重大决策与事件的回顾(上)[M].北京:中共党史出版社,2008:256.
② 薄一波.若干重大决策与事件的回顾(上)[M].北京:中共党史出版社,2008:256.
③ 中共中央文献研究室.毛泽东文集:第6卷[M].北京:人民出版社,1999:418.

主义改造的同时，逐步地实现对于整个农业的社会主义的改造，即实行合作化，在农村中消灭富农经济制度和个体经济制度，使全体农村人民共同富裕起来。”① “小脚女人”的说法一出，各地均掀起了批判这种思想的高潮。1955 年 8 月 31 日，毛主席在批发安徽省委报告的批语中指出：“安徽省委尖锐地批判了在农业合作问题上的右倾机会主义思想，这种批判是完全必要的。”这是中央文件第一次提出批判“右倾机会主义思想”。安徽省委报告认为：安徽地区有“小脚女人”，有“改组派”，也有大脚。为了使“小脚”放大、“改组派”变成天足，必须在结合学习毛主席指示当中深入检查，进一步揭发和批判“小脚女人”。② 陈云也从增产方式角度认可了农业合作社方式。1955 年 10 月 4—11 日，陈云同志在中共七届六中全会上谈到农业合作化同解决粮食问题的关系时说，“增加我国农业产量的方法是很多的，例如，开垦荒地、兴修水利等等。但是，大规模的开荒、大量增加灌溉面积，目前还不可能”。“就目前的需要与可能来说，增加农业产量的主要办法，无疑是实现农业生产的合作化。只要把分散的小农经营组成几十户或者更多户的联合经营，就能使个体农民难于单独进行的多种增产措施得以实现。如果农业生产合作社在建社的头一二年内，没有拖拉机，仍旧使用畜力和现有的农具，一般可以增产百分之二十的话，那么，单单这一项，在全国组成了农业生产合作社以后就可以增产粮食六七百亿斤。在目前，这是一种投资最少、收效最大、收效最快的农业增产办法。也只有把小农的经营组成为农业生产合作社，才有可能在具备条件以后，使我国农业由使用畜力农具的小规模的经营跃进到使用机器的大规模的经营”③。除此之外，《1956 年到 1967 年全国农业发展纲要（草案）》等文件中也大力提倡发展高级社。④

当出现问题时，党和国家并没有意识到决策的正确与否，只认为是发

① 中共中央文献研究室. 毛泽东文集：第 6 卷［M］. 北京：人民出版社，1999：437.
② 薄一波. 若干重大决策与事件的回顾（上）［M］. 北京：中共党史出版社，2008：244.
③ 薄一波. 若干重大决策与事件的回顾（上）［M］. 北京：中共党史出版社，2008：257.
④ 黄道霞. 建国以来农业合作化史料汇编［M］. 北京：中共党史出版社，1992：337.

展中的一些边角问题。当初级社在没有巩固的情况下普遍向高级社过渡时，出现了一些问题，出现了反对的态度，面对这些声音，毛泽东回应："只要拿出一个办得好的合作社，就可以把反对合作化的一切怪论打下去。为什么这个社能办好，别的社就不能办好？为什么这个社有优越性，别的社就没有优越性？你到处大讲这个社的经验。一个省总可以找出这样一个典型嘛！要找那个条件最差，地势不好，过去产量很低，很穷的社，不要找那个本来条件好的社。当然，你搞几十个也可以，但是，你只要搞好一个，就算胜利。"① 1956年2月27日，毛泽东在最高国务会议上再次重申了上述观点："合作化完成了，这就解决了我国社会主义工业化同个体农业经济之间的大矛盾。合作化迅速完成，有些人担心会不会出毛病。幸好，毛病有一些，不大，基本是健全的。……现在有一些人却在说合作化不行，合作化没有优越性，吹来了一股小台风。合作化究竟有没有优越性呢？今天会场上发的文件里面，有一个关于河北省遵化县王国藩合作社的材料，大家可以看一看。……王国藩合作社能做到的，别的合作社，在正常情况下也应该能做到，或者时间长一点也应该能做到。由此可见，那些说合作化不好了的议论是没有根据的。"②

综上所述，邓子恢的态度是应当巩固好现有的社，一定要和客观情况相适应，不能只专注数量。但苏联十九大的报告透露出的农业集体化的优势，让我国包括毛泽东在内的很多中央同志寄希望于此。毛泽东认为只有加快步伐，像苏联一样，才可能解决我国工业原料的问题。毛主席《关于农业合作化问题》的报告，得到了中央政治局和扩大的中共七届六中全会的一致支持，陈云也从增产方式角度认可了农业合作社方式。关于"小脚女人"的说法一出，各地均掀起了批判这种思想的高潮。综合以上可以看出，这一阶段，农业合作的高潮已经深入人心，即使在出现问题时，人们也在努力"办好社"，并没有反思该不该办社也就是是否应该改变生产关系这一问题。

---

① 武力．中国共产党"三农"思想政策史［M］．北京：中国时代经济出版社，2013：230－231.

② 中共中央文献研究室．毛泽东文集：第7卷［M］．北京：人民出版社，1999：220.

4. 人民公社思潮：服务于国家工业化目标战略

人民公社之所以能够发展，其背后的思想起到了不小的推动作用。毛泽东对生产力和生产关系的决定作用产生了理解上的偏差，并且在新中国成立前，就对中国的未来有一种大同理想社会的设想，他认为小社是束缚生产力发展的，支持大社，而大社正是实现这种大同理想社会的实践方式。而赶超想法的产生让人民公社的实现更加迅速，最终举国出现了大赞人民公社的景象。

首先，人民公社的发展原因与党和国家对于生产力和生产关系规律的认识还不深有关。例如，1937 年 8 月，毛泽东在《矛盾论》中提到，“诚然，生产力、实践、经济基础，一般地表现为主要的决定的作用，谁不承认这一点，谁就不是唯物论者。然而，生产关系、理论、上层建筑这些方面，在一定条件之下，又转过来表现出其为主要的决定的作用，这也是必须承认的。当不变更生产关系，生产力就不能发展的时候，生产关系的变更就起了主要的决定的作用”。[①] 在这种认识之下，认为人民公社好、想要发展人民公社的决心就逐渐显露出来。1955 年 9 月 21 日，毛泽东在《大社的优越性》一文的按语中写道，“现在办的半社会主义的合作社，为了易于办成，为了使干部和群众迅速取得经验，二三十户的小社为多。但是小社人少地少资金少，不能进行大规模的经营，不能使用机器。这种小社仍然束缚生产力的发展，不能停留太久，应当逐步合并。有些地方可以一乡为一个社，少数地方可以几乡为一个社……不但平原地区可以办大社，山区也可以办大社”[②]。1958 年 4 月 8 日，中共中央政治局会议批准了成都会议拟定的《关于把小型的农业合作社适当地合并为大社的意见》，意见中指出，“我国农业正在迅速地实现农田水利化，并在几年内实现耕作机械化，在这种情况下，农业生产合作社如果规模过小，在生产的组织和发展方面势将发生许多不便。为了适应农业生产和文化革命的需要，在有条件的地方，

---

① 毛泽东. 毛泽东选集：第一卷[M]. 北京：人民出版社，1966：300.

② 中共中央办公厅编. 中国农村的社会主义高潮（中册）[M]. 北京：人民出版社，1956：611.

把小型的农业合作社有计划地适当地合并为大型的合作社是必要的”。[①]

其次，发展人民公社还有一个思想渊源是毛泽东对于大同世界的向往，而人民公社被认为是实现这种大同世界的途径。1949 年，毛泽东同志在《论人民民主专政》中，评价康有为属于“在中国共产党出世以前向西方寻找真理的一派人物”。但他同时也说到：康有为没有也不可能找到一条达到大同的路。[②] 1957 年2—3 月，毛泽东和陈伯达谈过一次话，说乡社合一将来就是共产主义的雏形，什么都管，工农商学兵。[③] 1958 年5 月19 日，陆定一在题为《马克思主义是发展的》八大二次会议发言稿中说：毛主席和少奇同志谈到几十年以后我国的情景时，曾经这样说，那时我国的乡村中将是许多共产主义公社，每个公社有自己的农业、工业，有大学、中学、小学，有医院，有科学研究机关，有商店和服务行业，有交通事业，有托儿所和公共食堂，有俱乐部，也有维持治安的民警，等等。若干乡村公社围绕着城市，又成为更大的共产主义公社。前人的“乌托邦”想法，将被实现，并将超过。[④] 1958 年，毛泽东同志在一次讲话中提到《大同书》时说，“空想社会主义的想法，在那时没有实现的条件，现在马克思主义者抓住了阶级斗争，已经消灭了阶级或正在消灭阶级的过程中，这样，把空想社会主义者不能实现的空想实现了”。[⑤] 1958 年8 月29 日，北戴河会议通过的《中共中央关于在农村建立人民公社问题的决议》中提到，“看来，共产主义在我国的实现，已经不是什么遥远将来的事情了，我们应该积极地运用人民公社的形式，摸索出一条过渡到共产主义的具体途径”。[⑥]

---

① 中共中央关于把小型的农业合作社适当地合并为大社的意见[EB/OL]. 中国经济网.(2007－06－05)[2023－04－30]. http://www.ce.cn/xwzx/gnsz/szyw/200706/05/t20070605_11605531.shtml.

② 杜虹. 20 世纪中国农民问题[M]. 北京:中国社会出版社,1998:378.

③ 杨胜群,田松年. 共和国重大决策的来龙去脉(1949—1965)[M]. 南京:江苏人民出版社,1995:287.

④ 武力. 中国共产党“三农”思想政策史[M]. 北京:中国时代经济出版社,2013:296.

⑤ 谢春涛. 大跃进狂澜[M]. 郑州:河南人民出版社,1990:113.

⑥ 中共中央文献研究室. 建国以来重要文献选编(第十一册)[M]. 北京:中央文献出版社,1995:388.

最后，“赶超”战略让人民公社的实现更加迅速，举国出现了大赞人民公社的景象。我国对于赶英超美的设想时间越来越短，清晰地体现出我国当时“赶超”的急切心情。1955 年 11 月的中共七届六中全会上，毛泽东同志设想的是用 50 ~ 70 年赶上并超过美国。而到了 1957 年的 7 月，毛泽东同志提出要用 8 ~ 10 个五年计划的时间，即 40 ~ 50 年赶上并超过美国。①仅仅 4 个月后，当年 11 月，毛泽东率中国代表团远赴莫斯科参加十月革命四十周年庆典。在庆祝大会上，苏联提到要在 15 年内在重要工业品领域赶上并且超过美国。当天，毛泽东在与波兰统一工人党中央第一书记哥穆尔卡的会谈中提出中国要在 15 年赶上并超过英国的目标。② 紧接着，1958 年 5 月，毛泽东在八大二次会议上提出了 7 年超英、15 年赶美的口号。到了当年 8 月的北戴河会议时，超英赶美的时间分别被缩短至 1 年和 7 年。③ 赶超战略不仅在上层政策上有所表现，在底层人们百姓的生活中也十分盛行。如湖北省光化县东风人民公社提出：“鼓足干劲争上游，争取全国占鳌头，卫星保证放六个，世界上也要出出头。”④ 甘肃省敦煌县人民提出，“要以斩钉截铁的决心，以乘火箭、探月球与光比速度的信心”，以“插红旗、十不让，赶先进分秒必争”的精神，永远争上游，永远当先锋。⑤ 安徽省巢县司集乡的民歌唱道：“好的我就学，快的我紧迫；人骑快马，我驾火车；别人跑步走，我就插翅飞。”⑥ 农民对人民公社持欢迎和赞美态度，也对自己的未来充满憧憬。河北省涉县 77 岁的老农民张玉其唱

---

① 张桂华. 人民公社化运动中的“左”倾社会思潮问题[J]. 北京科技大学学报(社会科学版)，2001(3)：46 – 50.

② 王丹莉. 工业布局调整中的中央与地方关系：解读“大跃进”时期的财政放权[J]. 中国经济史研究，2018(5)：125 – 136.

③ 张桂华. 人民公社化运动中的“左”倾社会思潮问题[J]. 北京科技大学学报(社会科学版)，2001(3)：46 – 50.

④ 张桂华. 人民公社化运动中的“左”倾社会思潮问题[J]. 北京科技大学学报(社会科学版)，2001(3)：46 – 50.

⑤ 李占才. 析“大跃进”和人民公社化运动中“左”倾社会经济思潮[J]. 东方论坛，青岛大学学报，1997(4)：25 – 30.

⑥ 张桂华. 人民公社化运动中的“左”倾社会思潮问题[J]. 北京科技大学学报(社会科学版)，2001(3)：46 – 50.

道："天天想，日日盼，今天来把公社建，公社好，公社强，公社幸福胜天堂；万人进入幸福堂，永远感谢共产党。"① 湖南农民说："总路线是太阳，党的领导好主张；工农生产齐跃进，办起公社胜天堂。集体福利办得好，生活安排很周详。"② 对于当时的农民来说，公社的存在是具有强大吸引力的，"决心办公社，意志坚如钢，把心交给党，把人交给社"。③ 可见，这种"赶超"思想并不仅存在于某一个群体之中，而是举国上下出现了赶超"追求"的想法，形成了一种强有力的氛围。

第二节 社会主义革命和建设时期农村土地制度的演化

一、社会主义革命和建设时期农地制度的演化

（一）新中国成立初期（1949—1952 年）："农民所有、农民经营"的农地制度

1949 年新中国成立之前，土地改革已经在老解放区进行，但新解放区还未进行改革。1949 年 9 月 29 日，中国人民政治协商会议第一届全体会议通过的《中国人民政治协商会议共同纲领》④ 规定："中华人民共和国必须取消帝国主义国家在我国的一切特权，没收官僚资本归人民和国家所有，有步骤地将封建半封建的土地所有制改变为农民的土地所有制……稳步地将农业国变为工业国。" 1950 年 1 月，中央确立了土地改革的总路线：

① 李占才. 析"大跃进"和人民公社化运动中"左"倾社会经济思潮[J]. 东方论坛，青岛大学学报，1997(4)：25－30.

② 李占才. 析"大跃进"和人民公社化运动中"左"倾社会经济思潮[J]. 东方论坛，青岛大学学报，1997(4)：25－30.

③ 李占才. 析"大跃进"和人民公社化运动中"左"倾社会经济思潮[J]. 东方论坛，青岛大学学报，1997(4)：25－30.

④ 中国人民政治协商会议共同纲领[J]. 江西政报，1949(3)：16－20.

“依靠贫农、雇农，团结中农，中立富农，有步骤地有分别地消灭封建剥削制度，发展农业生产。”1950年6月6—9日，中共七届三中全会在北京召开，在《为争取国家财政经济状况的基本好转而斗争》的报告中提到：土地改革的完成是获得财政经济情况根本好转的首要条件，为此，全党和全国人民必须有步骤、有秩序地进行全国土地改革工作。① 随后政治协商会议讨论了刘少奇同志的《关于土地改革问题的报告》和土地改革法的相关草案，并对其进行修改补充，最后于1950年6月30日公布实施《中华人民共和国土地改革法》②。其中第一条规定，“废除地主阶级封建剥削的土地所有制，实行农民的土地所有制，借以解放农村生产力，发展农业生产，为新中国的工业化开辟道路”；第十条规定，“所有没收和征收得来的土地和其他生产资料，除本法规定收归国家所有者外，均由乡农民协会接收，统一地、公平合理地分配给无地少地及缺乏其他生产资料的贫民所有。对地主亦分给同样的一份，使地主也能依靠自己的劳动维持生活，并在劳动中改造自己”；第三十条规定，“土地改革完成后，由人民政府发给土地所有证，并承认一切土地所有者自由经营、买卖及出租其土地的权利”。截至1952年年底，土地改革基本完成。③

（二）农业互助合作时期（1953—1978年）：从“农民所有、农民互助经营”农地制度转变为“集体所有、集体经营”农地制度

1. 劳动互助时期：“农民所有、农民互助经营”的农地制度

1949年9月29日，在中国人民政治协商会议第一届全体会议通过的《中国人民政治协商会议共同纲领》④ 第三十四条中写道，“关于农林渔牧业，在一切已彻底实现土地改革的地区，人民政府应组织农民及一切可以

① 曾令秋. 新中国农地制度研究[M]. 北京：人民出版社，2011：57.

② 中华人民共和国土地改革法[J]. 陕西政报，1950（4）：3－7.

③ 除新疆、西藏和其他一些少数民族地区与台湾地区以外，全国广大新解放区的土地改革已全部完成。

④ 中国人民政治协商会议共同纲领[J]. 江西政报，1949（3）：16－20.

从事农业的劳动力以发展农业生产及其副业为中心任务，并应引导农民逐步地按照自愿和互利的原则，组织各种形式的劳动互助和生产合作”。

1951 年 12 月 25 日中共中央印发《关于农业生产互助合作的决议（草案）》[①] 的通知中开篇就表明需要注意两个积极性，分别是个体经济的积极性和劳动互助的积极性。第三条指出，“党中央从来认为要克服很多农民在分散经营中所发生的困难，要使广大贫困的农民能够迅速地增加生产而走上丰衣足食的道路，要使国家得到比现在多得多的商品粮食及其他工业原料，同时也就是提高农民的购买力，使国家的工业品得到广大的销场，就必须提倡‘组织起来’，按照自愿和互利的原则，发展农民劳动互助的积极性。农民的劳动互助是建立在个体经济基础上（农民私有财产的基础上）的集体劳动，是我国农村走向社会主义的过渡形式，其发展前途是农业集体化或社会主义化”。第四条提到了互助组的三种形式。第一种是简单的劳动互助。主要是临时性的、季节性的。临时互助组一般规模较小，只三五户左右，多者可达到十几户。[②] 主要是在农业生产资料上的互助，如劳畜农具等换工形式。[③] 第二种是常年互助组。常年互助组由于需要常年合作，形式上比临时互助组更具有稳定性，更有组织性，生产上也有一定的共同计划，成员也相对比较固定，甚至可能会设置有小部分的公有财产；在内容上也较临时互助组更为丰富，不仅会有农业和副业的互助结合，还会有劳动互助和提高技术的结合。第三种是以土地入股为特点的农业生产合作社。这种形式不仅包含了常年互助组的特点，在形式上和内容上也更加丰富。形式上有了一些分工，内容上包含了更多的公共财产，如新式农具和改良农具，并且在水利和荒地的开垦方面有了更多改善，因此，为统一使用土地提供了现实条件。[④]

---

① 关于农业生产互助合作的决议（草案）[EB/OL]. 中国经济网.（2007 – 05 – 28）[2023 – 05 – 03]. http://www.ce.cn/xwzx/gnsz/szyw/200705/28/t20070528_11516124.shtml.

② 苏星. 我国农业的社会主义改造[M]. 北京：人民出版社，1980：89.

③ 易永锡. 中国当代农地制度研究[M]. 哈尔滨：黑龙江人民出版社，2010：69.

④ 中国社会科学院，中央档案馆. 1949—1952 中华人民共和国经济档案资料选编：农村经济体制卷[M]. 北京：社会科学文献出版社，1992：500 – 503.

1952年2月15日，政务院做出《关于1952年农业生产的决定》①，要求根据不同地区的经验和基础状况发展不同的互助形式。② 1953年2月15日，中共中央通过了《关于农业生产互助合作的决议》，其中关于互助合作的表述并无修改。1953年12月16日，中共中央通过了《关于发展农业生产合作社的决议》③，提到“孤立的、分散的、守旧的、落后的个体经济限制着农业生产力的发展，它与社会主义的工业化之间日益暴露出很大的矛盾”，“经过简单的共同劳动的临时互助组和在共同劳动的基础上实行某些分工分业而有某些少量公共财产的常年互助组，到实行土地入照、统一经营而有较多公共财产的农业生产合作社，到实行完全的社会主义的集体农民公有制的更高级的农业生产合作社。这种由具有社会主义萌芽、到具有更多社会主义因素、到完全的社会主义的合作化的发展道路，就是我们党所指出的对农业逐步实现社会主义改造的道路”，文件又一次表明了互助合作劳动的必要性以及中央发展这种劳动形式的决心。

2. 初级合作化时期：“农民所有、集体经营”的农地制度

1949年9月29日颁布的《中国人民政治协商会议共同纲领》第三十八条提出：“鼓励和扶助广大劳动人民根据自愿原则，发展合作事业。在城镇中和乡村中组织供销合作社、消费合作社、信用合作社、生产合作社和运输合作社。”④。

1953年12月16日中共中央通过的《中国共产党中央委员会关于发展农业生产合作社的决议》中明确指出：“党在过渡时期的总路线，就是要逐步实现国家的社会主义工业化，逐步实现对农业、手工业和资本主义工商业的社会主义改造。根据党的这个总路线，我国的国民经济建设不但要求工业经济的高涨，而且要求农业经济要有一定的相适应的高涨。但孤立

① 中央人民政府政务院. 关于一九五二年农业生产的决定[J]. 山西政报，1952(5)：36-37.

② 在全国范围内大量发展第一种劳动互助，即简单的互助组；在有一定基础的地区推广第二种劳动互助形式，即常年互助组；在经验丰富且有较强骨干的地区，有重点地发展第三种互助劳动形式。

③ 中共中央文献研究室. 建国以来重要文献选编(第四册)[M]. 北京：中央文献出版社，1993.

④ 中国人民政治协商会议共同纲领[J]. 江西政报，1949(3)：16-20.

的、分散的、守旧的、落后的个体经济限制着农业生产力的发展，它与社会主义的工业化之间日益暴露出很大的矛盾……逐步实行农业的社会主义改造，使农业能够由落后的小规模生产的个体经济变为先进的大规模生产的合作经济，以便逐步克服工业和农业这两个经济部门发展不相适应的矛盾。”“根据我国的经验，农民这种在生产上逐步联合起来的具体道路，就是经过简单的共同劳动的临时互助组和在共同劳动的基础上实行某些分工分业而有某些少量公共财产的常年互助组，到实行土地入股、统一经营而有较多公共财产的农业生产合作社，到实行完全的社会主义的集体农民公有制的更高级的农业生产合作社（也就是集体农庄）。这种由具有社会主义萌芽、到具有更多社会主义因素、到完全的社会主义的合作化的发展道路，就是我们党所指出的对农业逐步实现社会主义改造的道路。”“发展农业合作化，必须根据农民自愿这一根本的原则……不能够用强迫的命令的手段去把贫农和中农合并到合作社里，也绝对不能够用剥夺的手段去把农民的生产资料公有化。”“进行农业基本建设和生产改革的工作是农业生产合作社增加生产、改善社员生活地位和增强抵抗灾害能力的物质基础。应该根据当地和本社的实际情况，逐步地去办理这些工作，一般地要由小规模到较大的规模，由采用改良或初步改良的技术到采用更新的技术。几年来各地的农业生产合作社在这些方面所做的工作，例如兴修小型水利、变旱地为水地，精耕细作、变坏田为良田，以及购置新农具，采用优良品种，进行适当密植，积极蓄肥和合理施肥，努力和病虫害斗争，发展畜牧，植树造林，等等，都对提高产量起了很大的作用，显出了农民联合起来集体经营的优越性，并使得一部分剩余劳动力得到了适当的出路。”“逐步地建立生产计划，分为年度的计划，季节的计划和小段的计划。”“对于社员所有的牲畜和大农具的使用和报酬，可以根据具体情况和社员的同意，采取各种不同的形式，开始时，一般地以租借的形式为适宜，有的社采取入股分红的形式，也是允许的。对于折价归公的办法，不宜不顾条件地普遍提倡，只有在社员完全自愿和农业生产合作社能够付出代价的条件下才可以采用。”“关于公共财产和公积金、公益金的积累，必须坚持根据社员的自愿，根据社员的经济情况，根据逐年生产发展的结果，并在确实保证社员的实际收入有一定增加的前提下，采取由少到多的方针，而使合作社的集体利益和社员的个人利益密切地结合起来。”①

1955年11月9日全国人民代表大会第二十四次会议通过《农业生产合作社示范章程（草案）》②，其中第一条提到，“农业生产合作社是劳动农民的集体经济组织，是农民在共产党和人民政府的领导和帮助下，按照自愿和互利的原则组织起来的；它统一地使用社员的土地、耕畜、农具等主要生产资料，并且逐步地把这些生产资料公有化；它组织社员进行共同的劳动，统一地分配社员的共同劳动的成果”。第三条提到，“农业生产合作化的发展，分初级和高级两个阶段。初级阶段的合作社属于半社会主义的性质。在这个阶段，合作社已经有一部分公有的生产资料；对于社员交来统一使用的土地和别的生产资料，在一定的期间还保留社员的所有权，并且给社员以适当的报酬。随着生产的发展和社员的社会主义觉悟的提高，合作社对于社员的土地，逐步地取消报酬；对于社员交来统一使用的土地和别的生产资料，按照本身的需要，得到社员的同意，用付给代价的办法或者别的互利的办法，陆续地转为全社公有，也就是全体社员集体所有。这样，合作社就由初级阶段逐步地过渡到高级阶段。高级阶段的合作社属于完全的社会主义的性质。在这种合作社里，社员的土地和合作社所需要的别的生产资料，都已经公有化了。无论在农业生产合作社的初级阶段或者高级阶段，社员所有的生活资料和小块园地、零星树木、家禽、家畜、小农具、经营家庭副业所需要的工具，都不实行公有化”。第五条提到，“农业生产合作社对于社员的劳动的报酬，实行‘按劳计酬、多劳多得’的原则”。第六条提到，“农业生产合作社不许进行任何剥削，不许雇用长工、出租土地、放债取利、进行商业剥削，也不许社员带雇工入社”。第十五条提到，“社员退社的时候，可以带走还是他私人所有的生产资料，

① 中国共产党中央委员会关于发展农业生产合作社的决议[J].陕西政报,1954(1):18－25.

② 农业生产合作社示范章程草案[J].中华人民共和国国务院公报,1955(20):943－967.

可以抽回他所交纳的股份基金和他的投资。如果他的土地已经由合作社进行了重要的建设，无法带走，合作社应该用相当的土地同他交换，或者付给他适当的代价。如果他的土地经过合作社的经营质量变好了，他的农具和工具经过合作社的修理价值提高了，退社的人也应该付给合作社适当的代价”。第十七条提到，“为了照顾社员种植蔬菜或者别的园艺作物的需要，应该允许社员有小块的自留地。社员每户自留地的大小，应该按照每户人口的多少和当地土地的多少来决定，但是每口人所留的土地至多不能超过全村每口人所有土地的平均数的5%”。第十八条提到，“农业生产合作社的收入是由社员的劳动创造出来的，不是由社员的土地所有权创造出来的，因此，土地报酬必须低于农业劳动报酬，以便鼓励全体社员积极地参加合作社的劳动。但是在农业生产合作社发展的初期，土地报酬也不要过低，以便吸收土地较多较好的农民入社，并且使有土地而缺少劳动力的社员能够得到适当的收入”。第二十五条提到，“社员的土地以外的主要生产资料为农业生产合作社所需要的，应该由合作社统一使用或者统一经营，给本主以适当的报酬，并且在得到本主同意的条件下，由合作社分批分期地逐步实行公有化”。并于次年正式通过《农业生产合作社示范章程》，这两个文件进一步详细说明了初级合作社在生产资料、分配以及管理等方面的要求。

从文件中可以解读出初级合作社的基本内容包括：第一，在土地权属和利益分配方面。农民仍然拥有对土地的所有权，但土地的经营使用权和所有权在这个阶段开始实现了分离，除了允许社员保留的小块自留地，其他土地均由农业生产合作社统一规划、统一经营、统一收获。合作社依照入社土地质量和数量给予社员报酬，因此，土地入股分红相当于农民实现所有权的方式，按劳分配的权重更大。[1] 同时，文件中也表明了社员有退社的自由，并且在退社的时候可以带走相应的土地或经济补偿，这同时反

---

① 按股分配和按劳分配是3∶7，农户收益取决于全社的经营状况。

映了农民对土地的所有权和一定的处分权。[1] 这一处分权是有一定限制的，入社土地需要符合集体经营条件，不能出租、买卖，土地以外的生产资料也只有在合作社闲置的时候，社员才可自由使用或是出租，[2] 这说明无论是处分土地，还是处分其他生产资料，都受到一定的限制，需要先满足合作社的要求，其次才能满足自己的需求。第二，在劳动和成果分享方面。相比互助组基于私人之间协商的换工，初级生产合作社之间的换工是依靠合作社统一安排进行交换，属于一种社内安排或交换。互助组生产的产品属于自己私有，除非因为发生的互助而给予对方的一些补偿，但是在初级农业生产合作社中成果并不是归自己所有，之前提到的土地和生产资料已经是归合作社安排使用，自然产生的结果也是归合作社统一分配的。将扣除公积金、公益金和管理费用以后部分分给社员，一部分原因是回报社员提供的土地和生产资料，还有一部分原因在于社员提供的劳动。[3] 从以上方面可以看出，相比互助组，初级合作社已经多了很多集体性的成分，在所有权处置上，农民不能根据自己意愿随意处置土地和生产资料；在经营上，也不是从农户个人角度利益出发去经营生产，而是按照集体意志从整个合作社的角度出发去统一安排，劳动也是合作社进行统一安排；在成果上虽然有按劳分配的成分，但是社内需要积累共有资金、共有财产，并且在之后进行统一的产品分配，因此，集体的成分相比互助组更大一些，个体的分散经营变为集体的统一有计划的经营。

3. 高级合作化时期："集体所有、集体经营"的农地制度

1955 年 10 月 11 日，中共中央在第七届中央委员会第六次全体会议（扩大）上通过了《关于农业合作化问题的决议》，开篇就提到，"农村中合作化的社会改革的高潮，即将在全国到来"。"我们有些同志对于农民问题的看法还停留在老阶段上……具有这种错误观点的同志不敢相信群众，同时对于党中央的合作化方针和各级地方党委的领导作出悲观主义的估

① 易永锡. 中国当代农地制度研究[M]. 哈尔滨：黑龙江人民出版社，2010：70.

② 苏星. 我国农业的社会主义改造[M]. 北京：人民出版社，1980：109.

③ 苏星. 我国农业的社会主义改造[M]. 北京：人民出版社，1980：110.

计，认为我们的党对几十万个小型合作社都难于巩固，大发展更不敢设想。他们提出了‘坚决收缩’的右倾机会主义的方针，并且在有些地方用强迫命令的方法大批地解散合作社。但是已经建立起来的几十万个农业生产合作社的日趋巩固和绝大部分增产的情况，以及许多农民群众要求参加合作社的积极性，恰恰在事实上否定了这种悲观主义，宣告了右倾机会主义的破产，证明了右倾机会主义在实质上只是反映了资产阶级和农村资本主义自发势力的要求。六中全会认为：党中央政治局对于右倾机会主义所进行的批判是完全正确和必要的"①。表明了中央对农业生产合作社发展的进一步支持。

1955 年 12 月 21 日，《征询对农业十七条的意见》② 中明确了对高级农业生产合作化的时间安排，指出争取 1959 年基本完成合作化的高级形式。1956 年 6 月 15 日，廖鲁言同志在关于《高级农业生产合作社示范章程（草案）》的说明③中，提到"初级合作社是在私有的基础上，实行土地入股、统一经营的，高级合作社实行主要生产资料的完全集体所有制，这是初级合作社和高级合作社的根本区别"④。1956 年 6 月 30 日，由第一届全国人民代表大会第三次会议通过的《高级农业生产合作社示范章程》⑤ 中的第二条提到，"农业生产合作社（指高级农业生产合作社）按照社会主义的原则，把社员私有的主要生产资料转为合作社集体所有，组织集体劳动，实行‘各尽所能，按劳取酬’，不分男女老少，同工同酬"。第十一条提到，"社员有退社的自由。要求退社的社员一般地要到生产年度完结以

① 中共中央文献研究室. 建国以来重要文献选编（第七册）[M]. 北京：中央文献出版社，1993：243.

② 中共中央文献研究室. 建国以来重要文献选编（第七册）[M]. 北京：中央文献出版社，1993：363.

③ 中共中央文献研究室. 建国以来重要文献选编（第八册）[M]. 北京：中央文献出版社，1994：363.

④ 农业生产的主要生产资料包括土地、耕畜和大型农具，而后两者的公有化其实在初级合作社中已经开始，因此，不同点主要在于土地转为合作社集体所有。

⑤ 中共中央文献研究室. 建国以来重要文献选编（第七册）[M]. 北京：中央文献出版社，1993：407－409.

后才能退社。社员退社的时候，可以带走他入社的土地或者同等数量和质量的土地，可以抽回他所交纳的股份基金和他的投资”。第十三条提到，“入社的农民必须把私有的土地和耕畜、大型农具等主要生产资料转为合作社集体所有。社员私有的生活资料和零星的树木、家禽、家畜、小农具、经营家庭副业所需要的工具，仍属社员私有，都不入社”。第十六条提到，“农业生产合作社应该抽出一定数量的土地分配给社员种植蔬菜。分配给每户社员的这种土地的数量，按照每户社员人口的多少决定，每人使用的这种土地，一般地不能超过当地每人平均土地数的5%”。

4. 人民公社化时期：彻底转变为“集体所有、集体经营”的农地制度

1957年的结束，也意味着新中国第一个五年计划实施的结束，“一五”计划时期的喜人成就，让党和国家主观地认为，微观经营主体的公有化程度越高，就越能促进生产发展。1958年8月29日，中共中央通过了《关于在农村建立人民公社问题的决议》①。决议提到，“人民公社建立时，对于自留地、零星果树、股份基金等等问题，不必急于处理，也不必来一次明文规定。一般说，自留地可能在并社中变为集体经营”。“人民公社虽然所有制仍然是集体所有的，分配制度无论工资制或者按劳动日计酬，也还都是‘按劳取酬’，并不是‘各取所需’，但是人民公社将是建成社会主义和逐步向共产主义过渡的最好的组织形式，它将发展成为未来共产主义社会的基层单位”，并且决议中认为，“建立人民公社是为了加快社会主义建设的速度，而建设社会主义是为了过渡到共产主义积极地做好准备”。这次会议把人民公社化运动推向了高潮。人民公社阶段土地制度的特征由“农民所有、农民经营”彻底转变为“集体所有、集体经营”。②

第一阶段：全公社统一所有和统一经营阶段。1958年12月10日发布

① 中共中央文献研究室.建国以来重要文献选编(第十一册)[M].北京:中央文献出版社,1995:386-388.

② 朱方林,朱大威.建国以来中国土地制度重大改革回顾与展望[J].江苏农业学报,2015,31(1):200-209.

的《关于人民公社若干问题的决议》[①] 中提到，“在分配给社员个人消费的部分，实行工资制和供给制相结合的分配制度，这是我国人民公社在社会主义分配方式上的一个创举，是目前广大社员群众的迫切要求。如前面所说，这种分配制度，具有共产主义的萌芽，但是它的基本性质仍然是社会主义的，各尽所能，按劳分配”。“人民公社应当实行统一领导、分级管理的制度。公社的管理机构，一般可以分为公社、生产大队、生产队三级”。公社的公有化程度相比高级合作社更高。从生产资料和成果的占有关系上看，不仅原属于高级合作社的土地等生产资料都无偿地收归公社统一所有，社员个人自留地和家庭副业部分也归公社所有，劳动力和产品由公社统一进行调配。[②] 从生产关系上看，农地实行单一的公社所有制，“一大二公”[③] 的特征较为明显。生产资料和劳动力也是由公社统筹决定，统一规划、统一经营和分配，“一平二调”[④] 现象盛行；从劳动方式上看，公社实行劳动军事化[⑤]；从分配制度上看，按照供给制和工资制[⑥]相结合的制度，不同社供给和工资的标准有所差异，但分配权重大体相同，一般为8:2或7:3[⑦]；从生活方式看，“大锅饭”式的生活集体化特征较为明显，如办公共食堂、敬老院、托儿所，甚至实行集体食宿。[⑧]

第二阶段：以生产大队为基础的三级所有和三级经营阶段。1959年2月27日至3月5日召开的中共中央政治局扩大会议上《关于人民公社管理体制的若干规定（草案）》中指出，“有的地方生产大队大体相当于原来的高级农

---

① 中共中央文献研究室. 建国以来重要文献选编（第十一册）[M]. 北京：中央文献出版社，1995：531，536.

② 易永锡. 中国当代农地制度研究[M]. 哈尔滨：黑龙江人民出版社，2010：72.

③ “大”指的是规模大，将原本户数规模较小的合作社合并为户数规模较大的人民公社。“公”指的是公有化程度高，将多个水平不一的合作社合并以后，一切财产上交公社，多不退，少不补，全社统一核算、统一分配，实行部分的供给制，形成严重的平均主义。

④ 平均主义的供给制、食堂制，对生产队的劳力、财物无偿调拨制。

⑤ 陈淑琼. 新时期中国农地制度改革研究[M]. 北京：人民出版社，2016：51.

⑥ 供给制是按照人口平均分配，由公社供给全部伙食和其他消费品；同一个社里社员工资大体相同。

⑦ 易永锡. 中国当代农地制度研究[M]. 哈尔滨：黑龙江人民出版社，2010：72.

⑧ 易永锡. 中国当代农地制度研究[M]. 哈尔滨：黑龙江人民出版社，2010：72.

业生产合作社；有的地方生产队大体相当于原来的高级农业生产合作社”。“生产大队或生产队是人民公社的基本核算单位。”① 1958—1960 年，“大跃进”的尝试与失败说明：并非公有制程度越高、规模越大就会越有利于生产力的提高，因此我国开始调整人民公社制度。② 1961 年 6 月 15 日发布的《农村人民公社工作条例（修正草案）》③ 提到，“农村人民公社一般分为公社、生产大队和生产队三级。以生产大队的集体所有制为基础的三级集体所有制，是现阶段人民公社的根本制度。公社在经济上，是各生产大队的联合组织。生产大队是基本核算单位。生产队是直接组织生产和组织集体福利事业的单位”。“人民公社各级的规模，都应利于生产……不宜过大”。“全大队范围内的土地，都归生产大队所有，固定给生产队使用。生产大队对于全大队范围内的劳动力，除了公社和大队按规定调用的以外，都必须固定在生产队，不许随意抽调。集体所有的耕畜、农具，可以归大队所有，固定给生产队使用，也可以归生产队所有”。“自留地一般占生产大队耕地面积的 5% ~ 7%，长期归社员家庭使用”。“社员自由自用的小农具和工具等生产资料，永远归社员所有，任何人不得侵犯”。并且修正草案将原草案中关于社员分配实行供给部分与工资部分三七开的规定取消，改为无论包产收入或包产以外的收入都“按劳动工分进行分配”。

第三阶段：以生产队为基础的三级所有和三级经营阶段。“三年困难时期”过后，国家停止了向人民公社一级所有制的过渡。在这个阶段仍然是人民公社、生产大队和生产队三级所有，只是基本的核算单位下降了一个层级，变为生产队。1962 年 2 月发布的《关于改变农村人民公社基本核算单位的指示》把基本核算单位调整为生产队。1962 年 9 月，《农村人民公社工作条例（修正草案）》（又称《农业六十条》）表明：生产队成为土地等资产的

---

① 中共中央文献研究室. 建国以来重要文献选编（第十二册）[M]. 北京：中央文献出版社，1996：117，119.

② 武力. 过犹不及的艰难选择——论 1949—1998 年中国农业现代化过程中的制度选择[J]. 中国经济史研究，2000(2)：87 - 98.

③ 中共中央文献研究室. 建国以来重要文献选编（第十四册）[M]. 北京：中央文献出版社，1997：335 - 357.

主要所有者，是独立核算、自负盈亏的基本经济单位。[①] 文件中提出，“生产队范围内的土地，都归生产队所有。生产队所有的土地，包括社员的自留地、宅基地等，一律不准出租和买卖”。[②] 土地使用权以及一些作为生产工具的大型牲畜、农具也归生产队掌握管理[③]，但允许社员保留少量自留地和小规模的家庭副业，这在一定程度上克服了平均主义，活跃了农村经济。[④] 生产只能以粮食为主，棉花、油料和其他经济作物为辅，自主决定经营权受限；个人只能在国家完成征税和收购后才能获得剩余分配。人民公社“三级所有、队为基础”，即土地和其他主要农业生产资料分别归人民公社、生产大队、生产队三级集体经济所有和经营，独立核算、自负盈亏，但生产队一级所有和经营是三级所有中最基本和最重要的，公社和生产大队拥有的土地都较少，生产队基本上占有了90%的农村耕地及生产资料。[⑤]

表3－12反映了1949—1978年中国农地制度演化情况。

表3－12 1949—1978年中国农地制度演化

时间	文件名称	主要内容
新中国成立初期：“农民所有、农民经营”的农地制度		
1949年 9月29日	《中国人民政治协商会议共同纲领》	“有步骤地将封建半封建的土地所有制改变为农民的土地所有制”
1950年 6月30日	《中华人民共和国土地改革法》	“废除地主阶级封建剥削的土地所有制，实行农民的土地所有制，借以解放农村生产力，发展农业生产，为新中国的工业化开辟道路”。“所有没收和征收得来的土地和其他生产资料，除本法规定收归国家所有者外，均由乡农民协会接收，统一地、公平合理地分配给无地少地及缺乏其他生产资料的贫民所有。对地主亦分给同样的一份，使地主也能依靠自己的劳动维持生活，并在劳动中改造自己”

① 陈淑琼.新时期中国农地制度改革研究[M].北京：人民出版社，2016：52.

② 中共中央文献研究室.建国以来重要文献选编（第十五册）[M].北京：中央文献出版社，1997：625.

③ 刘亚平.对中国土地制度沿革历史的沉思——试看东方尘封大地的历史车辙[J].科学社会主义，2011（5）：135－138.

④ 王煜宇.农地入市：演进逻辑，制度障碍与路径创新——基于法经济学视角的解读[J].中国不动产法研究，2009（1）：14.

⑤ 易永锡.中国当代农地制度研究[M].哈尔滨：黑龙江人民出版社，2010：74.

续表

时间	文件名称	主要内容
劳动互助时期："农民所有、农民互助经营"的农地制度		
1949年9月29日	《中国人民政治协商会议共同纲领》	"关于农林渔牧业，在一切已彻底实现土地改革的地区，人民政府应组织农民及一切可以从事农业的劳动力以发展农业生产及其副业为中心任务，并应引导农民逐步地按照自愿和互利的原则，组织各种形式的劳动互助和生产合作"
1951年12月25日	《关于农业生产互助合作的决议（草案）》	"党中央从来认为要克服很多农民在分散经营中所发生的困难，要使广大贫困的农民能够迅速地增加生产而走上丰衣足食的道路，要使国家得到比现在多得多的商品粮食及其他工业原料，同时也就是提高农民的购买力，使国家的工业品得到广大的销场，就必须提倡'组织起来'，按照自愿和互利的原则，发展农民劳动互助的积极性。农民的劳动互助是建立在个体经济基础上（农民私有财产的基础上）的集体劳动，是我国农村走向社会主义的过渡形式，其发展前途是农业集体化或社会主义化"
初级合作化时期："农民所有、集体经营"的农地制度		
1953年12月16日	《中国共产党中央委员会关于发展农业生产合作社的决议》	"党在过渡时期的总路线，就是要逐步实现国家的社会主义工业化，逐步实现对农业、手工业和资本主义工商业的社会主义改造"
1955年11月9日	《农业生产合作社示范章程（草案）》	"农业生产合作社是劳动农民的集体经济组织，是农民在共产党和人民政府的领导和帮助下，按照自愿和互利的原则组织起来的；它统一地使用社员的土地、耕畜、农具等主要生产资料，并且逐步地把这些生产资料公有化；它组织社员进行共同的劳动，统一地分配社员的共同劳动的成果" "在这个阶段，合作社已经有一部分公有的生产资料；对于社员交来统一使用的土地和别的生产资料，在一定的期间还保留社员的所有权"
高级合作化时期："集体所有、集体经营"的农地制度		
1956年6月15日	《高级农业生产合作社示范章程（草案）》	"初级合作社是在私有的基础上，实行土地入股、统一经营的，高级合作社实行主要生产资料的完全集体所有制，这是初级合作社和高级合作社的根本区别"
1956年6月30日	《高级农业生产合作社示范章程》	"农业生产合作社（指高级农业生产合作社）按照社会主义的原则，把社员私有的主要生产资料转为合作社集体所有，组织集体劳动"

续表

时间	文件名称	主要内容
人民公社化时期：彻底转变为“集体所有、集体经营”的农地制度		
1961 年 6 月 15 日	《农村人民公社工作条例（修正草案）》	“全大队范围内的土地，都归生产大队所有，固定给生产队使用。生产大队对于全大队范围内的劳动力，除了公社和大队按规定调用的以外，都必须固定在生产队，不许随意抽调”
1962 年 9 月	《农村人民公社工作条例（修正草案）》（又称《农业六十条》）	“生产队范围内的土地，都归生产队所有。生产队所有的土地，包括社员的自留地、宅基地等，一律不准出租和买卖”

二、社会主义革命和建设时期宅基地制度的演化

宅基地①，是指农村居民专门用于建造居住房屋所使用的土地，包括住房、辅助用房与房前屋后庭院用地。② 顾名思义，其含义理应与人类有居住这一行为相挂钩，但其作为专门的概念是新中国成立以后才逐渐形成的，但也并非新中国一成立就有这一专有名词的存在，新中国成立初期，各个文件中使用的是“地基”一词，而并非我们所熟悉的“宅基地”，来表示农民居住房屋用地。如 1956 年 6 月 30 日全国人大一届三次会议通过的《高级农业生产合作社示范章程》中第十六条写道，“社员原有的坟地和房屋地基不必入社”。这里使用的就是“地基”一词。而经过几年以后文件中开始出现“宅基地”一词，在 1962 年 9 月 27 日中共八届十中全会通过的《农村人民公社工作条例修正草案》第二十一条规定中写道：“生产队所有的土地，包括社员的自留地、自留山、宅基地等，一律不准出租和买卖。”后来在国家

① 20 世纪 50 年代初国家规定：城市土地归国家所有，农村土地归集体所有。但其中宅基地都是无偿批准的，改革开放以后，城市宅基地逐渐市场化，不再无偿划拨使用，因此，在 1988 年的《中华人民共和国土地管理法》中取消了城市宅基地的说法，“城市宅基地”一词自此退出了历史舞台，目前的宅基地特指农村宅基地。

② 张云华. 完善与改革农村宅基地制度研究[M]. 北京：中国农业出版社，2011：39.

机关发布的文件中更多地使用了“宅基地”一词，宅基地逐渐成为代表农村居民居住用地的规范性名称。[①] 新中国成立后至改革开放期间，我国农村农地制度经历了从农民私人所有到集体所有的转变，相应地，农村的宅基地也经历了从农民私人所有到集体所有、农户使用的变化。[②]

我国自古就是农业大国，新中国成立初期，依靠土地吃饭、维持生活的农民占了中国人数的大半壁江山，因此，将土地分给农民的这一举措从根本层面解决了农民没有饭吃的问题，给予了农民土地这一重要资源，农民在得到土地后，勤恳耕作，生活随着自己的劳动付出发生改变。但是生产力水平很低的时候，农民一心想着先满足温饱，他们用于扩大再生产的本金也十分有限，因此在最初，宅基地仅仅发挥了其使用价值，即给农民提供了基本的生活居住场所，以及放置农具或饲养牲畜，[③] 而不是用来进行交易。

（一）新中国成立初期（1949—1952 年）：农民私有的宅基地制度

新中国成立之初，土地分配极不合理。1949 年农村人口占总人口的比重较大，农村人口有 4.84 亿，占总人口的 89.30%，其中无地、少地的农民群体又占农村人口的 61.98%，六成左右。[④] 地主和富农占有了大量土地，贫雇农等阶层农民只有依靠租入土地维持生计。而农业依然占到了工农业总产值的大半壁江山。[⑤] 所以，在新中国成立初期，不仅维持农村地区的稳定是农村发展的前提，对于整个国家来说更是至关重要，[⑥] 发挥好农业的优势对于我国快速恢复经济和巩固政权都具有十分重要的意义。想

---

① 韩清怀. 农村宅基地使用权制度研究[M]. 北京：中国政法大学出版社，2015：95.

② 张云华. 完善与改革农村宅基地制度研究[M]. 北京：中国农业出版社，2011：39.

③ 刘锐. 土地、财产与治理：农村宅基地制度变迁研究[M]. 武汉：华中科技大学出版社，2017：44.

④ 任育锋，李哲敏，芦千文. 农村宅基地制度：变迁历程、演变逻辑与改革路径[J]. 当代经济管理，2022，44(4)：34－41. DOI：10.13253/j.cnki.ddjjgl.2022.04.005.

⑤ 1949 年农业总产值占总工农业总产值的比重为 70%，1950 年这一比重为 66.8%。

⑥ 任育锋，李哲敏，芦千文. 农村宅基地制度：变迁历程、演变逻辑与改革路径[J]. 当代经济管理，2022，44(4)：34－41. DOI：10.13253/j.cnki.ddjjgl.2022.04.005.

要尽快恢复和发展经济，必须发挥农民群体的劳动积极性，满足农民的需求，即分给农民土地让其耕种，以此获得生活收入，分给农民可以居住的土地，使其获得住处，实现“耕者有其田”和“居者有其屋”，满足农民的基本食宿需求。因此，党和国家从农村入手，全面展开土地改革，新中国成立后不久就开始了对国家农村土地的改革。①

1949 年 9 月 29 日，中国人民政治协商会议第一届全体会议上形成了《中国人民政治协商会议共同纲领》，其中规定，“有步骤地将封建半封建的土地所有制改变为农民的土地所有制”，“凡已实行土地改革的地区，必须保护农民已得土地的所有权。凡尚未实行土地改革的地区，必须发动农民群众，建立农民团体，经过清除土匪恶霸、减租减息和分配土地等项步骤，实现耕者有其田”等，这些条文表明了国家已有步骤地进行土地改革，逐渐形成农民私有的土地制度。

1950 年 6 月 26 日中央人民政府发布了《中华人民共和国土地改革法》（以下简称《土地改革法》），其中第一条规定，“废除地主阶级封建剥削的土地所有制，实行农民的土地所有制”；第二条规定，“没收地主的土地、耕畜、农具、多余的粮食及其在农村中多余的房屋”；第十条规定，“所有没收和征收得来的土地和其他生产资料，除本法规定收归国家所有者外，均由乡农民协会接收，统一地、公平合理地分配给无地少地及缺乏其他生产资料的贫苦农民所有，对地主亦分配给同样的一份，使地主也能依靠自己的劳动维持生活，并在劳动中改造自己”；第三十条规定，“土地改革完成后，由人民政府发给土地所有证②，并承认一切土地所有者自由经营、买卖及出租其土地的权利”。《土地改革法》中大都表明的是关于给农民平分土地的说法，对于有关“宅基地”的所有权和使用权问题并没有明确指出。实际上，没有单独列示说明宅基地的相关信息，是因为政府文件中指的土地分配以及农民的土地所有制已经涵盖了宅基地的范畴。对于

① 刘锐. 土地、财产与治理：农村宅基地制度变迁研究[M]. 武汉：华中科技大学出版社，2017：49.

② 中央人民政府内务部于 1950 年 11 月 25 日发布《关于填发土地房产所有证的指示》，作了进一步说明。

这一结论，湖南省博物馆馆藏的一张新中国成立后土地改革时期的土地房屋所有证可作为证据加以说明，这张土地房屋所有证归湘潭县西湖乡村民蒋顺英、蒋利华所有。① 在这张土地房屋所有证中，清楚地写明了农户可以得到的土地信息和房屋信息。这表明，这时候的房屋和土地的所有权证明仅需要同一张土地所有证，土地和房屋的所有权权利主体具有同一性。② 此次土地改革将连同宅基地在内的土地平分给农民，并以户为单位发放了土地所有证，保证了农民的土地权利，确立了农民对于宅基地的所有权、使用权以及流转权。

（二）农业互助合作时期（1953—1978 年）：从农民私有的宅基地制度转变为集体所有、农民使用的宅基地制度

新中国成立不久，国家就对新解放区实施了土地改革，自此农民拥有了对土地的所有权，这一举措极大地调动了农民劳动的积极性。这一改革在初期优势十分明显，但不久弊端也暴露出来，即农民生产资料不匹配的问题屡见不鲜，农民对于劳动互助合作的需求越来越大，并且站在国家层面考虑，农民土地所有制下的小农经营劳动方式在生产效率上远远不能满足国家迫切想要实现工业化的目的，难以实现农业对工业发展的支持作用，农业和工业之间难以形成良性互动。《中共中央关于农业生产互助合作的决议（草案）》中提到，“党中央从来认为要克服很多农民在分散经营中所发生的困难，要使广大贫困的农民能够迅速地增加生产而走上丰衣足食的道路，要使国家得到比现在多得多的商品粮食及其工业原料，同时也就是提高农民的购买力，使国家的工业品得到广大的销场，就必须提倡‘组织起来’，按照自愿和互利的原则，发展农民劳动互助的积极性”。这段话证明了互助合作的背景来源。因此，在国家工业化战略目标以及农民生产中面临的生产困难这两方面共同需求下，国家开始引导农民走互助合

① 韩清怀. 农村宅基地使用权制度研究[M]. 北京：中国政法大学出版社，2015：88.

② 韩清怀. 农村宅基地使用权制度研究[M]. 北京：中国政法大学出版社，2015：89.

作化道路，党和国家也在不同阶段陆续发布了支持农民进行互助合作的相关文件。

1. 劳动互助和初级合作化时期：农民私有的宅基地制度

1951 年 12 月 15 日中共中央发布的《关于农业生产互助合作的协议(草案)》中提到，“……按照自愿和互利的原则，发展农民劳动互助的积极性。这种劳动互助是建立在个体经济基础上（农民私有财产的基础上）的集体劳动，其发展前途就是农业集体化或社会主义化”。1954 年 9 月 20 日在第一届全国人民代表大会第一次会议上通过的《中华人民共和国宪法》（以下简称《宪法》）第八条规定，“国家依照法律保护农民的土地所有权和其他生产资料所有权”；第十一条规定，“国家保护公民的合法收入、储蓄、房屋和各种生活资料的所有权”；第十二条规定，“国家依照法律保护公民的私有财产的继承权”。这都说明了在合作互助阶段，农民依然享有对土地的所有权，并且宪法从法律高度对农民土地所有权进行了肯定。尽管当时文件中并没有明确宅基地所有权问题，但实质上房屋所有权与土地所有权是一致的。[①] 宅基地的所有权仍然属于农民私有，可以转让、出租、抵押；但是私有土地的可转让性受到一定影响，不能随时转让，收益受分配也受土地总产出的制约，私有属性被削弱。[②]

《宪法》第八条提到，“国家依照法律保护农民的土地所有权和其他生产资料所有权”，从法律的高度对农民私有房屋土地制度进行确认和保护。[③] 1955 年 11 月 9 日，全国人民代表大会常务委员会第二十四次会议通过了《农业生产合作社示范章程》[④]，其中第一条规定“农业生产合作社是劳动农民的集体经济组织，是农民在共产党和人民政府的领导和帮助下，按照自愿和互利的原则组织起来的；它统一地使用社员的土地、耕畜、农

① 张云华. 完善与改革农村宅基地制度研究[M]. 北京：中国农业出版社,2011:40.

② 王旭东. 中国农村宅基地制度研究[M]. 北京：中国建筑工业出版社,2011:86.

③ 王旭东. 中国农村宅基地制度研究[M]. 北京：中国建筑工业出版社,2011:85.

④ 农业生产合作社示范章程[EB/OL]. 法律图书馆.(1955－11－09)[2023－05－10]. http://www.law－lib.com/law/law_view.asp? id＝484245.

具等主要生产资料，并且逐步地把这些生产资料公有化；它组织社员进行共同的劳动，统一地分配社员的共同劳动的成果”。第三条规定，“初级阶段的合作社属于半社会主义的性质。在这个阶段，合作社已经有一部分公有的生产资料；对于社员交来的统一使用的土地和部分生产资料，在一定的期间还保留社员的所有权，并且给社员以适当的报酬”；第十七条规定，“社员的土地必须交给农业生产合作社统一使用，因为农业生产合作社组成的基本条件，就是把社员分散经营的土地联合起来，加以合理的和有计划的经营”。初级合作社阶段相关文件中也没有提及宅基地的明确信息，只是提到：在自愿互利的基础上，将主要的生产资料集中入社，如可以耕作的土地、农具和牲畜等，但农民的宅基地主要用于生活居住，不属于生产资料的范畴①，因此，这一阶段农村宅基地仍然是为农民私有，农民拥有宅基地的所有权、使用权以及流转权。这一阶段，农村的生产力水平还较低，农民的头等大事仍集中于维持家庭的基本收入，因此，宅基地的出租、买卖现象很少。②

2. 高级合作化时期：农民私有且新建宅基地集体统筹的宅基地制度

1956 年不仅意味着中国三大改造的完成，即将进入发展多变的时期，也意味着土地集体所有制形成的开始。1955 年 11 月 9 日出台的《农业生产合作社示范章程》③ 中，国家已经明确“要逐步地用生产资料的劳动群众集体所有制代替生产资料的私人所有制”。1956 年 6 月 30 日，第一届全国人民代表大会第三次会议通过了《高级农业生产合作社示范章程》④，其中第十三条提到：“入社的农民必须把私有的土地和牲畜、大型农具等主要的生产资料转为合作社集体所有。社员私有的生活资料和零星的树木、家禽、家畜、小农具、经营家庭副业所需要的工具，仍属社员私有，都不

① 韩清怀. 农村宅基地使用权制度研究[M]. 北京：中国政法大学出版社，2015：90.

② 刘锐. 土地、财产与治理：农村宅基地制度变迁研究[M]. 武汉：华中科技大学出版社，2017：50.

③ 农业生产合作社示范章程[EB/OL]. 法律图书馆.（1955－11－09）[2023－05－10]. http://www.law－lib.com/law/law_view.asp? id＝484245.

④ 中共中央文献研究室. 建国以来重要文献选编（第八册）[M]. 北京：中央文献出版社，1994：403.

入社。社员土地上附属的私有的塘、井等水利建设，随着土地转为合作社集体所有。”第十六条规定：“社员原有的坟地、房屋地基不入社。社员新修房屋需用的地基和无坟地的社员需用的坟地，由合作社统筹解决，在必要的时候，合作社可以申请乡人民委员会协助解决。”从第十三条规定中可以看出，农民在进入高级合作社阶段后，失去了对土地等主要生产资料的私有权，确立了农村土地集体所有制，而第十六条又明确了对宅基地的权属问题，表明农民居住房屋的宅基地仍然可以自用，属于私有。① 但由于除宅基地、坟地以外的土地已经收归集体，归集体所有，当社员新修房屋需要用到宅基地时，也只能由集体解决，也就是该文件中所表达的“由合作社统筹解决”，这时，由集体统筹分配宅基地的制度已具雏形。② 并且，由于集体土地所有制的确立，家庭的自由经营权受到限制，劳动成果也由集体统一分配，家庭的财富积累可能性减弱，因此，宅基地供农民居住的作用比较显著，至于农民出卖的情况则较少。③

3. 人民公社化时期：集体所有、农民使用的宅基地制度

高级合作化后不久，在“左”倾情绪强烈的催化下，未经巩固的高级合作社直接进入人民公社，这一时期，宅基地制度表现出强劲的集体化特点。④自然灾害导致的粮食危机使党和国家对于宅基地的管理更加重视。⑤

1962 年 9 月 27 日，中共第八届中央委员会第十次全体会议通过《农村人民公社工作条例（修正草案）》⑥（又称《农业六十条》），第一次正式提出了“宅基地”的概念⑦，第二十一条规定，“生产队范围内的土地，都归生产队所有。生产队所有的土地，包括社员的自留地、自留山、宅基地等等，一律不准出租和买卖。生产队所有的土地，不经过县级以上人民委

---

① 张云华. 完善与改革农村宅基地制度研究[M]. 北京：中国农业出版社，2011：40－41.
② 韩清怀. 农村宅基地使用权制度研究[M]. 北京：中国政法大学出版社，2015：91.
③ 刘锐. 土地、财产与治理：农村宅基地制度变迁研究[M]. 武汉：华中科技大学出版社，2017：50.
④ 张云华. 完善与改革农村宅基地制度研究[M]. 北京：中国农业出版社，2011：41.
⑤ 刘锐. 土地、财产与治理：农村宅基地制度变迁研究[M]. 武汉：华中科技大学出版社，2017：51.
⑥ 中共中央文献研究室. 建国以来重要文献选编（第十五册）[M]. 北京：中央文献出版社，1997：615.
⑦ 刘锐. 土地、财产与治理：农村宅基地制度变迁研究[M]. 武汉：华中科技大学出版社，2017：51.

员会的审查和批准，任何单位和个人都不得占用”。第四十五条规定，“社员的房屋，永远归社员所有。社员有买卖和租赁房屋的权利……国家和人民公社的各级组织，应该在人力、物力等方面，对于社员修建住宅，给予可能的帮助。社员新建房屋的地点，要由生产队统一规划，尽可能不占用耕地”。从《农业六十条》中可以看出，宅基地已经明确为集体所有，并且不得出租、买卖，社员有的只是房屋的所有权，社员如果新建房屋，宅基地由集体统一规划。“宅基地”专有名词的出现，说明国家将农民非生产性居住用的土地和生产性的土地明确划分开来，这与决策者综合利用土地的认识息息相关，对于我国工业化目标的实现以及土地的使用效用的提升意义重大。①

由于1962年的“三自一包”政策允许农民搞庭院经济，拥有小块自留地，很多农民为了多产多收、改善生活，占用宅基地种植农作物，在宣传和贯彻《农业六十条》中存在解释不一和模糊的情况，出现不少乱砍伐宅基地内树木和出卖房屋的现象，究其原因在于人们对文件中的政策有所误解，例如，社员对于宅基地的权属问题理解存在很大偏差。有些地方在宣传中将社员宅基地的范围解释为所有宅基地，即已建和未建房屋的宅基地，认为这些宅基地都归生产队集体所有；有些地方在宣传中将已建房屋的宅基地归社员所有，未建建筑物的空白地基归集体所有。于是中共中央于1963年3月20日出台《关于对社员宅基地问题作一些补充规定的通知》，对误解部分做出说明，其中规定②：“社员宅基地，包括有建筑物和没有建筑物的空白宅基地，都归生产队集体所有，一律不准出租和买卖，但仍归各户长期使用，长期不变，生产队应保护社员的使用权；宅基地上的附着物，如房屋、树木、厂棚、猪圈、厕所等永远归社员所有，社员有买卖房屋或租赁房屋的权利，房屋出卖后，宅基地的使用权随之转移给新房主，但宅基地所有权归集体所有；社员需新建房又没有宅基地时，由本户申请，经社员大会讨

① 刘锐. 土地、财产与治理：农村宅基地制度变迁研究[M]. 武汉：华中科技大学出版社，2017：51.

② 中共中央关于各地对社员宅基地问题作一些补充规定的通知[EB/OL]. 找法网.（2010－03－25）[2023－05－13]. https://china.findlaw.cn/fagui/p_1/163641.html.

论同意，由生产队统一规划，帮助解决，但尽可能利用一些闲散地，不占用耕地，必须占用耕地时，应根据《农业六十条》规定，报县人民委员会批准，社员新建住宅占地无论是否耕地，一律不收地价；社员不能借口修建房屋，随便扩大墙院，扩大宅基地，来侵占集体耕地，已经扩大侵占的必须退出。”此后，在1963年8月28日发布的《最高人民法院关于贯彻执行民事政策几个问题的意见（修正稿）》中也包含了同样的内容。

《关于对社员宅基地问题作一些补充规定的通知》中清楚地说明了宅基地的所有权属问题，即归生产队集体所有，农户只有宅基地的使用权，禁止买卖和出租的是宅基地，而非宅基地上的附属物。农户拥有房屋的所有权，属于宅基地附属物的房屋是可以买卖和出租的，房屋出卖后，宅基地的使用权也相应转移到新房主。这样就把《农业六十条》中引起各方混淆的问题阐述清楚了。同时，对于需要新建房的社员对宅基地的需求，依然是先提出申请，然后集体统筹，但宅基地的获得是无偿的。至此，我国农村宅基地所有权归集体、使用权归农户的“两权分离”的制度被确立下来。①

表3－13反映了1949—1978年新中国农村宅基地制度的演化情况。

表3－13　1949—1978年新中国农村宅基地制度的演化

时间	文件名称	主要内容
新中国成立初期：农民私有的宅基地制度		
1949年9月29日	《中国人民政治协商会议共同纲领》	“有步骤地将封建半封建的土地所有制改变为农民的土地所有制”
1950年6月26	《中华人民共和国土地改革法》	“所有没收和征收得来的土地和其他生产资料，除本法规定收归国家所有者外，均由乡农民协会接收，统一地、公平合理地分配给无地少地及缺乏其他生产资料的贫苦农民所有，对地主亦分配给同样的一份，使地主也能依靠自己的劳动维持生活，并在劳动中改造自己”。“土地改革完成后，由人民政府发给土地所有证②，并承认一切土地所有者自由经营、买卖及出租其土地的权利”

① 刘锐. 土地、财产与治理：农村宅基地制度变迁研究[M]. 武汉：华中科技大学出版社，2017：52.

② 中央人民政府内务部于1950年11月25日发布《关于填发土地房产所有证的指示》，作了进一步说明。

续表

时间	文件名称	主要内容
劳动互助时期：农民私有的宅基地制度		
1951 年 12 月 15 日	《关于农业生产互助合作的协议（草案）》	“按照自愿和互利的原则，发展农民劳动互助的积极性。这种劳动互助是建立在个体经济基础上（农民私有财产的基础上）的集体劳动，其发展前途就是农业集体化或社会主义化”
初级合作化时期：农民私有的宅基地制度		
1954 年 9 月 20 日	《中华人民共和国宪法》	“国家依照法律保护农民的土地所有权和其他生产资料所有权”
1955 年 11 月 9 日	《农业生产合作社示范章程》	“初级阶段的合作社属于半社会主义的性质。在这个阶段，合作社已经有一部分公有的生产资料；对于社员交来的统一使用的土地和部分生产资料，在一定的期间还保留社员的所有权，并且给社员以适当的报酬”
高级合作化时期：农民私有且新建宅基地集体统筹的宅基地制度		
1956 年 6 月 30 日	《高级农业生产合作社示范章程》	“入社的农民必须把私有的土地和牲畜、大型农具等主要的生产资料转为合作社集体所有。社员私有的生活资料和零星的树木、家禽、家畜、小农具、经营家庭副业所需要的工具，仍属社员私有，都不入社”“社员原有的坟地、房屋地基不入社。社员新修房屋需用的地基和无坟地的社员需用的坟地，由合作社统筹解决，在必要的时候，合作社可以申请乡人民委员会协助解决”
人民公社化时期：集体所有、农民使用的宅基地制度		
1962 年 9 月 27 日	《农村人民公社工作条例（修正草案）》	“生产队范围内的土地，都归生产队所有。生产队所有的土地，包括社员的自留地、自留山、宅基地等等，一律不准出租和买卖。生产队所有的土地，不经过县级以上人民委员会的审查和批准，任何单位和个人都不得占用”
1963 年 3 月 20 日	《关于对社员宅基地问题作一些补充规定的通知》	“社员宅基地，包括有建筑物和没有建筑物的空白宅基地，都归生产队集体所有，一律不准出租和买卖，但仍归各户长期使用，长期不变，生产队应保护社员的使用权；宅基地上的附着物，如房屋、树木、厂棚、猪圈、厕所等永远归社员所有，社员有买卖房屋或租赁房屋的权利，房屋出卖后，宅基地的使用权随之转移给新房主，但宅基地所有权归集体所有；社员需新建房又没有宅基地时，由本户申请，经社员大会讨论同意，由生产队统一规划，帮助解决，但尽可能利用一些闲散地，不占用耕地，必须占用耕地时，应根据《农业六十条》规定，报县人民委员会批准，社员新建住宅占地无论是否耕地，一律不收地价；社员不能借口修建房屋，随便扩大墙院，扩大宅基地，来侵占集体耕地，已经扩大侵占的必须退出”

三、社会主义革命和建设时期集体经营性建设用地制度的演化

农村集体建设用地包括三部分，分别是宅基地、乡镇企业建设用地和集体公益建设用地。农村集体经营性建设用地指的是乡镇企业等在农村地区的建设用地，占地目的具有生产经营性质。改革开放以前，主要是20世纪70年代，来自经济较为发达、商业灵敏度高的地区农村集体经营性建设用地较多，这些地区主要位于中国的东南沿海地区。①

（一）新中国成立初期（1949—1952年）：农民私有的集体经营性建设用地制度

1949新中国成立伊始，属于农村土地私有制时期，国家发布的法律规章文件中并没有提到“农村建设用地”一词，也没有其相关明文规定。新中国成立不久，党和国家就实行了土地改革，将土地平分给了广大农民，建立了农民所有的农村建设用地私有制，使农民拥有了对土地的所有权。1950年6月，《中华人民共和国土地改革法》第一条规定，“废除地主阶级封建剥削的土地所有制，实行农民的土地所有制，借以解放农村生产力，发展农业生产，为新中国的工业化开辟道路”。第四条规定，“保护工商业，不得侵犯。地主兼营的工商业及其直接用于经营工商业的土地和财产，不得没收。不得因没收封建的土地财产而侵犯工商业。工商业家在农村中的土地和原由农民居住的房屋，应予征收。但其在农村中的其他财产和合法经营，应加保护，不得侵犯”。第三十条规定，“土地改革完成后，由人民政府发给土地所有证，并承认一切土地所有者自由经营、买卖及出租其土地的权利”，这说明农民不仅具有对于土地的所有权、使用权，也具有流转权。当时国家首先需要解决的是农民的温饱问题，从供给方面来

① 张琦英，徐玲．改革开放以来农村集体经营性建设用地流转政策演进研究[J]．现代商贸工业，2023，44(5)：4－6．DOI：10．19311/j．cnki．1672－3198．2023．05．002．

讲是这样，从农民自身需求方面中也是如此，刚刚拥有土地的农民生活水平不高，生产力水平也不高，农民的生产剩余十分有限，土地的功能性比较单一，因此国家对于土地的划分也不会分门别类。再者，农民首要的任务是在自己的一亩三分地上种上满足自己基本生活所需的农业作物，而非工商业经营，因此，这一时期的法律规章相关文件中“建设用地”字眼并没有出现，“集体经营性建设用地”一词也并未出现。①

（二）农业互助合作时期（1953—1978 年）：从农民私有的集体经营性建设用地制度转变为集体所有的集体经营性建设用地制度

1. 劳动互助和初级合作化时期：农民私有的集体经营性建设用地制度

1951 年 12 月 15 日，中共中央发布了《关于农业生产互助合作的决议（草案）》，该文件中主要提及的是由个体劳动转变为农业生产互助合作，主要目的是促进农业生产效率，激发劳动互助的积极性，而对于土地的权属性质并没有更改，重新强调了共同纲领中的“凡已实行土地改革的地区，必须保护农民已得土地的所有权”。可以看出在互助合作时期，土地的一切权利仍归农民所有，针对集体经营性建设用地的私有权属也未改变。

1953 年 12 月 26 日，中共中央发布《关于发展农业生产合作社的决议》，这一文件主要强调的是向更具有社会主义性质的合作社迈进的必要性以及意义，其中并没有涉及土地权属的改变。1954 年 9 月 20 日在第一届全国人民代表大会第一次会议上通过的《中华人民共和国宪法》中第八条提到，“国家依照法律保护农民的土地所有权和其他生产资料所有权”，从法律高度肯定了集体经营性建设用地的农民私有权属性。1955 年 11 月 9 日，全国人民代表大会常务委员会第二十四次会议通过了《农业生产合作社示范章程》②，其中第一条规定，“农业生产合作社是劳动农民的集体经

① 赵娉婷. 农村集体建设用地制度研究[D]. 泰安：山东农业大学，2011.

② 农业生产合作社示范章程[EB/OL]. 法律图书馆.（1955 - 11 - 09）[2023 - 05 - 10]. http://www.law - lib.com/law/law_view.asp? id = 484245.

济组织，是农民在共产党和人民政府的领导和帮助下，按照自愿和互利的原则组织起来的；它统一地使用社员的土地、耕畜、农具等主要生产资料，并且逐步地把这些生产资料公有化；它组织社员进行共同的劳动，统一地分配社员的共同劳动的成果”。第三条规定，“初级阶段的合作社属于半社会主义的性质。在这个阶段，合作社已经有一部分公有的生产资料；对于社员交来的统一使用的土地和部分生产资料，在一定的期间还保留社员的所有权，并且给社员以适当的报酬”。第十七条规定，“社员的土地必须交给农业生产合作社统一使用，因为农业生产合作社组成的基本条件，就是把社员分散经营的土地联合起来，加以合理的和有计划的经营”。这一文件主要表明了合作社需要共同经营的思想，这一阶段并没有改变农民对土地的所有权，规定在一定期间内予以保留。但同时也提到将主要的生产资料逐步公有化，这里的主要生产资料包括土地，“逐步公有化”也与文件中所说的“一定期间”保留社员的所有权以及半社会主义性质相对应。这些内容不仅明确了初级合作化期间集体经营性建设用地的所有权归属问题，还为下一阶段的改变奠定了基础。但该阶段的相关制度文件中依然没有关于农村集体经营性建设用地的相关描述。①

2. 高级合作化和人民公社化时期：集体所有的集体经营性建设用地制度

随着国家工业化战略的导向急需农业对工业做出较大的支持和贡献，而解决小农经济的生产效率低下问题就显得十分重要。因此，国家做出农村土地从私有转为集体的决定，以加快农业生产，迅速提高工业积累，与此同时，也意味着原来工商企业主私有的建设用地转为集体所有。② 在1955年11月9日出台的《农业生产合作社示范章程》③ 中，国家已经明确

① 张晓玲.集体建设用地入市政策演进历程与规划管控策略[J].中国土地,2021(3):4-7. DOI:10.13816/j.cnki.ISSN1002-9729.2021.03.02.

② 王贝.中国集体建设用地产权制度的现状及演进[J].中国农学通报,2011,27(4):381-386.

③ 法律图书馆.农业生产合作社示范章程[EB/OL].(1955-11-09)[2023-05-10].http://www.law-lib.com/law/law_view.asp?id=484245.

"要逐步地用生产资料的劳动群众集体所有制代替生产资料的私人所有制"。1956年6月30日，第一届全国人民代表大会第三次会议通过了《高级农业生产合作社示范章程》①，其中第十三条提到："入社的农民必须把私有的土地和牲畜、大型农具等主要的生产资料转为合作社集体所有。社员私有的生活资料和零星的树木、家禽、家畜、小农具、经营家庭副业所需要的工具，仍属社员私有，都不入社。社员土地上附属的私有的塘、井等水利建设，随着土地转为合作社集体所有。"到这一阶段，土地已经从私人所有变为集体所有，其中自然包括集体经营性建设用地的所有权归属。

在经历"大跃进"实践以及"三年困难时期"的经验教训后，国家开始进行经济调整。1962年9月，中共八届十中全会正式通过了《农村人民公社工作条例（修正草案）》，其中规定，"生产队范围内的土地，都归生产队所有。生产队所有的土地，包括社员的自留地、自留山、宅基地等等，一律不准出租和买卖"。确立了我国集体土地"三级所有、队为基础"的基本产权格局，由此可以看出农民既没有集体经营性建设用地的所有权，也没有流转权，农民对集体经营性建设用地只有使用权，且使用权具有一定的限制，土地的使用和流转都需依靠行政划拨和协调。但农民对于建设用地使用权的取得则是无偿的，这一点反映在1963年8月28日最高人民法院颁布的《关于贯彻执行民事政策几个问题的意见（修正稿）》中，"先由本户提出申请，经社员大会讨论同意，由生产队统一规划，予以解决"。这种所有制形式一直持续到改革开放前，基本没有改变。② 使用集体经营性建设用地进行生产经营肯定比在农地上进行农业生产经营利润要多，发展要快，因此，在实践中，当这些部门、企业主赚取一定利润后，会支付地上物补偿费以及付给生产队一定费用，再吸收一定劳动力，便可取得生产队的土地使用权。

表3-14反映了1949—1978年新中国农村集体建设用地制度的演化情况。

---

① 中共中央文献研究室. 建国以来重要文献选编（第八册）[M]. 北京：中央文献出版社，1994：403.

② 龙开胜. 农村集体建设用地流转：演变、机理与调控[D]. 南京：南京农业大学，2009.

表 3-14 1949—1978 年新中国农村集体建设用地制度的演化

时间	文件名称	主要内容
新中国成立初期：农民私有的集体经营性建设用地制度		
1950 年 6 月	《中华人民共和国土地改革法》	“废除地主阶级封建剥削的土地所有制，实行农民的土地所有制”
劳动互助时期：农民私有的集体经营性建设用地制度		
1951 年 12 月 15 日	《关于农业生产互助合作的决议（草案）》	“凡已实行土地改革的地区，必须保护农民已得土地的所有权”
初级合作化时期：农民私有的集体经营性建设用地制度		
1954 年 9 月 20 日	《中华人民共和国宪法》	“国家依照法律保护农民的土地所有权和其他生产资料所有权”
1955 年 11 月 9 日	《农业生产合作社示范章程》	“初级阶段的合作社属于半社会主义的性质。在这个阶段，合作社已经有一部分公有的生产资料；对于社员交来的统一使用的土地和部分生产资料，在一定的期间还保留社员的所有权，并且给社员以适当的报酬”
高级合作化时期：集体所有的集体经营性建设用地制度		
1956 年 6 月	《高级农业生产合作社示范章程》	“入社的农民必须把私有的土地和耕畜、大型农具等主要生产资料转为合作社集体所有”，但“社员原有的坟地和房屋地基不必入社”
人民公社化时期：集体所有的集体经营性建设用地制度		
1962 年 9 月	《农村人民公社工作条例（修正草案）》	“生产队范围内的土地，都归生产队所有。生产队所有的土地，包括社员的自留地、自留山、宅基地等等，一律不准出租和买卖”

第三节 社会主义革命和建设时期的土地实践及影响

一、社会主义革命和建设时期农地实践及影响

（一）新中国成立初期的农地制度实践及影响（1949—1952 年）

1. 积极实践及影响

（1）将封建土地所有制转变为农民所有制。中国自古以来就有“不患

寡而患不均”的传统小农思想，土地私有更是中国农民一直以来想要实现的理想。[①]《中华人民共和国土地改革法》开篇就点明了废除封建土地所有制，使土地回到农民手上，实现“耕者有其田”，使农民成为农村真正的主人，改变了土地占地极不合理的状态。对于农民来说，不仅免除了其需要向地主缴纳的3000万吨以上的粮食地租，还获得了土地和生产资料[②]。

①农民各阶级土地占有比例优化。据相关资料数据，土地改革前，在全国人口中，贫雇农、中农、富农、地主土地占有比例分别为52.37%、33.13%、4.66%、4.75%，对应阶层占有的耕地数分别为14.28%、30.94%、13.66%、38.26%；土地改革后，上述阶层占总人数的比例没有多少变化，分别为52.2%、39.9%、5.3%、2.6%，但这些阶层占耕地的比例变化不小，分别为47.1%、44.3%、6.4%、2.2%。[③] 如表3－15所示，贫雇农增加的耕地最多，提高了32.82%；地主的耕地直接减少了36.06%。所有身份的人得到的土地并不是完全平均[④]，但也大体平均，原来无地少地的农民得到的土地大约等于平均数，地主得到的土地小于等于平均数，富农、中农土地占有大于等于平均数。[⑤]

---

① 李保东，王黎锋．论建国后中国土地制度的演变——基于农民土地观的分析[J]．武汉职业技术学院学报(综合版)，2007(1)：118－120.

② 包括老解放区在内，全国3亿无地少地的农民共获得4700万公顷耕地和其他生产资料。据华东、中南、西北、西南区不完全统计，在1950—1953年的土地改革运动中，除土地外，没收了地主阶级耕畜二百九十六万余头，农具三千九百四十四万余件，房屋三千七百九十五万余间，粮食一百多亿斤。资料来源：中国社会科学院，中央档案馆．1949—1952中华人民共和国经济档案资料选编：农村经济体制卷[M]．北京：社会科学文献出版社，1992：403.

③ 杜润生．中国的土地改革[M]．北京：当代中国出版社，1996：560.

④ 对部分群体可以适当地多分给其一些土地，如只有一两口人而有劳动力的贫苦农民；对于部分群体可以少分或者不分土地，如乡村中的手工业工人、小贩、自由职业者及其家属，家住乡村的人民政府与人民团体的工作人员而有薪资收入者，家住乡村而本人在外从事其他职业者等。如果这部分群体的收入可以维持生活则不分土地，如若不能维持，则少分土地。资料来源：中国社会科学院，中央档案馆．1949—1952中华人民共和国经济档案资料选编：农村经济体制卷[M]．北京：社会科学文献出版社，1992：94.

⑤ 董志凯，陈廷煊．土地改革史话[M]．北京：社会科学文献出版社，2011：145.

表 3－15 土地改革前后各个阶级的人口和耕地占有情况

阶级	改革前人口	改革后人口	改革前后人口变化	改革前耕地	改革后耕地	改革前后耕地变化
贫雇农	52.37%	52.2%	－0.17%	14.28%	47.1%	+32.82%
中农	33.13%	39.9%	+6.77%	30.94%	44.3%	+13.36%
富农	4.66%	5.3%	+0.64%	13.66%	6.4%	－7.26%
地主	4.75%	2.6%	－2.15%	38.26%	2.2%	－36.06%

资料来源：杜润生．中国的土地改革［M］．北京：当代中国出版社，1996：560.

②部分农民阶层主要生产资料占有情况得到改善。根据对 23 个省份（共计 15432 户农户）的农家调查情况，通过改革，贫雇农、中农、富农占有的生产资料数量已经超过地主。[①] 并且生产资料的占有情况在土地改革后也在一直改善（见表 3－16）。1954 年年末，根据对 18 个省份，共计 12175 户农户的调查情况，生产资料的占有量相比土地改革结束时有所上升（以土地改革结束时的 100 为基准），其中耕畜、胶轮车和大车增长最快（见表 3－17）。[②]

表 3－16 23 个省份土地改革结束时各个阶层平均每户占有主要生产资料的情况

	耕地/市亩	耕畜/头	犁/张	水车/部
贫雇农	12.46	0.47	0.41	0.07
中农	19.01	0.91	0.74	0.13
富农	25.09	1.15	0.87	0.22
地主	12.16	0.23	0.23	0.04
其他	7.05	0.32	0.38	0.06

资料来源：苏星．我国农业的社会主义改造［M］．北京：人民出版社，1980：12.

表 3－17 1954 年年末 18 个省份 12175 户个体农民生产资料占有情况

	耕地	耕畜	犁	水车	胶轮车	大车	船
贫雇农	110.3	169.4	124.0	114.4	243.8	190.4	120.2
中农	102.8	132.1	107.4	107.0	206.9	124.9	103.6

资料来源：苏星．我国农业的社会主义改造［M］．北京：人民出版社，1980：13.

（2）土地改革调动了农民的劳动生产积极性。首先，土地改革调动了

① 苏星．我国农业的社会主义改造［M］．北京：人民出版社，1980：12.

② 苏星．我国农业的社会主义改造［M］．北京：人民出版社，1980：13.

农民对农业生产本身的积极性。农民这一群体整体文化素质偏下，思维和认知具有一定的局限性，行为处事保守，但由于他们是底层的被剥削最严重的劳动者，他们也是最能吃苦的群体，土地改革打破了这种保守，使土地为农民私有，释放了这部分群体的活力。农民依附地主的关系也发生了改变，农民作为劳动者和生产资料直接结合起来，这种私有性，使农民将注意力更加集中在自己的劳动成果上，从而具有劳动生产的积极性。群众认为，以前贫农占有的土地少，不得不另外谋生，这样一来，自家的地也很难种好；如果是佃农，种地多，活儿粗，地主和佃农都不肯上粪；现在土地私有了，各自有各自的土地，大家都精心照料，上粪做活都比以前好。还有雇农反映：给地主干活的时候拼死拼活一年下来还是挨饿受冻，干活的积极性自然高不起来。①② 因此，农民拥有对土地的所有权直接影响农民的个人利益，如果农民自己不管不顾，会直接影响个人与家庭的生存。庄稼收成好的时候农民希望它更好，因此他们会想办法达到自己的这一目的；庄稼长势不好时，农民会想办法解决问题，这样一来便有了积极性。其次，调动了农民改善生产条件的积极性。由于生活条件改善或者土地所有权归属于农民自己，各地农民会主动兴修小型水利工程，或者购置一些生产工具，这样一来，便是通过技术促进了农业生产。③ 最后，土地改革使农民拥有土地（财产），使他们心中有了底气，社会地位相应提升，而社会地位的提升同样会增强农民的生产动力。

①农业总产值和主要农产品产量都实现了较大的增长。如表 3 – 18 所示，新中国成立至土地改革完成时，我国农业总产值从 1949 年的 326 亿元增长到 1952 的 461 亿元，农业总产值实现了大幅度增长，增长率高达 41.4%。如表 3 – 19 所示，我国主要农产品产量在 1949—1952 年大幅度上升，其中粮食从 11320 万吨增长到 16390 万吨，增长了 5070 万吨，增长率

---

① 黑龙江省肇源县给地主做了 32 年长工的老雇农王振堂，在土地改革以后说，“原先是给地主干活，成年地拼死拼活，到头来还是挨饿受冻，种地也就懒了性啦，铲苗时好的锄掉坏的留着，锄头砸坏乐得歇一会儿，庄稼怎么会长得好？如今多收一颗自己多落一颗，都会放满劲地往前干”。

② 苏星. 我国农业的社会主义改造[M]. 北京：人民出版社，1980：19.

③ 董志凯，陈廷煊. 土地改革史话[M]. 北京：社会科学文献出版社，2011：150.

为44.8%；棉花从44.5万吨增长到130.4万吨，增长了85.9万吨，增长率为193%；三种油料从232.8万吨增长到372.9万吨，增长了140.1万吨，增长率为60.2%；大牲畜头数从6002万头增长到7646万头，增长了1644万头，增长率为27.4%。截至1952年年底，大部分主要农产品的产量超过新中国成立时水平，也超过解放前最高水平。[①] 农业生产力的增长表现在新中国成立后至土地改革期间全国耕地面积的变化上，如表3－20所示，1949—1952年，耕地面积从9788万公顷增加到10792万公顷，总共增加了1004万公顷。[②] 加之加强田间管理，全国主要农作物的单位面积产量也在增加（见表3－21）。综合以上可以看出，经过土地改革，我国农业生产能力得到大幅度提升。

表3－18 1949—1952年农业总产值

	1949年	1950年	1951年	1952年
农业总产值/亿元	326	384	420	461

资料来源：国家统计局．建国三十年国民经济统计提要［M］．北京：中国统计出版社，1979：22.

表3－19 1949—1952年主要农产品产量

年份	粮食/万吨	比上年增长/%	棉花/万吨	比上年增长/%	花生、油菜籽、芝麻三种油料/万吨	比上年增长/%	大牲畜头数/万头	比上年增长/%
1949	11320		44.5		232.8		6002	
1950	13215	16.7	69.3	55.8	270.9	16.4	6538	8.9
1951	14370	8.7	103.1	48.8	331.5	22.4	7041	7.7
1952	16390	14.1	130.4	26.5	372.9	12.5	7646	8.6

资料来源：国家统计局．建国三十年国民经济统计提要［M］．北京：中国统计出版社，1979：55－59.

① 董志凯．土地改革与我国的社会生产力——回答对我国土改的一种看法[J]．中国经济史研究，1987(3)：84，151－161.

② 董志凯．土地改革与我国的社会生产力——回答对我国土改的一种看法[J]．中国经济史研究，1987(3)：84，151－161.

表 3-20　1949—1952 年耕地面积情况

	1949 年	1950 年	1951 年	1952 年
耕地面积/万公顷	9788	10036	10367	10792

资料来源：国家统计局．建国三十年国民经济统计提要［M］．北京：中国统计出版社，1979：48.

表 3-21　1949—1952 年主要农产品单位面积产量

年份	粮食（公斤/公顷）	棉花（公斤/公顷）	花生、油菜籽、芝麻三种油料（公斤/公顷）
1949	1030	161	647
1950	1155	183	767
1951	1220	188	771
1952	1322	234	790

资料来源：国家统计局．建国三十年国民经济统计提要［M］．北京：中国统计出版社，1979：66.

②农民积极地改善生产条件。土地改革后，不少地区向中央反映了各个地区改革前后的变化，例如，1952 年 5 月，中共中央西北局在《关于春耕生产给中央的综合报告》中提到西北区四省（自治区）① 土地改革后的情况。报告反映：今年群众劳动的积极性特别高，不仅春耕动手、翻地、送粪程序等相比之前早，作物施肥比过去多，而且掏渠、打井劲头大。农民的积极性表现在农业生产经营的各个环节。劳动的积极性还表现在，除了参与修建大型水利工程，农民会自己主动兴修小型水利工程，报告提到：陕西关中一些地方修渠、打井，男女一齐动手，昼夜不停。报告中描述的现象形象生动地体现了农民的生产热情。② 中南区土地改革委员会在同年 9 月也反映：中南地区农民不仅在施肥、锄草次数上增加，还添置了不少新式农具，如抽水机、喷雾器、改良犁等的逐渐推广。湖南地区除了反映农民收成很好外，着重提到农民对生产资料的购买力急剧上升，如调查中滨湖

① 西北区四省（自治区）指陕西省、甘肃省、宁夏回族自治区、青海省。

② 孙瑞鸢．建国初期土地改革的动因、政策和成就——对《剑桥中国史》第 14 卷有关部分的评析[J]．中共党史研究，1994(5)：43－50.

区南县滟洲乡 21 户贫雇农将购买力中的 58% 用来购买生产资料。①

③农民进行扩大再生产。表 3－22 展示了 1952 年部分地区各个阶层扩大再生产的情况，从中可以看出，1952 年，在这几个地区生产扩大的户数相比维持原状和生产缩小的户数所占比重要大得多，占比最小的是河北省藁城县系井村，但其中雇农也达到了 42.86%，贫农达到了 47.30%，中农达到了 51.25%，其他三个地区各个阶层生产扩大户数占对应阶层比重均超过了 50%，甚至在江浙两个地区达到了 80%，甚至 90%。

表 3－22　1952 年部分地区各阶层扩大再生产情况

地区	阶层	调查户数	生产扩大户数	占该阶层户数的百分比/%	维持原状户数	占该阶层户数的百分比/%	生产缩小户数	占该阶层户数的百分比/%
河北省藁城县系井村	雇农	7	3	42.86	2	28.57	2	28.57
	贫农	148	70	47.30	56	37.84	22	14.86
	中农	160	82	51.25	65	40.62	13	8.13
江苏省松江县兴隆乡	贫农	309	184	59.50	109	35.30	16	5.20
	中农	119	68	57.10	54	37.80	6	5.10
江苏省上海县大树乡第五村、第八村	贫农	47	41	87.23	6	12.77	—	—
	中农	93	89	95.70	4	4.30	—	—
	富裕中农	8	8	100.00	—	—	—	—
浙江省新昌县八和乡	贫农	121	108	90.00	12	9.00	1	1.00
	中农	230	216	94.00	12	5.00	2	1.00

资料来源：苏星．我国农业的社会主义改造［M］．北京：人民出版社，1980：15.

（3）土地改革改善了农民生活。根据 1951 年河南农村的调查生产恢复情况，农民自己说，“土地改革后一年够吃，第二年添置用具，三年有富裕”。② 非常简短的一句话足以描述出土地改革后农民生活有了很大改善。过去农民仅地租一项就要交其耕种收入的 50% 以上，除此之外，还有

① 中国社会科学院，中央档案馆．1949—1952 中华人民共和国经济档案资料选编：农村经济体制卷［M］．北京：社会科学文献出版社，1992：416－418.

② 中国社会科学院，中央档案馆．1949—1952 中华人民共和国经济档案资料选编：农村经济体制卷［M］．北京：社会科学文献出版社，1992：418.

其他环节、各种形式的剥削。土地改革后，地主阶级不复存在，农民所受的剥削与压迫也相应消失，国家对农业还有一定的帮扶。整体上看，相较以前，农民生活有很大改善。①

首先，农民的收入和消费水平都有了很大程度的提高。从表 3－23 中可以看出，新中国成立后 3 年间，农民平均每人的净货币收入由 14.9 元增加到 26.8 元。与此同时，农民的人均消费能力也大大提升，从 1949 年的 14.2 元提高到 1952 年的 24.6 元。农民收入提高、生活改善后，可以消费的物质就会丰富起来，他们不仅会增加生活物品的消费，如纸烟、茶叶等；同时也会增加生产资料的消费，为中国工业发展做出贡献。农民的购买能力也逐步提高，1951 年全国人民的购买力较 1950 年增加 25%。具体对纱布、纸烟、火柴、糖、煤油、茶叶的销售量，1951 年比 1950 年分别增加了 10%、14%、20%、44%、47% 和 70%，如表 3－24 所示。除此之外，中共中央西北局在 1952 年年底针对陕西省临潼县雨金区八乡典型户调查结果，显示出了关于农民生活改善的一些资料证据，如表 3－25 所示。

表 3－23　1949—1952 年农民人均净货币收入和人均消费水平变化情况

单位：元

年份	农民人均净货币收入	农民人均消费水平
1949	14.9	14.2
1950	18.7	17.3
1951	23.6	21.6
1952	26.8	24.6

资料来源：中国社会科学院，中央档案馆. 1949—1952 中华人民共和国经济档案资料选编：农村经济体制卷［M］. 北京：社会科学文献出版社，1992：422.

① 董志凯. 土地改革与我国的社会生产力——回答对我国土改的一种看法[J]. 中国经济史研究, 1987(3): 84, 151－161.

表 3－24　全国人民日用必需品销售情况

	纱布	纸烟	火柴	糖	煤油	茶叶
1951 年比 1950 年增加的销售量百分比	10%	14%	20%	44%	47%	70%

资料来源：中国社会科学院，中央档案馆．1949—1952 中华人民共和国经济档案资料选编：农村经济体制卷．［M］．北京：社会科学文献出版社，1992：420．

表 3－25　陕西省临潼县雨金区八乡典型户生活改善调查结果

开支明细	各个阶层开支较解放前增加的百分比
生产资料	贫雇农 294%
	贫农 518%
	中农 212%
粮食	雇农 15.5%
	贫雇农 12.2%
	中农 9.66%
其他生活资料（油、盐、肉、文化、医药等）	雇农 107%
	贫农 89.2%
	中农 51.63%

资料来源：中国社会科学院，中央档案馆．1949—1952 中华人民共和国经济档案资料选编：农村经济体制卷［M］．北京：社会科学文献出版社，1992：421．

（4）其他非经济方面的影响

①提升了农民的综合素质。随着农民经济状况的改善、生活水平的提高，农民学习文化知识的需求也日益迫切，不仅未成年人参与上学的人数增加，成年农民参加学习文化知识的人数也在增加。识字班、读报组在农村相继建立，农民学习文化知识的热情已经被点燃。[①] 除了通过上学学习文化知识，农民还注重精神层面的满足，他们组织了各种文化娱乐活动，例如很多农村地区剧团大量增加，农民自己编排创作参与其中，还有年迈一点的大爷大娘也会参加秧歌活动[②]，各种文明习俗在农村广泛宣传。农

① 中国社会科学院，中央档案馆．1949—1952 中华人民共和国经济档案资料选编：农村经济体制卷［M］．北京：社会科学文献出版社，1992：427．

② 中国社会科学院，中央档案馆．1949—1952 中华人民共和国经济档案资料选编：农村经济体制卷［M］．北京：社会科学文献出版社，1992：428．

民从封建的土地上挣脱出来，摆脱了和地主之间的依附关系，文化知识的学习、娱乐活动的滋养则真正开始将农民的思想从以往的封建桎梏中解放出来，从而真正走向文明自由。除了精神方面的改善，全国各县卫生院也在发展普及，使得农民的身体健康有了基本的保障。①

②提高了中国共产党的威望。对于文化水平偏低的农民来说，在一些事务决策上，他们往往表现得更加迷信。例如，农民收成不好时，会选择祭拜各路神仙，以求心安，但粮食有无增加，自己有没有温饱，农民内心是知道的。自从土地改革后，农民不仅得到了土地，经济上满足了家庭需要，政治上农民的社会地位一改以往受压迫的社会底层形象，成为国家的主人。相比之前经济上窘迫、政治上受压迫的困境，土地改革后农民对美好生活的愿望实现了。新中国的成立不仅为广大农民提供了一个安全、和平的环境，还在政治和经济上让广大农民翻了身，经历过这些重大事件后，中国共产党的威望和信誉在群众中自然越来越高。

2. 局限性

（1）土地向少数人集中的趋势仍然存在。土地归农民所有，初期来看，土地达到了平均分配的效果，但并没有阻止土地的流转，农民因生活问题，依然会出卖土地。因此，两极分化现象将不可避免地出现，土地仍然会呈现向少数人集中的趋势，平衡的状态很快会被打破，也即土地改革暂时性地改变了土地占有的不平衡状态，但并没有消灭产生这种不平等的机制。②

（2）由于生产资料分散难以充分发挥土地效力。一方面，对于农民来说，难以发挥规模效应。首先，农民虽然拥有了土地，但其他生产资料还存在不同程度的短缺，致使土地的生产效力难以充分发挥，对于部分农民来说，还是无法维持正常生产活动、满足基本生活需求；其次，生产资料

① 董志凯，陈廷煊. 土地改革史话[M]. 北京：社会科学文献出版社，2011：153.

② 武力. 过犹不及的艰难选择——论 1949—1998 年中国农业现代化过程中的制度选择[J]. 中国经济史研究，2000(2)：87－98.

分散的小农经营模式下难以集中力量发展一些先进农具①以及规模较大的农业基础设施建设，因此，当遇到自然灾害时，农户的抵御能力十分不足②；最后，农民拥有了独属自己的小块土地的劳动经营方式，意味着农民生产的成果全部属于自己所有，每年收获的成果一部分用于生产资料的消耗，一部分用于消费，剩下的一小部分则用于积累储备或社会需要，而积累储备最终也是用于个人需要。③ 小农经济独自经营模式下，生产数量本来就相对不足，难以形成规模效应，而用于个人消费的部分又占了多数，因此，用于生产扩大的部分十分有限。在《资本论》中，马克思也指出，“小块土地所有制按其性质来说就排斥社会劳动生产力的发展、劳动的社会形式、资本的社会积累、大规模的畜牧和科学的不断的扩大的应用”。“生产资料无止境地分散，生产者本身无止境地分离。人力发生巨大的浪费。生产条件日趋恶化和生产资料日益昂贵是小块土地所有制的规律。对于这种生产方式来说，好年成也是一种不幸。”④ 另一方面，对于国家来说，由于土地分散难以充分发挥土地效力，形成的农业剩余不能尽快发挥对国家工业的支持的作用。⑤

（3）农业增长的速度不足以支撑工业化目标。由于生产资料短缺，在当时社会条件下农民单独生产经营的方式无法实现很高的农业生产量，这样的经营方式影响了农业生产效率。而农业作为中国之本和工业之基，在工业生产中占据相当重要的位置。农业生产不仅影响人民基本吃饭问

---

① 购买新式农具和农业机器对于单个农民来说并不划算。例如，购买一台双轮双铧犁，1953年的价格是100元左右，如果贫雇农或中农想要购买这种农具，需要两三年的资金积累。但是购买一台双轮双铧犁后，还需要用两头较强的耕畜来牵引，因此，农户还要继续积累资金购买耕畜。如果具备以上条件，一台双轮双铧犁要想充分发挥效率必须耕种200亩左右的土地，在每个农户只有十几亩土地的条件下，使用这种农具是十分不划算的。资料来源：苏星．我国农业的社会主义改造[M]．北京：人民出版社，1980：31.

② 陈晓枫，陈瑞旭．新中国70年农地经营权制度演进的逻辑与经验[J]．马克思主义与现实，2020(1)：155－162. DOI：10.15894/j.cnki.cn11－3040/a.2020.01.027.

③ 苏星．我国农业的社会主义改造[M]．北京：人民出版社，1980：13.

④ 苏星．我国农业的社会主义改造[M]．北京：人民出版社，1980：29.

⑤ 武力．过犹不及的艰难选择——论1949—1998年中国农业现代化过程中的制度选择[J]．中国经济史研究，2000(2)：87－98.

题，更影响工业的发展速度和质量，而这对于当时我国的国际政治地位和国家安全十分重要。如表 3－26 所示，1949—1954 年，农业总产值占工农业总产值的比重过半，工业生产中农产品参与的部分约占工业总产值的 50%，约占轻工业产值的 80%。正因为农业作为原材料在工业生产中占的比重较大，农业的增长速度在一定程度上决定着工业的增长速度，农业的增长速度快时，工业发展也较好，当农业衰退时，工业也不可避免地开始降速。工业的发展从表面上看反映了农业的发展情况，其实更深层次地暴露了当时农业生产经营方式的落后。①

表 3－26　1949—1954 年农业总产值占工农业总产值的比重

年份	1949	1950	1951	1952	1953	1954
农业总产值占工农业总产值的比重	70.0%	66.8%	61.4%	56.9%	53.1%	50.9%

资料来源：国家统计局．建国三十年国民经济统计提要［M］．北京：中国统计出版社，1979：23.

（二）农村互助合作时期农地制度实践及影响（1953—1978 年）

1. 劳动互助时期农地制度实践及影响

（1）积极实践及影响

①互助劳动时期的土地制度有利于提高生产效率、增加农民收入。一方面，互助合作劳动的优越性体现在生产资料的互补方面。互助劳动时期的土地所有权仍然归农民所有，但经营方面已经有了一定范围和程度的互助合作，这种土地制度下的劳动方式突破了小农经济的劳动范式，开始了家庭之间的合作互助劳动，互相弥补了生产资料的不足，降低了单个农户经营的交易成本，可以实现自己的利益，达到了维持生产生活的目的。由于互助组土地仍然归农民所有，互助劳动后的成果即农产品归个人所有，

① 苏星．我国农业的社会主义改造［M］．北京：人民出版社，1980：34.

互助组农民相比个体经营会有更高的劳动积极性。而且这种劳动互助是建立在自愿基础上的，农户可以自行退组，这样会让互助组的成员彼此产生联系和制约。例如，部分农户想偷懒，但考虑到自己缺少某些生产资料，偷懒的行为有可能让拥有这些生产资料的农户察觉到，而退出互助劳动，那么对于自己来说得不偿失，会影响自己的生活和生存，这样一来，这些原本想要偷懒却缺乏生产资料的农户就不敢懈怠。也就是说，选择入组的很多农户是因为互助劳动得到的收益要大于自己单干①时的收益，因此在互助组里，更多的关系是一种相互牵制的关系，能够起到彼此约束的作用。② 另一方面，互助合作劳动的优越性体现在劳动力的合理搭配方面。农户在单独生产经营时，往往很难应付大量农活，但是劳动力充分时，就可以根据农时轻重缓急适当安排劳动力，并且劳动力也分全劳动力和半劳动力，有些劳动半劳动力可以辅助全劳动力，不仅可以充分利用半劳动力，也可以提高全劳动力的生产效率。③ 劳动力的合理搭配体现的是集体经营的优越性。通过实际调查（见表3-27），也可以得出互助组劳动成果大于单干的结论，通过对表3-27中5个省13个乡的典型调查发现，互助合作方式生产的农产品产量要优于单干，并且常年互助组产量不仅大于单干，也大于临时互助组，常年互助组迸发出了更强的生命力。通过产量上的表现可以得出互助合作优于单干的结论，在收入表现上仍然可以得出类似结论。如表3-28所示，从对其他4个省27个乡的典型调查结果来看，互助组的收入也要好过单干获得的收入，并且常年互助组的收入表现情况更优。

① 入组会农户没必要购买自己缺少的生产资料而节约成本。

② 易永锡. 中国当代农地制度研究[M]. 哈尔滨：黑龙江人民出版社，2010：69.

③ 苏星. 我国农业的社会主义改造[M]. 北京：人民出版社，1980：96-97.

表 3－27　1953 年对 5 省 13 乡的典型调查

地区	个体农户（主粮市斤/亩）	临时互助组		常年互助组	
		产量（主粮市斤/亩）	比个体农户高/%	产量（主粮市斤/亩）	比个体农户高/%
河南省 9 个乡	220	229	4	247	12
湖北省、湖南省、江西省 3 个乡	441	—	—	622	41
福建省小螺乡	245	321	31	358	42

资料来源：苏星．我国农业的社会主义改造［M］．北京：人民出版社，1980：100.

表 3－28　1953 年 4 个省 27 个乡的平均每人收入

地区	个体农民主粮/市斤	临时互助组		常年互助组	
		平均每人主粮/市斤	比个体农民高/%	平均每人主粮/市斤	比个体农民高/%
湖南省、湖北省、江西省 10 个乡	1184	1329	12	1455	23
陕西省老区 4 个乡	767	780	1	989	29
陕西省平原区、陕南山区 13 个乡	914	922	0.9	1110	15

资料来源：苏星．我国农业的社会主义改造［M］．北京：人民出版社，1980：101.

②实行互助劳动更加有利于农民精耕细作。原因在于，一方面，可以提高农业生产技术水平，提高劳动生产效率。原本生产资料短缺的农户由于加入互助组以后，节约了一部分成本，最后收益增加了，剩余利润便会增加，在互助组集体中组员如果都有扩大再生产的愿望，就会用积累的财富购买集体中短缺或更先进的农用工具，从而提高农业的生产效率。有些新式农具，单干户不仅因为资金的问题无法拥有，也因为单干使用起来并不划算，只有使用率高的时候才能产生规模效益。① 另一方面，互助组组织起来以后，人们集思广益，就会有更多更好的农业耕作方法，采用更有效率的工具或设备，并且有些问题个体是无法单独解决的，只有组织起来才能解决。例如，消灭山害、开渠引水改变土质、割柴防霉等，必须统一

① 苏星．我国农业的社会主义改造［M］．北京：人民出版社，1980：98.

组织力量，否则没有效果。[①] 1951 年福建省南平专区 16 个互助组粮食每亩平均产量达到 321 斤，超过个体农民同一数据的 15%，如表 3 - 29 所示，增产的主要原因就是精耕细作，提高了耕作技术。[②]

表 3 - 29 1951 年福建省南平专区 16 个互助组情况

项目	互助组	个体农户	互助组超过个体农民
施肥（每亩平均）	6 担	4 担	50%
犁田	2.3 遍	1.8 遍	27%
耙田	2.4 遍	2.0 遍	20%
锄田	2.3 遍	1.8 遍	28%

资料来源：苏星. 我国农业的社会主义改造 [M]. 北京：人民出版社，1980：99.

③互助劳动有利于农民发展副业。农户单干时在农业生产基础上发展副业往往心有余而力不足。但是参与互助以后，伴随着农业生产成本的降低、农业生产效率的上升，农民收入也有所增加，互助组内的组员可以用资本积累去发展副业，并且节省出来的劳动力也为发展副业提供了劳动力条件。农业和副业的紧密结合也有利于互助组的稳定持久，常年互助组便多是农业和副业相结合。据 1950 年中共山西省委武乡县的农村调查情况，互助组织起来的地方相比之前，其卖地发生的概率也会降低。而土地的稳定性无疑也会更有利于发展农业和副业。[③]

（2）局限性

①互助合作的劳动方式难以形成规模效益。由于农业生产互助组是土地和生产资料私有，农民拥有小块土地，各自分散经营，虽然有一定程度的互助合作，但是总体而言难以产生规模效益，集体劳动的效能得不到充分发挥。[④] 首先，由于前一个阶段是基本平均分配土地，每户农民拥有的只有一小块土地，在自己仅有的土地之上，农民希望实现自给自足，可现实是土地质量不同，土质、日照以及湿度情况很难达到一致，因此，适宜

① 苏星. 我国农业的社会主义改造[M]. 北京：人民出版社，1980：98.
② 苏星. 我国农业的社会主义改造[M]. 北京：人民出版社，1980：99.
③ 苏星. 我国农业的社会主义改造[M]. 北京：人民出版社，1980：100 - 102.
④ 苏星. 我国农业的社会主义改造[M]. 北京：人民出版社，1980：103.

种植的粮食就不同，但是人对于粮食的基本需求是共同以及具有刚性的，难以根据土地情况的不同调整自己的需求，例如，人可以不吃某种蔬菜，但是不能没有主食。那么农户就会选择不顾土地差异，照顾自己的生活需求。无疑这是农户从个人角度出发的理性选择，但是它不能使土地的使用效益得到充分发挥，不具有经济效益，因此难以产生规模效益，只有在不同土地上种植适宜的粮食作物，才能更好地发挥土地效能，增加产量。其次，达成互助合作的农户之间不一定相邻，往往相隔甚远，农户们想要进行互助，需要每日往返奔波，浪费了大量时间和精力，巨大的成本付出也会让农民们感觉心有余而力不足。基于以上两方面分析，无论是农户自己在土地上的劳作，还是和他人的合作，都存在着集体劳动的效能发挥不足的情况。

②互助劳动缺少契约精神，容易引起贫富差距。这种互助劳动的产生一定是基于农户自身需要，起到相互帮助的作用，主要出发点是利己性，自己需要为自己争取所需的利益，如果农户一方认为互助合作已经暂时满足了自己的利益，但另一方认为其需要尚未得到满足，还需要互助合作，这时就会影响互助劳动的持续进行，因此，互助组不具有长期稳定性。实践中，经常出现组员跳组、退组、重新分组的现象，往往是“春满、夏散、秋一半”的状态，由于合作建立在“自愿”基础上，并且生产资料属于农民所有，当一方需要已经满足，不愿再接受互助合作方式，互助合作整体中另一方也只能接受，而这个整体中并没有一个可以领导的第三方进行协调，制订一个整体利益最大化的方案。这在一定程度上体现了土地和其他生产资料私有和集体劳动之间的矛盾。由于存在一些公共财产，常年互助组成为互助组里面比较稳定的形式，这其实恰恰是对互助组这种形式的否定，而非肯定，因为这种稳定状态肯定了公共积累的优势，它表明，常年的集体劳动决不能长期地建立在生产资料私有制的基础上。[①] 再者，生产资料丰富而缺少一定劳动力的农户可能会产生各种方式的剥削行为，

① 苏星.我国农业的社会主义改造[M].北京:人民出版社,1980:105.

无偿占用别人的劳动，如买地、放高利贷等，造成一定的贫富差距，违背了农业社会主义改造的目的。

③生产资料的私有阻碍了农具的更新换代。由于土地和生产资料的私有，对于个体农民而言，添置一些耕畜和农用工具难以负担。有些互助组所在村里有新式农具可供使用，但由于个人拥有的畜力不配套，先进的生产工具也只能闲置，而要想使用这些新式农具，必须得购买配套牲畜才能配合一起劳动，但是对于个体农户来说，即使有余钱购买牲畜，也难以有余力购买牲畜所需要的谷草和麦草。①

④互助劳动形式缺乏整体规划。中共河南省鲁山县委曾在 1952 年 10 月报道了辛自修互助组的情况，提到过互助组劳动过程中的一些矛盾，如耕地时的先后顺序、锄地先给谁家锄等问题。喂牛户先耕自己的地时，无牛户就会心里不满；锄地时，大家都想早锄自家的地；收割时，大家都想迟点收割，让庄稼长得成熟些。这些问题出现的原因在于，大家都是分裂的个体，在合作时只想满足自己的目标利益，考虑自己的需求是否得到满足，而不是作为一个整体来考虑整体利益最大化，因此，在谁先谁后上会有矛盾摩擦。如果是农业生产合作社形式，具有一定的集体性，无论是劳动力还是土地，都可以安排得更加合理。打破地界，由集体根据土质划分不同的生产区域，使不同质量的土地的效用最大化，这样就避开了个体利益和集体利益的矛盾，将部分人的利益变得一致，可以根据集体利益最大化作出有利于集体的安排。②

2. 初级合作化时期农地制度实践及影响

（1）积极实践及影响

①合理利用土地，从而提高农业生产效率。从土地面积上说，在农业

① 陕西王莽村中有 18 张步犁，但互助组却无人使用，究其原因，无人使用不在于农具不好，而在于现有的“牲口小，拉不起”，如果换个大点的牲口就可以解决拉得起农具的问题，但牲口虽买得起，却“飘不起，喂不起”。资料来源：苏星．我国农业的社会主义改造［M］．北京：人民出版社，1980：103－104.

② 中国社会科学院，中央档案馆．1949—1952 中华人民共和国经济档案资料选编：农村经济体制卷［M］．北京：社会科学文献出版社，1992：576.

合作化时期，集体会对土地进行统一规划、统一经营，这样更有利于土地的集约利用和合理安排，农户个体利用的小块土地经过统一安排变成了大块，减少了地界地角，增加了耕地面积，避免了新式农具因土地面积狭小而导致最终无法操作的困扰，便于使用更为先进的农具，采用合理的轮作制度，从而提高耕作效率。从土地利用效用上说，以前农民在自有的小块土地上种多种粮食的做法得到改善，农业生产合作社会根据土质进行考量安排，这样不仅能最大化土地的效用，也能发挥规模效益。农民们都说，“土地改革使人翻身，入社地翻身”“单干是牛车，互助是汽车，合作社是火车”。河北邯郸、通县两个地方共计 175 个社，绝大部分有了不同程度的增产，其中增产 1 倍以上的有 17 个，增产 0.5 ~1 倍的社有 37 个，增产二成到三成的社最多，共有 106 个，约占到总体的 61%，增产一成到两成的社最少，只有 10 个。① 并且，由于初级农业生产合作社建立在不触碰所有权的基础上，其统一安排和使用生产资料，相比互助组，初级农业生产合作社的组织化程度高、计划性强，规模经济效益发挥得更好，因此有利于国家战略的导向安排。② 1955 年，全国进行秋收分配的合作社是 634000 个，如表 3 -30 所示，这些合作社的农产品产量和个体农民相比绝大部分都有不同程度的提高③，和互助组相比，农业生产合作社的产量也更具优势。1953 年来自山西省委农村工作部的调查中，在 2240 个农业生产合作社中，其中有 89% 的合作社单位面积产量比当地互助组高。其中粮食高 21%，棉花高 35.8%。④

表 3 -30　全国合作社和个体农户的农产品平均单位面积产量

作物种类	合作社/市斤	个体农民/市斤	合作社较个体农民增产的百分比/%
稻谷	388.9	352.9	10.2
小麦	120.4	112.1	7.4

① 中国社会科学院，中央档案馆. 1949—1952 中华人民共和国经济档案资料选编：农村经济体制卷[M]. 北京：社会科学文献出版社，1992：719，721.

② 曾令秋. 新中国农地制度研究[M]. 北京：人民出版社，2011：62.

③ 苏星. 我国农业的社会主义改造[M]. 北京：人民出版社，1980：123.

④ 苏星. 我国农业的社会主义改造[M]. 北京：人民出版社，1980：124.

续表

作物种类	合作社/市斤	个体农民/市斤	合作社较个体农民增产的百分比/%
大豆	130.8	109.9	19.0
棉花	41.8	33.2	25.9
黄麻	317.8	330.9	-4.0
烤烟	169.9	157.0	8.2
甘蔗	5943.0	5425.7	9.5
甜菜	1797.4	1719.7	4.5
花生	207.3	177.8	16.6
油菜籽	71.7	65.0	10.3

资料来源：莫曰达．我国农业合作化的发展［M］．北京：中国统计出版社，1957：96.

②统一使用劳动力，调动劳动者积极性。由于农业生产合作社能根据生产需要统一使用劳动力，根据农民的劳动能力科学合理地安排劳动，使不同差别的劳动力各司其职、各显其能，能发挥不同劳动力的最大效能，避免了以前农户需要一天在几地之间来回往返进行互助的情况，减少了劳动力的无用损耗，农民腾出更多的时间交给自己。因此，这不仅可以调动劳动者的生产积极性，还能提高劳动生产效率，劳动成果的增加反过来又会进一步提高劳动者的积极性。1952 年，据中共山西省农村工作委员会报告的有关农业生产合作社的情况，很多地方都由于入社而实现了合理分工，节省了更多的劳动力用于其他地方①。由于社内实行按劳计酬，多劳可以多得，并且男女同工同酬，妇女的劳动积极性也被激发起来，有些地区甚至成立了农忙托儿所，以便更多妇女参加劳动。社员们普遍反映：以前干活是组长找组员，现在是社员找社长。这句话非常直接地反映了合作社成立前后农民劳动积极性的变化。②

① 平顺 11 个社由于抓粪、滴籽等程序都设有专人负责，达到了省工 1880 个；洪洞刘洪玉社种棉花 255 亩，每亩用 6 个工，互助相比组和单干户，分别要省工 4 个和 6 个，省工几乎一半。资料来源：中国社会科学院，中央档案馆．1949—1952 中华人民共和国经济档案资料选编：农村经济体制卷［M］．北京：社会科学文献出版社，1992：723.

② 中国社会科学院，中央档案馆．1949—1952 中华人民共和国经济档案资料选编：农村经济体制卷［M］．北京：社会科学文献出版社，1992：723.

③公共财产的积累有利于提高农业生产的整体配置、克服生产困难。部分地方集中力量集资、修渠，提高了耕作土地的整体配置，有利于扩大农业再生产①。表3－31是辽宁省1955年合作社和个体农户使用生产资料的总体调查情况，从表3－31中得知，合作社由于一些公共积累，相比个体农户来说，更有能力负担新式农具和役畜等生产资料，从而新开荒地情况也会更好②。个体经营时，由于个人无能力单独进行修渠等工程量大、资金需求大的活动，也因为个人资源有限，个人一般不愿意投入土地或资金进行尝试。但是入社后，这一缺陷就会得以弥补，合作社集合各方资金和智慧，分担了单个农民不能承受的压力和风险。反过来，集体耕作的生产量上去了，也会对个人产生影响，使个人突破保守思维，大胆创新，思维的提升对于产量的提升也会有所帮助。农业生产合作社还有利于副业发展，副业的发展会增加农民收入，有利于资本的积累，合作社可用剩余资金购买短缺的生产资料，因此副业反过来又会帮助农业生产的发展。

表3－31 辽宁省合作社和个体农户使用生产资料对比

	推广的新式农具（52000件）	饲养的马、骡头数占役畜总数的比重/%	大车、胶皮轮车占比/%
个体农户使用占比	—	12.1	10.0
合作社使用占比	89.5	34.9	20.3

资料来源：苏星．我国农业的社会主义改造［M］．北京：人民出版社，1980：122.

④农民生活水平的改善。劳动者积极性以及农业生产能力的提高，会提高农民的收入水平，从而使得农民的生活有所改善。根据1952年3月中共中央山东分局农村工作委员会调查组的结果，山东广饶县三柳树村农业生产合作社很多农户的生活达到了“耕一余一”的水平，自建社以来，公

① 根据山西省长治专区1951年成立的10个合作社统计数据，利用剩余劳动力2500多个，修地堰1100余丈，开渠道370丈，改良土壤341亩，并集资贷款购买农具177件、耕畜18头。这些是单干和互助组做不到的。资料来源：中国社会科学院，中央档案馆．1949—1952中华人民共和国经济档案资料选编：农村经济体制卷［M］．北京：社会科学文献出版社，1992：724.

② 新开荒地按每一百户平均计算，合作社是1.58垧，个体农户是0.71垧。资料来源：苏星．我国农业的社会主义改造［M］．北京：人民出版社，1980：122.

房盖了27间、私房37间，很多农民更是添了新衣，一般农民的衣服种类也变得更丰富。① 1955年，根据全国24个省（自治区）共计16199户农户的调查情况，当年各类农户的收入情况如下：社员户的总收入情况比调查户总体的总收入情况差一些，但是纯收入情况却相反，社员户的纯收入要好过调查户的情况，这说明入社以后确实可以在一定程度上降低成本，发挥规模效益。1955年参加秋后分配的农业生产合作社社员大部分由贫农和下中农组成，对比表3-32中社员户和贫农、下中农的纯收入情况，社员户的纯收入情况比下中农略好，并且要远远好过贫农，这在一定程度上说明入社后对贫农和下中农的收入是有所改善的。②

表3-32 1955年全国24个省（自治区）农户收入调查情况 单位：元

	总收入		纯收入	
	每户平均	每人平均	每户平均	每人平均
调查户合计	487.4	102.9	379.3	80.1
社员户	463.5	94.1	399.7	81.1
个体户	498.2	106.4	374.8	80.0
贫农	355.6	85.2	274.9	65.9
中农	545.1	111.0	408.3	83.1
下中农	484.0	105.0	367.3	79.6
上中农	660.0	124.1	489.1	92.5
富农	633.7	126.1	458.0	91.2
地主	402.0	93.7	304.2	70.9

资料来源：苏星．我国农业的社会主义改造［M］．北京：人民出版社，1980：125.

参加农业生产合作社社员的收入情况不仅要好过个体农户中贫农和下中农，也比互助组组内农民的收入情况要好。表3-33是来自湖北、湖南、江西3个省共10个乡的三种劳动形式的农户收入对比情况③。可以看出，农业生产合作社农民的收入情况不仅要好过个体农民，也要好过互助组，

① 中国社会科学院，中央档案馆．1949—1952中华人民共和国经济档案资料选编：农村经济体制卷［M］．北京：社会科学文献出版社，1992：727.

② 苏星．我国农业的社会主义改造［M］．北京：人民出版社，1980：125.

③ 苏星．我国农业的社会主义改造［M］．北京：人民出版社，1980：126.

合作社中贫农、中农、富裕中农分别比临时互助组中各个阶层的农民高24.4%、7.3%和5.4%；比常年互助组中各个阶层的农民收入也要高出不少，具体对应数据为8.2%、2.5%和6.1%。

表3－33　湖北、湖南、江西三省10个乡三种劳动形式的农户收入对比

阶层	个体农户平均每人收入/粮食市斤	临时互助组		常年互助组		农业生产合作社			
		平均每人/粮食市斤	比个体农户高/%	平均每人/粮食市斤	比个体农户高/%	平均每人/粮食市斤	比个体农户高/%	比临时互助组高/%	比常年互助组高/%
贫农	955	1126	17.91	1295	35.60	1401	46.70	24.4	8.2
中农	1214	1371	12.93	1435	18.10	1471	21.16	7.3	2.5
富裕中农	1634	1655	1.28	1644	0.61	1745	6.79	5.4	6.1

资料来源：苏星．我国农业的社会主义改造［M］．北京：人民出版社，1980：126.

⑤阶级分化的趋势有所遏制。以吉林省扶余县七家子村、合成村、翻身村为例，从表3－34中显示的数据来看，这些村在土地买卖、雇工以及借债方面都体现了资本主义自发势力的逐年减弱趋势。

表3－34　吉林省扶余县3个村阶级分化情况

种类	各个年份阶级分化情况
土地买卖	1950年：卖地17户，卖地十一垧
	1951年：卖地9户，卖地十一垧半
	1952年：卖地11户，卖地十四垧零八亩
	1953年（合作社成立后）：无卖地
雇工	1950年：雇工14户，被雇用5人
	1951年：雇工38户，被雇用43人
	1952年：雇工26户，被雇用28人
	1953年：雇工5户，被雇用5人
	1954年：无雇工
借债	1950年：放债60户，放粮60860斤，借粮107户
	1951年：放债43户，放粮51600斤，借粮74户
	1952年：放债33户，放粮32600斤，借粮63户
借债	1953年：放债16户，放粮20640斤，借粮29户
	1954年：放债4户，放粮2880斤，借粮5户

资料来源：苏星．我国农业的社会主义改造［M］．北京：人民出版社，1980：126.

⑥农业生产合作社的成立，进一步激发了农民的学习热情。这主要是因为入社的成员有认工票的需求，以便了解自己的劳动报酬，因此很多社员想要学习基本的识字和算术，还有一些要求更高的社员想要通过学习进一步研究农业生产技术。[①]

（2）局限性

初级合作社成立之初解决了互助组出现的部分问题，因此，这种组织形式在短时期内更多地凸显的是它的优越性，但时间一长，也暴露出了一些问题。

①土地私有和土地报酬会抑制无地少地群体的积极性。缺乏积极性的群体主要是贫农和下中农，由于有地的农民入社可以得到股份，获得土地报酬，随着生产的发展，有地农民获得的相应的土地报酬就会更多，这也会让土地多的农民产生消极懈怠的情绪，同时会影响无地少地农民的劳动积极性。[②]

②土地私有妨碍了新式农具的使用和农田基本建设。[③] 部分地方反映想要开展修水坝、修大道等基本建设，提高农业生产中农作物抵御自然风险的能力，提高农作物的存活率，从而进一步提高农业生产效率，但提高农田的基本建设需要占用农民自己的地，由于土地私有，就会使公共利益和个人利益之间产生矛盾，农民们都不想因公共利益损害个人利益，对此有抵触情绪，因此，农田基本建设的阻力时常存在。并且，由于土地私有，土地被小块分割，连不成片，农民们普遍反映在使用新式农具时多有不便，甚至不如使用旧农具有效率。因此，土地私有不仅妨碍了农田基本建设，也阻碍了农民使用新式农具进行农业生产，最终影响了农业产量。

③耕畜、农具私有影响了合作社的扩大再生产以及生产资料使用效能的充分发挥。[④] 农民为合作社提供自己的耕畜、农具，因此，合作社会付

① 中国社会科学院，中央档案馆. 1949—1952 中华人民共和国经济档案资料选编：农村经济体制卷[M]. 北京：社会科学文献出版社，1992：729.

② 苏星. 我国农业的社会主义改造[M]. 北京：人民出版社，1980：128.

③ 苏星. 我国农业的社会主义改造[M]. 北京：人民出版社，1980：130.

④ 苏星. 我国农业的社会主义改造[M]. 北京：人民出版社，1980：130.

给农民相应的报酬，获得报酬后，农民不一定会继续购买生产资料，而可能考虑自己的实际需求，那么能够给合作社提供耕畜、农具的社员就有可能减少。再者，给予农民的报酬是固定的，因此，农民在有余力的情况下，也不愿意让自己提供的耕畜、农具多出力，担心过度耗损。

3. 高级农业合作化时期农地制度实践及影响

（1）积极实践及影响

①土地由农民私有变为集体所有，组织性、计划性更强，有利于国家集中力量对焦国家亟须完成的事项，符合国家工业化战略目标，保证了“统购统销”政策的执行，国家利用“剪刀差”加速资金积累，从而服务于我国社会主义工业化目标。[①] 如表3－35所示，根据对8个省（自治区）共176个高级农业生产合作社的典型调查，1956年和上一年度相比，农副业生产总值均有了不同程度的增长：其中增长最少的省份也在17%以上，更有省份达到30%以上。[②] 但需要注意的是，1956年和1954年的粮食产量分别为3650亿斤和3209亿斤，前者比后者要多441亿斤，这还是在1956年发生的水灾比1954年严重的前提之下[③]，同时，1956年的粮食产量也比丰收年的1955年多154亿斤。这一数据可以说明：在高级农业生产合作化时期，农田水利建设发展迅速，为农业生产量的稳定及提高提供了一个长久保障。[④]

表3－35　176个高级生产合作社的产值调查

省份	调查社数	1956年产值比1955年增加/%
山西	6	17.21
甘肃	24	36.86
新疆	5	32.81
陕西	10	28.97
河南	89	17.83

① 曾令秋.新中国农地制度研究[M].北京:人民出版社,2011:63.

② 苏星.我国农业的社会主义改造[M].北京:人民出版社,1980:150.

③ 1956年水灾面积是两亿四千多万亩,1954年水灾面积是一亿六千万亩。

④ 苏星.我国农业的社会主义改造[M].北京:人民出版社,1980:151.

续表

省份	调查社数	1956 年产值比 1955 年增加/%
安徽	19	18.72
湖北	15	18.64
湖南	8	17.43

资料来源：苏星．我国农业的社会主义改造［M］．北京：人民出版社，1980：150.

②取消土地报酬有利于提高农民的劳动积极性和增加公共积累。第一，在高级农业生产合作社时期取消土地报酬，实行按劳分配，使劳动成为分配的首要要素，有利于提高农民的劳动积极性。初级合作社时期，一部分是回报社员土地报酬，另一部分是回报社员提供的劳动力报酬，这种分配方法使很多土地多的社员不用怎么劳动，就可以获得相当可观的报酬，使多地农民社员容易产生消极怠工的情绪，而主要依靠劳动获得报酬的无地或少地的贫农、下中农拼命劳动，但总体效果不佳的时候，他们的劳动信心就会受到打击。高级农业生产合作化时期实行按劳分配，无疑是在初级农业生产合作化时期的分配基础上做出了改进。[①] 取消土地报酬的方式不仅使无地少地农民的劳动积极性得到有效激发，更使得之前有懈怠情绪、主要依靠土地获得报酬的社员一改之前的状态，全社上下都呈现出一种积极向上、积极劳动的氛围，更甚者，由于实行的是按劳分配，农民会积极想办法改进生产技术手段和生产方法。因此，高级农业生产合作化时期取消土地报酬后实行的按劳分配不仅有利于调动农民的劳动积极性，还有利于促进农民开发创造性思维，最终利于农业生产发展。据统计资料，山西省在1956 年，也即高级农业生产合作社成立的第一年，全省农民的劳动积极性都十分高涨，出勤率和出勤日数相比成立高级社之前提高不少。全省男劳力的出勤率高达 90%，女劳力的同一数据为 70% 以上，男劳力和女劳力的出勤率分别比过去高出约 10%、30% ~40%。在出勤天数的表现上，男劳力和女劳力也相比过去有所提高，分别提高了 25% 和 1 倍。[②] 第二，取消土地报酬后，农民个体失

① 苏星.我国农业的社会主义改造[M].北京:人民出版社,1980:144.

② 苏星.我国农业的社会主义改造[M].北京:人民出版社,1980:149.

去了土地报酬这部分收入，但相应地，这样有利于集体增加公共积累，因此，集体中使用新式农具和农业机器的概率相比之前也会更高。表 3 – 36 是上海市郊区宝北高级农业生产合作社成立前后农具、农业机器拥有量对比情况，除了农船的数量变化较小，其他农具农器都增加不少。①

表 3 – 36　上海市郊区宝北高级农业生产合作社成立前后农具、农业机器拥有量对比

农具名称	高级农业生产合作社成立前数量	高级农业生产合作社成立后第一年数量
犁/张	1	24
农船/条	3	5
脱粒机/台	3	12
水车/部	18	24
喷雾器/架	0	8

资料来源：苏星. 我国农业的社会主义改造［M］. 北京：人民出版社，1980：148.

③高级农业生产合作社开展以后土地公有，有利于农田基本建设、增强农民抵御自然灾害的能力。土地公有以后，以前小块土地的分散问题就能得到部分解决，因为分散的土地妨碍了新式农具的使用，也妨碍了农田基本建设水平的提升。而土地公有以后，个人利益和集体利益没有土地私有时那么尖锐的矛盾冲突，大家都会想如何能够促进整体的劳动生产，而不用担心自己的土地被侵占影响自己的土地报酬，从而阻碍集体想要进行农田基本建设的意志。山东省莒南县厉家寨大山农业生产合作社成立高级社以后，努力改造农业生产环境，改河道、凿岭头、填水沟，经过五个多月的奋战，战绩斐然。把上千块零碎土地整成一百一十八块大田，扩大了耕地面积②，也有利于新式农具的使用和农业生产技术的更新。③

④生产资料公有，可以在更大的范围内提高耕作技术。生产资料私有时，农民会担心自己的生产资料受到损耗，更担心由于生产中的“创新”使自己陷入无法承担的风险之中，因此个体难免会产生不想完全付出的心

① 虽然以下只反映的是局部地区高级社的增长情况，但是高级社成立后，生产资料增加趋势是普遍的。资料来源：苏星. 我国农业的社会主义改造［M］. 北京：人民出版社，1980：148.

② 扩大耕地面积 192 亩，山坡变成了平原，沟底变成了良田。

③ 苏星. 我国农业的社会主义改造［M］. 北京：人民出版社，1980：147.

态。生产资料公有以后，其使用由集体负责，站在集体利益的角度安排劳动，有利于改变不合理的生产安排，有利于整体效益的发挥，生产率提高后的收入可以用来扩大再生产，而生产资料私有情况下，大家保守付出再加上无法整体安排，因此，即使有剩余利润的情况下，也无法让个人和集体产生进行更多技术改进、扩大再生产的想法，没有足够的创新底气。社员们表示，“单干时力量小，水源差，肥料缺，怕秋干，怕虫害，怕瘦年，要是出了差错，小户小家怎么背得起呢?”“有了合作社这个靠山，学习新技术的胆子就大了”。①

⑤高级社的成立增加了社员收入。1956 年，从 22 个省共计 1030 个高级农业生产合作社的收入增减调查情况来看（见表 3 -37）：无论是否包括灾区，增收户的比重都是三者中最大的，包括灾区，增收户占总户数将近 70%；不包括灾区占比更大，达到 72.62%。

表 3 -37　1956 年 22 个省 1030 个高级农业生产合作社收入增减调查

	调查社数	总户数	增收户占总户数的百分比	平收户占总户数的百分比	减收户占总户数的百分比
包括灾区	1030	355990	69.80%	7.40%	22.79%
不包括灾区	989	335505	72.62%	7.66%	19.72%

资料来源：苏星．我国农业的社会主义改造［M］．北京：人民出版社，1980：151.

根据20 个省 564 个社的各个阶层社员的收入调查情况，及表 3 -38 和表 3 -37 的对比，可以看出，总体趋势依然是增收户占了大半壁江山。从表 3 -38 中可以看出，贫农和新下中农增收户占比最多，分别达到 69.34% 和 72.89%，同时这两个阶层的社员也是户数最多的，也就是说，总体上贫农和新下中农的收入提升感最强，那么社员之间的收入差距就会有所缩减。

表 3 -38　20 个省 564 个社的各个阶层社员的收入增减调查情况

	总户数	增收户占总户数的百分比	平收户占总户数的百分比	减收户占总户数的百分比
总计	195354	67.53%	4.38%	28.09%

① 苏星．我国农业的社会主义改造[M].北京:人民出版社,1980:148.

续表

	总户数	增收户占总户数的百分比	平收户占总户数的百分比	减收户占总户数的百分比
贫农	65394	69.34%	4.13%	26.53%
新下中农	39184	72.89%	4.10%	23.01%
老下中农	35333	64.26%	4.61%	31.13%
新上中农	17268	67.45%	4.53%	28.02%
老上中农	23542	61.92%	4.88%	33.20%
其他劳动人民	2768	62.50%	6.43%	31.07%
富农	5194	57.78%	3.81%	38.41%
地主及其他剥削者	6671	65.48%	4.55%	29.97%

资料来源：苏星. 我国农业的社会主义改造［M］. 北京：人民出版社，1980：151.

1955 年，国家统计局根据全国 26935 个农业生产社的调查，对比了初级社和高级社在粮食产量、公积金以及收入等方面的不同，根据表 3－39 中数据可以看出，高级农业生产合作社确实比初级农业生产合作社在生产效果、增加积累和改善人民生活水平上更具有优越性。

表 3－39　初级社和高级社的情况对比

	平均每社生产粮食/斤	平均每人生产粮食/斤	公积金占当年实际收入的比重/%	每亩平均公积金/元	平均每个劳动力实际收入/元
初级社	116000	808	5.2	0.9	187
高级社	504000	966	8.7	3.1	380

资料来源：苏星. 我国农业的社会主义改造［M］. 北京：人民出版社，1980：154.

（2）局限性

高级合作化的猛烈到来脱离了当时的生产力水平。高级社取代初级社，超越了当时农民的思想觉悟，缺乏激励机制，只靠道德约束农民要为国家多做贡献是不符合人性的利己心态的，同时也超越了当时的经济发展状况，农民刚翻身不久，就要被剥夺部分权利，这违背了农民留恋土地的主观意愿，因此，这对农民心态的打击非常之大。1956 年年初大批初级社向高级社发展，高级社的成立一时间迎来热潮，政治压力加上群众的盲目热情，许多地方出现了强迫命令式的入社行为，很多农民也处于极大的热情当中，许多地方甚至整村、整乡的农民加入高级社（见表3-40、表3-41）。[①] 很多不符合成立高级合作社条件的也变成了高级社，有些在初级社成立不完备、不成熟的状况下就盲目地进入高级社，还有些甚至是从单干和互助组演变过来的[②]，这种快速建社的方式脱离了实际生产力的发展需要。仅一年半时间，就在全国范围内完成了建社任务，土地的农民所有制被集体所有制替代。但由于该形式本身存在问题，不可避免地在1956年秋后至1957年春夏间导致了退社风潮。由于退社风潮的出现，1957年9月14日，中共中央发布《关于做好农业合作社生产管理工作的指示》[③]，其中表明目前从实际情况来看，办大社是不合时宜的，应当根据实际情况适当缩小。但这一指示在实践中并未得到贯彻，这种形势反而被推向更高处。[④]

表3-40 1950—1957年参加农业合作组织农户占总农户的比重 （%）

年份	单干	互助组	初级社	高级社
1950	89.09	10.91	0.0002	0.00003
1951	82.46	17.54	0.0015	0.00003
1952	60.10	39.86	0.05	0.002
1953	60.53	39.23	0.235	0.002
1954	39.68	58.37	1.948	0.01
1955	35.14	50.66	14.162	0.033
1956	1.33	0.086	8.64	89.17
1957	—	—	1.3	96.5

资料来源：武力．过犹不及的艰难选择——论1949—1998年中国农业现代化过程中的制度选择［J］．中国经济史研究，2000（2）：87-98.

① 易永锡.中国当代农地制度研究[M].哈尔滨:黑龙江人民出版社,2010:71.
② 易永锡.中国当代农地制度研究[M].哈尔滨:黑龙江人民出版社,2010:71.
③ 中共中央文献研究室.建国以来重要文献选编(第十册)[M].北京:中央文献出版社,1995:494.
④ 陈淑琼.新时期中国农地制度改革研究[M].北京:人民出版社,2016:51.

表 3-41 1956 年我国农业生产合作社的发展情况

	农业社社数/户			参加的户数/户			参加社的农户占总农户的比重/%		
	初级社	高级社	合计	初级社	高级社	合计	初级社	高级社	合计
1 月底	1394	136	1530	59034	36519	95553	49.6	30.7	80.3
3 月底	825	263	1088	40859	65818	106677	34.0	54.9	88.9
6 月底	682	312	994	34839	76874	111713	28.7	63.3	92.0
9 月底	474	380	854	26488	88269	114757	21.8	72.7	94.5
12 月底	216	540	756	10407	107421	117828	8.5	87.8	96.3

资料来源：莫曰达．我国农业合作化的发展［M］．北京：统计出版社，1957：130-131.

4. 人民公社时期农地制度实践及影响

（1）实践

截至 1958 年 9 月 29 日，全国农村基本实现公社化，入社农户虽未达到 100%，但已超过 90%，除西藏外的 27 个省份共建立人民公社 23384 个；至 10 月底，参社农户占农户总数的比重为 99.1%，人民公社数量达到 26576 个。短短一个月，人民公社在数量上的增加竟超过 3000 个。至此，1956 年上半年建立起来的 70 多万个高级农业生产合作社，在两年后变成了 2 万个人民公社。同时，据不完全统计，截至 10 月底，全国农村举办公共食堂的数量约为 265 万个，托儿所、幼儿园约为 475 万个，幸福院约为 10 万个。①

积极影响：

人民公社化期间，完成了大量资金积累，为国家工业化目标奠定了坚实基础。在经济基础薄弱的条件下，我国依靠农业积累为国家工业化目标作出巨大贡献，这其实离不开人民公社“政社合一”制度作保障，如表 3-42 所示，1958—1978 年，我国农业为工业提供的积累在国民收入积累额中的比重大体保持在 30% 以上，在此期间，农业积累数量一共为 3891.54 亿元，平均每年积累 185.31 亿元，而且 1978 年时的积累量是 1958 年的 2.22 倍，体现了人民公社在农业积累方面的优越性。

① 薄一波. 若干重大决策与事件的回顾(下)[M]. 北京:中共党史出版社,2008:526.

表 3-42 农业为工业化提供资金积累的总量

年份	农业提供积累数量/亿元	占国民收入积累额比重/%
1958	133.56	35.2
1959	155.31	27.8
1960	158.13	31.6
1961	105.29	54.0
1962	121.02	122.2
1963	121.41	66.3
1964	150.96	57.4
1965	157.61	43.2
1966	194.64	41.4
1967	171.75	56.5
1968	141.30	47.4
1969	160.58	45.0
1970	103.92	33.0
1971	219.18	32.0
1972	220.31	34.0
1973	254.02	34.3
1974	245.35	31.1
1975	264.52	31.9
1976	244.67	32.7
1977	270.95	32.6
1978	297.06	27.3

资料来源：冯海发，李溦．我国农业为工业化提供资金积累的数量研究［J］．经济研究，1993（9）：60-64.

在耕地面积减少的情况下，播种面积减少较少。1958—1978 年，耕地面积从 10690 万公顷减少到 9939 万公顷，总共减少了 751 万公顷的耕地面积，年均减少 0.35%；播种面积在这一时间段也减少了，但只减少了 189 万公顷，从 15199.4 万公顷减少到 15010.4 万公顷，年均减少 0.06%。[①]

农业生产条件的改善。如表 3-43 所示，主要农业机械年底拥有量在人

① 国家统计局．建国三十年国民经济统计提要［M］．国家统计局，1979：48，51.

民公社化期间也得到迅速提高。其中，大中型拖拉机在1952—1957年，从585混合台增加到14663混合台，平均年增加2815.6混合台，1958—1978年，从26377混合台增加到557358混合台，年平均增加26549.05混合台。两个时间段中，在人民公社化期间，大中型拖拉机年平均增加数量是前一个时间段的将近10倍。联合收割机在1952—1957年从284台增加到1789台，每年平均增加301台，1958—1978年，从3452台增加到18987台，每年平均增加776.75台，年增加量是人民公社化前的2倍有余。至于其他类型的农业机械，更是增加迅速，有些甚至实现了从无到有。

表3-43 主要农业机械年底拥有量

年份	大中型拖拉机/混合台	手扶拖拉机/台	大中型机引农具/万台	联合收割机/台	机动脱粒机/万台	蓄力胶轮大车/万辆
1952	585			284		
1957	14663			1789		
1958	26377		8.2	3452		
1959	33264		14.2	4908		53.6
1960	43210		16.7	5857		68.8
1961	52239		18.3	6245		63.3
1962	54938	919	19.2	5906	1.5	83.2
1978	557358	1373000	119.2	18987	210.6	248.8

资料来源：国家统计局．建国三十年国民经济统计提要［M］．北京：中国统计出版社，1979：69-70.

农业现代化水平显著提升。首先，从机耕面积占耕地面积的比重、灌溉面积占耕地面积的比重，以及机电灌面积占灌溉面积比重的数据表现来看，人民公社化期间在耕地表现上的农业现代化水平明显提高。如表3-44所示：机耕面积占耕地面积的比重在人民公社化期间大幅度增长，1952—1957年，机耕面积占耕地面积的比重只增加了2.3%，年均增加0.46个百分点，而1958—1978年，这一比重增加了37.6%，年均增加1.88个百分点，在图3-12中也可以直观地感受到在后半个时间段内比重攀升更快；灌溉面积占耕地面积的比重在人民公社化期间也得到了平稳增长，虽然在1959年和1960年达到小高峰后有回落趋势，但整体趋势是呈平稳增长状态；机电灌面积占灌溉面积的比重在1952—1957年增加了2.8%，年均增加0.56个百分点，1961—1978年增加39%，年均增加2.29个百分点，增长幅度在人民公社化期间明显较大。其次，人民公社化期间的农村小型水电站发展形势更好。从数量上看，农村小型水电站个数在人民公社化期间增加更多，1952—1957年，农村小型水电站增加了约4.6倍，而1958—1978年，农村小型水电站的个数增加了约23.5倍，从质量上看，农村小型水电站的发电能力也得到了极大改善。最后，农村用电量也有了明显提高。这些数据不仅反映了农业现代化水平的提高，更反映出人民公社化使得集体财富得到大量积累。

表3-44 农业现代化水平情况

年份	机耕面积占耕地面积的比重/%	灌溉面积占耕地面积的比重/%	机电灌面积占灌溉面积的比重/%	农村小型水电站个数/个	农村小型水电站发电能力/万千瓦	农村用电量/亿千瓦·时
1952	0.1	18.5	1.6	98	0.8	0.5
1957	2.4	24.4	4.4	544	2.0	1.4
1958	3.3	30.7		3360	7.8	2.4
1959	5.9	33.5		5724	15.2	3.8
1960	6.8	33.5		9441	26.1	6.9
1961	7.9	31.1	16.4	8308	23.1	10.3
1962	8.1	29.7	19.9	7436	25.2	16.1
1963	10.3	29.3	18.2	6254	25.5	23.0
1964	12.4	30.5	19.9	5245	22.2	27.8
1965	15.0	31.9	24.5			37.5
1970	18.0	35.6	41.6	29202	70.9	95.7
1971	20.6	36.2	45.6	40040	81.7	104.5
1972	21.8	37.8	46.9	47227	90.2	132.8
1973	26.4	39.1	50.4	52765	106.0	139.9
1974	28.5	41.3	52.5	61378	127.8	156.1
1975	33.3	43.4	52.9	68158	144.4	183.1
1976	35.1	45.3	53.9	74125	161.0	204.8
1977	38.7	45.3	54.1	79047	187.0	221.9

续表

年份	机耕面积占耕地面积的比重/%	灌溉面积占耕地面积的比重/%	机电灌面积占灌溉面积的比重/%	农村小型水电站个数/个	农村小型水电站发电能力/万千瓦	农村用电量/亿千瓦·时
1978	40.9	45.2	55.4	82387	228.4	253.1

资料来源：国家统计局．建国三十年国民经济统计提要［M］．北京：中国统计出版社，1979：72－73.

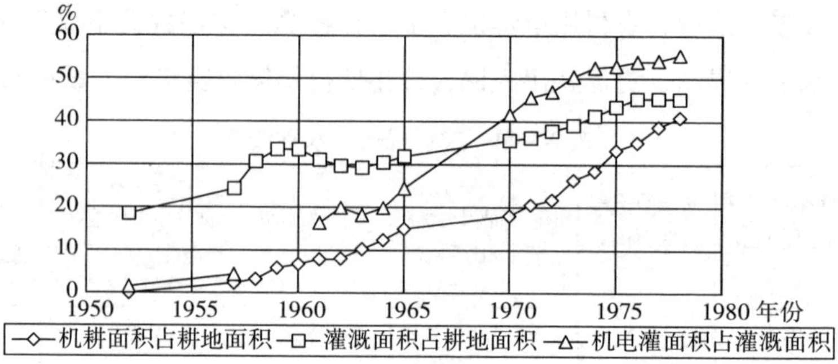

图 3－12　农业现代化水平情况

资料来源：国家统计局．建国三十年国民经济统计提要［M］．北京：中国统计出版社，1979：72.

（2）局限性

①人民公社化超越了当时社会所能适应的生产关系，严重脱离了当时社会生产力发展的水平。当时企图通过“优越的”生产关系来促进生产力发展，将不适合当时生产力水平的生产关系强加之上，高度集中的劳动方式以及具有平均主义色彩的分配方式导致最后事与愿违，违反了生产关系应当同生产力发展相适应这一规律，最终阻碍了农业生产发展。①

如表 3－45 所示，人民公社成立前，即 1949—1957 年农业总产值的平均增长率为 7%，人民公社成立后，即 1958—1978 年农业总产值的平均增长率只有 5%。主要农产品的产量在 1958 年后呈现出的增长率也有很大的差别，如表 3－46 所示，粮食在 1949—1957 年的平均增长率为 7%，而在后半段时

① 朱方林，朱大威．建国以来中国土地制度重大改革回顾与展望［J］．江苏农业学报，2015，31（1）：200－209.

间的 1958—1978 年，这一数据只有 2%；棉花的平均增长率在 1958 年前后两个时间段的数据分别为 20% 和 4%；花生、油菜籽、芝麻三种油料作物的平均增长率在两个时间段的数据分别为 7% 和 3%。如图 3－13、表 3－47、表 3－48 所示，主要农产品的人均产量也没有持续增长，粮食、棉花在 1958 年之前呈上升趋势，此后的水平起起伏伏，并没有上升态势，只有个别年份超过 1958 年产量，并且超出不多；而三种油料作物的人均产量在 1958 年更是发生了断崖式的下降，之后的恢复也远远不及 1958 年之前的水平。

表 3－45　1949—1978 年农业总产值的绝对数额和增长率

年份	农业总产值/亿元	增长率/%
1949	326	—
1950	384	18
1951	420	9
1952	461	10
1953	510	11
1954	535	5
1955	575	7
1956	610	6
1957	537	－12
1958	566	5
1959	497	－12
1960	457	－8
1961	559	22
1962	584	4
1963	642	10
1964	720	12
1965	833	16
1966	910	9
1967	924	2
1968	928	0
1969	948	2
1970	1058	12

续表

年份	农业总产值/亿元	增长率/%
1971	1107	5
1972	1123	1
1973	1226	9
1974	1277	4
1975	1343	5
1976	1378	3
1977	1400	2
1978	1567	12

资料来源：国家统计局．建国三十年国民经济统计提要［M］．北京：中国统计出版社，1979：22.

表 3－46　1949—1978 年主要农产品产量

年份	粮食/万吨	粮食增长率/%	棉花/万吨	棉花增长率/%	花生、油菜籽、芝麻三种油料/万吨	三种油料增长率/%
1949	11320		44.50		232.8	
1950	13215	17	69.30	56	270.9	16
1951	14370	9	103.10	49	331.5	22
1952	16390	14	130.40	26	372.9	12
1953	16685	2	117.50	－10	352.7	－5
1954	16950	2	106.50	－9	387.4	10
1955	18395	9	151.90	43	435.9	13
1956	19275	5	144.50	－5	455.6	5
1957	19505	1	164.00	13	377.1	－17
1958	20000	3	196.90	20	418.0	11
1959	17000	－15	170.90	－13	346.8	－17
1960	14350	－16	106.30	－38	170.3	－51
1961	14750	3	80.00	－25	161.9	－5
1962	16000	8	75.00	－6	184.2	14
1963	17000	6	120.00	60	221.0	20
1964	19250	13	166.30	39	299.7	36
1965	19450	1	209.80	26	327.2	9
1966	21400	10	233.70	11	351.1	7

续表

年份	粮食/万吨	粮食增长率/%	棉花/万吨	棉花增长率/%	花生、油菜籽、芝麻三种油料/万吨	三种油料增长率/%
1967	21780	2	235.40	1	349.3	-1
1968	20905	-4	235.50	0	306.7	-12
1969	21095	1	208.00	-12	296.6	-3
1970	23995	14	227.70	9	337.7	14
1971	25015	4	210.50	-8	374.3	11
1972	24050	-4	195.80	-7	374.8	0
1973	26495	10	256.20	31	374.1	0
1974	27525	4	246.10	-4	393.1	5
1975	28450	3	238.10	-3	401.4	2
1976	28630	1	205.60	-14	344.9	-14
1977	28275	-1	204.90	0	339.0	-2
1978	30475	8	216.70	6	456.8	35

资料来源：国家统计局．建国三十年国民经济统计提要［M］．北京：中国统计出版社，1979：56.

表 3-47　1949—1978 年主要农产品人均产量　　单位：斤

年份	粮食	棉花	花生、油菜籽、芝麻三种油料
1949	418	1.60	8.6
1950	479	2.50	9.8
1951	510	3.70	11.8
1952	570	4.50	13.0
1953	568	4.00	12.0
1954	563	3.50	12.9
1955	599	4.90	14.2
1956	614	4.60	14.5
1957	603	5.10	11.7
1958	606	6.00	12.7
1959	510	5.10	10.4
1960	433	3.20	5.1
1961	448	2.40	4.9

续表

年份	粮食	棉花	花生、油菜籽、芝麻三种油料
1962	476	2.20	5.5
1963	492	3.50	6.4
1964	546	4.70	8.5
1965	536	5.80	9.0
1966	577	6.30	9.5
1967	573	6.20	9.2
1968	535	6.00	7.8
1969	525	5.20	7.4
1970	581	5.50	8.2
1971	590	5.00	8.8
1972	555	4.50	8.6
1973	597	5.80	8.4
1974	609	5.40	8.7
1975	619	5.20	8.7
1976	614	4.40	7.4
1977	598	4.30	7.2
1978	636	4.50	9.5

资料来源：国家统计局．建国三十年国民经济统计提要［M］．北京：中国统计出版社，1979：62.

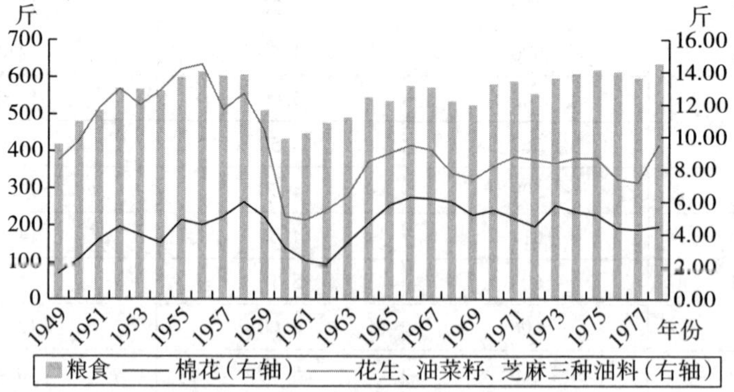

图 3－13　主要农产品人均产量

资料来源：国家统计局．建国三十年国民经济统计提要［M］．北京：中国统计出版社，1979：62.

表 3-48 主要农产品各个时期年平均增长速度　单位：%

	恢复时期	"一五"时期	"二五"时期	1963—1965 年	"三五"时期	"四五"时期
粮食	13.1	3.5	-3.9	6.7	4.3	3.5
棉花	43.1	4.7	-14.5	40.9	1.7	0.9
花生、油菜籽、芝麻三种油料作物	17.0	0.2	-13.4	21.1	0.6	3.5

资料来源：国家统计局. 建国三十年国民经济统计提要［M］. 北京：中国统计出版社，1979：64.

②人民公社制度剥夺了农民的自主权，从根本上抑制了农民的生产积极性。这一时期，不仅土地属于集体，农民在农业生产上也没有生产经营权，同时，分配供给制度也具有浓厚的"平均主义"色彩，农民几乎无自主权可言。"平均主义"意味着农民所得取决于集体收益，导致个人无法取得与自己努力相匹配的劳动成果，个人无法通过努力使得自己境况好转，因此会产生"搭便车"的心理，但是这种心理和日后的处境是一种恶性循环关系，本身就存在偷懒的人，如果努力劳作的人也会偷懒，必定会造成整体生产情况的恶化，而恶化的这一结果会降低所有人的收入，也会对所有人的信心产生影响。一方面有"搭便车"心理的影响，另一方面，有最后收入结果恶化的影响，二者会产生一个恶性循环。① 这种方式下，很多农民不得不暗地里想办法维持基本生存，一种办法即"瞒产私分"，这是存在于社员和干部之间的相互串通应变办法，另一种办法是扩大自留地，即留一小块地作为自己的"私有财产"，扩而大之。②

③人民公社不能因地制宜地安排生产。由于"政社合一"，生产队和生产大队隶属公社，而公社又隶属区或者县，因此，无论是生产队、生产大队还是公社，都没有独立的自主生产权，需要依附于上级指令计划，而上级政府在发布命令的过程中，并不了解实际情况，因此，也就不能因地制宜地灵活安排生产。上级政府只行控制之权而不承担后果，更加剧了这

① 陈淑琼. 新时期中国农地制度改革研究[M]. 北京：人民出版社，2016：59.
② 杜润生. 杜润生自述：中国农村体制变革重大决策纪实[M]. 北京：人民出版社，2005：83.

种不良循环。①

④农民生活水平停滞。全国农民人均收入水平从1957年的79.25元增长到1978年的133.57元，年均增长2.88元；社员通过集体分配得到的收入，年均只增长2元。分配以实物为主，现金通常不足1/4。农民人均生活消费支出1957年为70.86元，1978年为116.06元，只增长了63.8%。②

二、社会主义革命和建设时期宅基地制度实践及影响

从新中国成立至1978年改革开放之前，中国农村的宅基地制度经历了从农民私有到集体所有的变化。新中国成立初期农民私有的宅基地制度，满足了农民“居者有其屋”的生活刚性需求；合作化时期，后期宅基地虽开始有了集体统筹的倾向，但其基本着眼点还在于满足农民的住房需求；人民公社化时期，即使实现了所有权和使用权的分离，但这种制度设计依然能够保证农民的住房需求，只是宅基地归集体分配以后，农民的住房可能会面临长期得不到改善的问题。

（一）新中国成立初期宅基地制度实践及影响（1949—1952年）

首先，将连同宅基地在内的土地平分给农民，使其无偿取得，实现了“居者有其屋”。新中国成立初期，土地改革法等相关文件中并无“宅基地”说法，而是笼统地将房屋及其地基一并归入土地的范畴进行处理，即将土地分给农民。通过土地改革，农民不仅获得了可以进行耕种经营的农地，也拥有了用于生活居住的房屋地基。农地的给予让农民有了获得基本收入的底气和劳动的积极性，而宅基地的拥有保障了农民实现“居者有其屋”的基本条件。有屋住可以满足农民基本的生存条件，是农民积极劳动

① 武力.过犹不及的艰难选择——论1949—1998年中国农业现代化过程中的制度选择[J].中国经济史研究,2000(2):87－98.

② 陈淑琼.新时期中国农地制度改革研究[M].北京:人民出版社,2016:61.

的大前提，也是农民最基本的需求之一，如果只分给农民耕作的土地，不分给农民居住用的房屋地基，是无法调动农民的生产积极性，达到提高农业生产效率目的的。

其次，颁发了土地所有证，确保了农民宅基地的私有权。在新中国成立之前的封建土地制度中，农民没有自己的土地，只能依附于地主。农民拥有土地后，心里有了底气和安全感，而安全感来自土地所有证上对自己拥有的土地进行的确认。

最后，农民拥有对于宅基地的其他权利。农民不仅拥有宅基地的所有权，也拥有对于宅基地的出租、转让的权利。对于刚获得土地的农民来说，宅基地连同地上的房屋主要发挥的是住房功能，农民的剩余不多，一般只能维持简单生计，没有闲钱去修缮或置换住房，以达到改善住房条件的目的，因此，没有发生大量流转宅基地的现象。但此次改革确认了农民的这项权利，给予了农民充分的自主权利。

（二）农业互助合作时期宅基地制度实践及影响（1953—1978 年）

1. 劳动互助、初级合作化以及高级合作化时期宅基地制度实践及影响

首先，将宅基地逐渐纳入集体管理。在互助合作化阶段和初级合作化阶段，宅基地的所有权仍然属于私有，并无文件内容表明与新中国成立初期的宅基地制度有实质性差别，而到了高级合作化时期，宅基地开始被纳入集体统筹的范围。根据《高级农业生产合作社示范章程》，对于社员已有的房屋地基，也即宅基地不用入社，说明宅基地仍然属于农民所有，没有归属到集体的范畴。但文件中同时又表明：对于社员新修房屋需用的地基由合作社统筹解决，说明从这一时期开始，宅基地的申请纳入集体管理，集体统筹分配宅基地的制度已经具备雏形。① 原有的宅基地不入社，

① 韩清怀. 农村宅基地使用权制度研究[M]. 北京：中国政法大学出版社，2015：91.

保留了农民宅基地的私有性，新的宅基地开始被纳入集体统筹意味着农民的居住保障更加稳妥，增强了农民居住环境和生产环境的稳定性，防止了农民集体间贫富差距的扩大。

其次，宅基地仅具备基本的居住需求条件。文件中提到：主要的生产资料均转为集体所有，只有生活资料和零星的生产资料归农民所有。这说明农民可以积累的财产十分受限，农民无论是用于扩大再生产还是用于修建房屋，其资金都不宽裕，因此，宅基地主要是用于满足农民的基本居住需求，买卖和出典行为则少之又少。①

2. 人民公社化时期宅基地制度实践及影响

在高级农业生产合作化时期，宅基地的申请纳入集体管理，集体统筹分配宅基地的制度已经具备雏形。到了人民公社化时期，宅基地的所有权已经归集体所有，以下是当时集体规划安排宅基地的实践案例。

案例一：安徽省宿州市光村，位于人地紧张地带，1962—1963 年在分自留地时，实行“宅田合一”的土地政策。其具体做法是：总共分三种等级的地，其中，二等地是好地，三等地是洼地，而一等地多是路边地，和宅基地放在一起，即所谓的“宅田合一”，一等地和宅基地是呈此增彼减、此减彼增的状态，也就是说，农民要想多占宅基地，那么自留地部分就会减少。“宅田合一”的做法避免了社员多侵占公地以满足私心的做法，有利于土地的合理节约利用。②

案例二：湖北省荆门市农村，地广人稀，农民居住分散，但宅基地分散不利于土地的集约利用，因此，当地生产队领导农民进行宅基地改造，改造的形式主要有两种：一种是拆建结合的集体动员式集中居住。该形式不仅有利于农民，可以改善其居住条件，而且有利于国家和集体，可以增加土地利用的范围。但是在拆建过程中，生产队不会强制农民搬家，而是和农民双方相互协调，从而使总体利益最大化。③ 另一种是以规划导向的

---

① 刘锐. 土地、财产与治理：农村宅基地制度变迁研究[M]. 武汉：华中科技大学出版社，2017：50.

② 刘锐. 土地、财产与治理：农村宅基地制度变迁研究[M]. 武汉：华中科技大学出版社，2017：52.

③ 刘锐. 土地、财产与治理：农村宅基地制度变迁研究[M]. 武汉：华中科技大学出版社，2017：63.

集中居住模式，这种形式同样可以改善农民的居住条件，更加合理地集约利用土地，除此之外，还可以避免拆建矛盾。以马村为例，“三自一包”政策下农民开始饲养牲畜，但在散居的条件下进行放畜就会出现大量破坏农作物的情况，这种地被当地农民称为“鸡嘴地”，而集中居住会使“鸡嘴地”面积减少，从而提高农业生产量。①

案例三：浙江省绍兴市农村，由于商业较为发达，也处于人地关系紧张地带，可分配的自留地少，可调剂土地空间不大，因改善居住条件而买卖房屋的情况甚少，宅基地主要满足的是当地农民的生活居住需求。②

可以看出，这些地方虽人地关系不同，所处地理位置不同，但集体对于宅基地的安排所体现的思想相对一致，都是以合理集约利用土地为主要目的。人民公社化时期虽然农地的生产效率是大家所公认比较低下的，但对于宅基地制度来说，配置效率并不低，其原因就在于以生产队作为宅基地的基本供给单位，其管理范围不大，基本圈定在熟人之间，协商沟通效率高、成本低，违反契约的可能性普遍较低，因此做到集体管理下因地制宜的可能性也大大提高。③ 以上三个地方案例实践说明，虽然宅基地所有权在集体，统筹规划方面也需集体定夺，但根据各个地方的现实条件，资源禀赋、人地关系的不同，集体的统筹松紧程度和方法都不尽相同。一方面，宅基地的所有权归集体所有，农民拥有使用权的制度安排，对于农民来说，保证了农民的基本居住权利，对于国家来说，不仅避免了农村无规划占用耕地的行为，可以有效提高土地的合理集约利用，为我国工业化目标的实现助力，而且维持了农村集体经济组织的稳定局面，防止贫富差距悬殊，而且永续免费使用的宅基地意味着可以使农民产生一定的生产积极性。④ 另一方面，由于宅基地从高级生产合作化期间便出现了由集体统筹安排的雏形，这种集体统筹虽然意味着农民宅基地的保证，但也意味着宅

① 刘锐.土地、财产与治理：农村宅基地制度变迁研究[M].武汉：华中科技大学出版社，2017：66.
② 刘锐.土地、财产与治理：农村宅基地制度变迁研究[M].武汉：华中科技大学出版社，2017：53.
③ 刘锐.土地、财产与治理：农村宅基地制度变迁研究[M].武汉：华中科技大学出版社，2017：61.
④ 王旭东.中国农村宅基地制度研究[M].北京：中国建筑工业出版社，2011：88.

基地供给缺乏激励，农民的住房条件难以得到改善，表 3－49 中的数据表明，1978 年较 1957 年，平均每户年末使用的房屋间数和每人使用的房屋面积都有所下降。①

表 3－49　1957 年和 1978 年农民家庭生活基本情况

	1957 年	1978 年
调查户数/户	17378	6095
平均每人自留地/亩	0.8	0.14
平均每户年末使用房屋间数/间	3.98	3.64
平均每人年末使用房屋面积/平方米	11.3	10.17

资料来源：王旭东．中国农村宅基地制度研究［M］．北京：中国建筑工业出版社，2011：90.

三、社会主义革命和建设时期集体经营性建设用地制度实践及影响

新中国成立初期，国家首先需要解决的是农民的温饱问题，从供给方面来讲是这样，从农民自身需求方面也是如此，刚刚拥有土地的农民生活水平不高，生产力水平也不高，农民的生产剩余十分有限，土地的功能性比较单一，因此国家对于土地的划分也不会分门别类。再者，农民首要的任务是在自己的一亩三分地上种上满足自己基本生活所需的农作物，而非工商业经营，因此，这一时期的法律规章相关文件中“集体经营性建设用地”一词并没有出现。② 因此，国家将土地分给农民，农民拥有土地的所有权，其中的土地就包括集体经营性建设用地，一直到高级合作化之前，集体经营性建设用地一直属农民所有，高级合作化之后，到人民公社化时期，再到改革开放之前，集体经营性建设用地的所有权归属集体这一点没有改变。

1958 年下半年召开了中央政治局扩大会议，会上不仅对钢产量和粮食

① 王旭东．中国农村宅基地制度研究［M］．北京：中国建筑工业出版社，2011：90.

② 赵娉婷．农村集体建设用地制度研究［D］．泰安：山东农业大学，2011.

产量作了高指标要求，还通过了大炼钢铁等决定，在“大跃进”的思想指导下，全国各地掀起了炼钢炼铁热潮，上千万的农村劳动力投入农村炼钢小型工业和各类“小土群”中，最多时达6000万人以上。① 大炼钢铁、大办工业、大上基本建设的热潮不仅出现在农村，在城镇也出现了同样的情况。城市的热潮使得农村劳动力流向城镇，城镇人口增加加上热潮的作用，城镇用地向外扩展，开始侵占大量耕地，据统计资料，1958—1960年3年内因城镇用地、工矿用地急剧扩张，基建占用耕地2500万亩，形成了新中国成立以来的第一轮占用耕地高峰。② 在三年惨重实践的经验教训下，1961年国家开始进行经济调整，中共八届九中全会提出“以农业为基础”的方针后，原来从农村流向城镇的人口开始回流，基本建设也在逐步压缩，因此，部分用于非农产业的工业建设用地退回到农业用地，“大跃进”期间大量小高炉占地等陆续复耕。③

农村社队企业用地就是乡镇企业用地的前身，即我们现在所说的集体经营性建设用地。1958年，中央提出了在农业方面要实现机械耕作的目标，一部分人民公社开始购进和自制一些先进的农机具，成立负责修理农机具的农机厂等社队企业。在经济恢复调整时期，社队企业没有很大发展。④ 一直到1969年，国内政局开始稳定，各地公社陆续开办了一些农机修理企业和轻工企业。截至1978年年底，社队企业已经有152.4万个，就业人数为2826.6万人，用地约2000万亩，发展规模超过1959年水平。⑤

首先，从国家整体宏观视角来看，将原地主和工商企业占有的生产经营建设用地转变为集体所有，阻碍了集体经营性建设用地的流转，这一举措在当时有利于遏制土地兼并现象，减少剥削和贫富差距的拉大⑥。其次，从微观经营个体来看，集体经营性建设用地的无偿使用，一方面大大降低

① 邹玉川. 当代中国土地管理(上册)[M]. 北京:当代中国出版社,1998:105.
② 黄小虎. 新时期中国土地管理研究(下卷)[M]. 北京:当代中国出版社,2006:187.
③ 邹玉川. 当代中国土地管理(上册)[M]. 北京:当代中国出版社,1998:107-108.
④ 黄小虎. 新时期中国土地管理研究(下卷)[M]. 北京:当代中国出版社,2006:187.
⑤ 邹玉川. 当代中国土地管理(上册)[M]. 北京:当代中国出版社,1998:110.
⑥ 王贝. 中国集体建设用地产权制度的现状及演进[J]. 中国农学通报,2011,27(4):381-386.

了集体工副业的生产发展成本，增加了其竞争力，对于鼓励集体工副业的成长十分有利。[①] 同时，农村社队企业用地[②]意味着集体和农民可以有一些自主经营权和剩余索取权，和无自主经营权的农业生产相比，激励往往大得多。另一方面，无偿使用土地也造成了举国上下无节制的用地占地行为。

第四节　本章小结

新中国成立以后，农村土地制度是社会主义革命和建设时期的重要制度安排。通过一系列法律法规文件首先废除了地主阶级封建剥削的土地私有制，实行农民所有制，接着顺应社会主义改造的大政方针，最终实现了农民所有制向集体所有制的转变，不仅为社会主义基本制度的确立奠定了重要基础，也实现了对国家重工业优先发展的战略支持。因此，本章将社会主义革命和建设时期（1949—1978 年）的土地制度分为两个大的时间节点：新中国成立初期的土地制度（1949—1952 年）、农业生产互助合作时期的土地制度（1953—1978 年）。而在农业生产互助合作时期又细分为互助组时期、初级合作社时期、高级合作社时期和人民公社时期。分别对这段时期的农地、宅基地和集体经营性建设用地制度内容进行梳理，并阐述其实践影响。本章内容概览如图 3－14 所示。

首先，农地制度从新中国成立后至改革开放前，经历了从农民私有、农民经营到集体所有、集体经营的变化。从新中国成立前的封建农地制度转变为新中国成立初期的农民所有、农民经营农地制度，这一变革顺应了生产力和生产关系的客观规律。我国在封建土地制度下农村的生产力落后，封建土地制度形成的生产关系下农民不仅没有土地的所有权，还要接

① 王贝. 中国集体建设用地产权制度的现状及演进[J]. 中国农学通报,2011,27(4):381－386.

② 乡镇企业用地的前身。

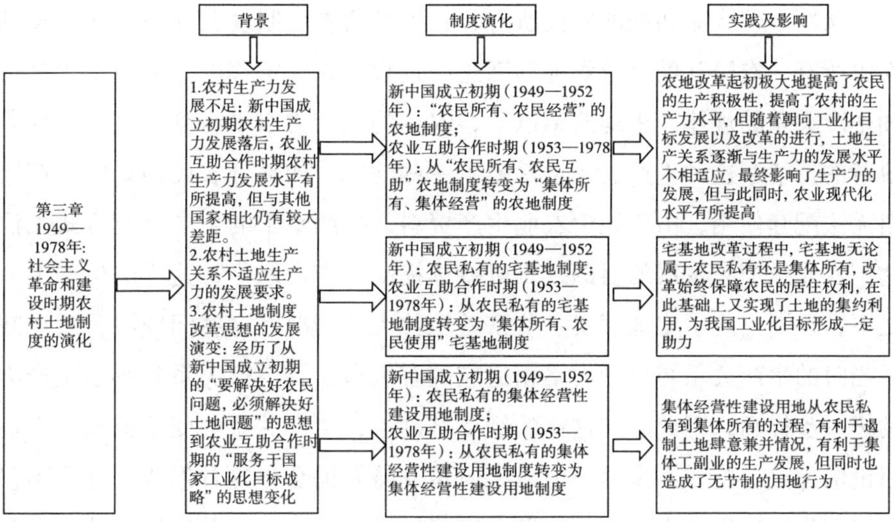

图3－14　本章内容概览

受沉重的剥削，农民终年忙碌却不得温饱，这种生产关系严重制约着农民的生产积极性，也使得国家的生产力无法得以发展。因此，必须改变这种落后的生产关系以提高生产力水平。而欲提高生产力水平，必须改变落后的生产关系，这就要照顾到广大农民的利益。中国历史上有过不少农民起义和革命，但都以失败告终，原因就在于没有真正照顾到广大农民的利益。农民最关心的就是土地问题，中国共产党正是因为注意到了这一点，才可以一步步实现改革成功。新中国成立后，中国共产党不忘初心，以满足最广大人民的利益为己任，顺应民心，满足农民内心最深切的渴望，切实抓住人民最关心、最现实、最直接的利益问题，将土地分给农民，在全国范围内实现“耕者有其田”，自此农民翻了身，不用再向地主缴纳地租，和国家建立了直接的关系，从而拥有了更多的生产剩余。农民从封建土地所有制度下解放出来，其劳动生产积极性得到空前提高，农业生产力水平得到较大程度的增长，生活水平也得以改善。破除封建土地制度，将土地分配给农民的这一举动在悠悠的中国历史长河中都是一个巨变，土地改革使得生产关系对生产力起到了促进作用，因此，土地改革后的生产关系是符合当时历史条件下生产力发展水平的。

从新中国成立初期的农民所有、农民经营农地制度到互助合作时期的农民所有、农民互助经营农地制度这一过程，在一定程度上顺应了生产力和生产关系的规律。土地改革以后，农业的生产力水平得到提高，但随着改革的持续，这种生产关系也暴露出一些问题，如部分农民拥有的生产资料无法配套使用，由于缺少农业生产资料，按照单干的生产经营方式无法达到农业生产力发展的目的，难以持续提高生产力水平，这样的生产关系之下，逐渐出现了土地买卖、贫富差距拉大等情况。这些问题的背后反映了当时的生产关系与生产力不相适应的客观事实，生产关系阻碍了生产力的进一步提高，因此，在这样的经济基础上，生产关系的变革就成了人们讨论的焦点。党和国家总体上认为应该支持互助合作这种形式，这样不仅可以解决农民生产中产生的问题，也能促进生产力水平的发展，从而有利于国家工业化目标的实现。因此，改变生产关系，以生产互助形式促进生产力的发展符合生产关系对生产力有能动的反作用这一规律。

从互助合作时期的农民所有、农民互助经营农地制度到初级合作化阶段的农民所有、集体经营农地制度，生产关系的发展与生产力发展不相符合。从农民所有、农民经营的生产方式转变到互助合作方式，提高了农业生产力，但这时我国的工业化基础仍然薄弱，也即当时的生产关系不能满足我们工业化目标下生产力的发展要求。苏共十九大报告中提到的用农业集体化解决粮食问题给予我国很大启发，基于这样的经济基础以及苏联实践的启示，国内一部分人认为个体所有制的生产关系与大量供应之间是相冲突的，走农业集体化道路才能解决生产力问题，并且认为在当时提高生产力最直接的办法就是改变生产关系。还有一部分人认为现在提高生产关系，进入生产合作化阶段是一种空想。这种意见分歧不仅存在于决策层中，老百姓对于生产关系的进一步提高也存在些许抵触心理。从党内的意见不一致以及农民的反应来看，人们对于当时生产关系的进一步提高存在疑虑，站在现在的角度看，其原因是当时党和国家对于社会主义的认识还处于探索阶段。

从初级合作化阶段的农民所有、集体经营农地制度到高级合作化阶段的集体所有、集体经营农地制度，生产关系的发展在一定程度上与生产力不相符合。初级合作化基础上形成的生产关系使农业生产力得到有效提高，但主要工业产品生产仍然与其他国家差距较大。工业发展与粮食、工业原料作物供应之间的矛盾仍然突出，并且初级合作化基础上形成的生产关系仍然使得农村存在两极分化现象。在这样的经济基础上，部分人认为只有进一步改善生产关系才能满足我国工业化发展目标所要求的生产力水平，也有人认为不应当盲目追求数量，而应该巩固好现有的社，根据客观实际去行事。可批判“小脚女人”的说法一出，就引发了各地批判这种思想的高潮。即使当时在向高级社过渡时出现不少问题，但农业合作的高潮已经深入人心，提高生产关系的想法已然占据上风，即使出现问题，大家也在努力办好社，没有准确反思当前阶段是否应该进一步调整生产关系。

从高级合作化阶段到人民公社化阶段，已经彻底转变为集体所有、集体经营的农地制度下，生产关系与生产力发展的严重不相符。高级合作化基础上产出的主要工业产品有所增长，但距离其他国家发展水平仍然有差距。高级合作化基础上形成的生产关系不能满足工业化目标下的生产力发展要求，进一步调整生产关系，有利于加强对农民产出的调控，更好地服务于国家工业化目标。在这种经济基础上，人民公社之所以发展，不仅与当时党和国家对生产力、生产关系的认识程度有关，还与当时举国出现的“赶超”思潮有关。

从新中国成立初期的农村土地改革到互助合作时期的农村土地制度，都不同程度地顺应了生产力和生产关系相适应的客观规律，从而促进了生产力水平的提高；从初级合作化阶段到人民公社化阶段的土地制度，不同程度地违背了生产力和生产关系相适应的规律。其中一个很重要的原因就是当时农业生产产生的积累不能满足国家工业化需求，党和国家对于是否要进行生产关系的改变通过讨论最终达成了一致意见，现在看来，这个决定超越了当时的生产力水平，导致当时的生产关系和生产力水平不相适宜，在一定程度上影响了生产力的发展，从理论上看，违背了生产力和生产关系相适应的客观规律，从实践上看，这样的做法也是不符合民意的，全国范围内的很多地方反复发生强迫农民入社的行为，在政策上也规定了不少针对不入社群体的不利条件。根据经济学原理，每个人都会根据自己的利益最大化进行选择，对于很多农民来说，他们看到了自己入社前后的利益变化，因此排斥入社，这时候应该顺应民意，其实这本质上也是顺应经济发展规律。但历史实践中，我们的行为路径没有遵从客观规律，强行将适合单干的群体入社，导致生产关系的变革不仅没有促进生产力的发展，反而对生产力产生了不小的阻碍。1953 年 6 月 15 日，毛泽东在中央政治局会议上提到过渡时期（从新中国成立后到社会主义改造基本完成）的总路线，是要在一个相当长的时期内，基本实现国家工业化和对农业、手工业、资本主义工商业的社会主义改造。而之所以要进行社会主义改造，源于党对当时形势的认识，即国内的主要矛盾已经从人民大众和帝国主义、封建主义及国民党反动残余势力之间的矛盾，转变为工人阶级和资产阶级之间的矛盾。[①] 马克思说过，“在一种社会形态所能容纳的全部生产力发挥出来之前，是绝不会灭亡的，而新的更高的生产关系，在它存在的物质条件在旧社会的细胞里成熟之前，是绝不会出现的”。因此，从一种所有制过渡到另一种所有制，需要将前一种所有制的能量完全释放出来才有可能发生改变，孕育出新的所有制，生产关系需要和生产力水平相适应，并不是简单地将私有制清除就能达到社会主义。[②] 而由于新中国刚刚成立，我们对于社会主义道路经验有所欠缺，盲目地认为尽快改变生产关系才是首要之事。但无论在哪一个阶段，从 1949 年新中国成立以来至改革开放之前，均处处体现着以人民为中心的发展思想，土地改革运动顺应民心，体现着中国共产党以人民为中心的发展思想，切实抓住人民最关心、最现实、最直接的利益问题；互助合作同样反映了党和国家以人民为中心的发展思想，农民群体间有互助合作的强大意愿，党和国家为分配土地以后依然不能维持正常生产的农民群体提供改善其生产劳动条件的政策支

① 杜润生. 杜润生自述：中国农村体制变革重大决策纪实[M]. 北京：人民出版社，2005：33.
② 杜润生. 杜润生自述：中国农村体制变革重大决策纪实[M]. 北京：人民出版社，2005：35.

持；合作化以后，深究这段时期发生的“左”倾情绪、盲目冒进举动的深层原因，确是党和国家深深地考虑国家安危、人民利益，迫切想要实现“国富民强”的美好愿景。因此，从这个角度来讲，这一时期依旧体现的是党和国家“以人为本”的核心思想。这一历史实践时时刻刻提醒着我们，为改革开放以后的改革实践提供了宝贵经验。

其次，宅基地制度从新中国成立后至改革开放前，经历了从农民私有到集体所有的变化。新中国成立初期至初级合作化时期，农村宅基地一直为农民私有；直到高级合作化时期，新建房屋需要的宅基地由集体统筹分配；到了人民公社化时期，宅基地经营已明确彻底归为集体所有。这一转变，反映了国家开始注重对农村宅基地的管理，在一定程度上也反映了宅基地为农村生产性用地服务，并服务于我国工业化战略的思想。

最后，集体经营性建设用地制度从新中国成立后至改革开放前，经历了从农民私有到集体所有的变化。这一变化，一方面反映了国家对集体经营性建设用地管理的加强；另一方面，集体所有制下将土地无偿划拨给农民使用也造成了举国上下无节制的占地行为。

第四章　1978—2012年：改革开放与社会主义现代化建设新时期农村土地制度的演化

这一时期我国农村土地制度的变革依旧是生产关系不断适应生产力发展水平的过程，同时，在党中央历代领导集体重视“三农”思想、全社会持续关注的背景下，农地制度经历了从确立家庭联产承包责任制，再到不断探索农地流转制度，不断推动农业现代化发展的过程；宅基地制度经历了从集体自由流转到限制流转，最后被严格规范的过程；集体经营性建设用地制度则经历了从限制流转到有限放开和局部探索的过程。我国也通过制度改革试点过程，不断探索、完善农村土地制度，为进一步实现农村土地制度改革深化提供了思路。

第一节　改革开放与社会主义现代化建设新时期农村土地制度演化的背景

一、生产力水平不断提升，与发达国家相比仍有发展潜力

从改革开放开始，特别是加入世界贸易组织以来，我国国民经济蓬勃发展、经济总量不断攀升，综合国力和国际竞争力由弱变强，成功实现从

低收入国家向上中等收入国家的跨越。

1979—2012 年，我国经济快速增长，年平均增长率达到 9.9%，比同期世界经济平均增长率高 7.0 个百分点，也高于世界各主要经济体同期平均水平①。我国国内生产总值由 1978 年的 3678.7 亿元迅速跃升至 2012 年的 538580 亿元。其中，从 1978 年上升到 1986 年的 1 万亿元用了 8 年时间，从 1 万亿元上升到 1991 年的 2 万亿元用了 5 年时间，此后十几年平均每年增长近 1 万亿元，2000 年超过 10 万亿元大关，2006 年超过 20 万亿元，2012 年已达到 53 万亿元②（见图 4－1）。

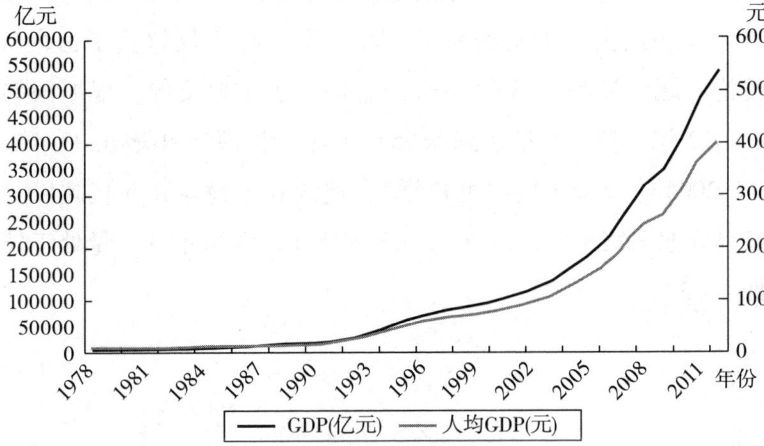

图 4－1 1978—2012 年中国 GDP 与人均 GDP③

数据来源：国家统计局。

我国人均国内生产总值也在不断提高，成功实现从低收入国家向上中等收入国家的跨越。1978 年人均国内生产总值仅有 385 元，1987 年达到 1123 元，1992 年达到 2334 元，2003 年突破万元大关至 10666 元，2007 年突破 2 万元大关至 20494 元，2010 年突破 3 万元大关至 30808 元，2012 年

---

① 国家统计局国际统计中心. 国际地位显著提高 国际影响力持续增强[J]. 服务外包,2019(9):26－29.

② 国家统计局. 改革开放铸辉煌经济发展谱新篇[N]. 人民日报,2013－11－06(10).

③ 数据来源:国家统计局。

人均国内生产总值达到39771元，扣除价格因素，比1978年增长约16倍①。人均国民总收入也实现同步快速增长，根据世界银行数据，我国人均国民总收入由1978年的190美元上升至2012年的5680美元，按照世界银行的划分标准，已经由低收入国家跃升至上中等收入国家，对于我国这样一个经济发展起点低、人口基数庞大的国家，能够取得这样的进步确实难能可贵。

改革开放与社会主义现代化建设新时期，党中央、国务院始终把农业生产放在十分重要的战略地位，千方百计促进农业生产，稳定粮食产量，不仅成功解决了中国人的温饱问题，实现了人民生活水平质的提高，而且为工业发展提供了丰富的原料。农产品供给不仅解决了占世界1/5人口的温饱问题，还为工业化快速推进提供了重要支撑。根据国家统计局数据，2012年，粮食产量达到58957万吨，比1978年增长93.4%（见图4－2），2004年以来实现“九连增”，连续6年稳定在5亿吨以上的水平。与世界其他国家相比，1978—2005年期间，我国粮食产量处于较高水平（见图4－3）。

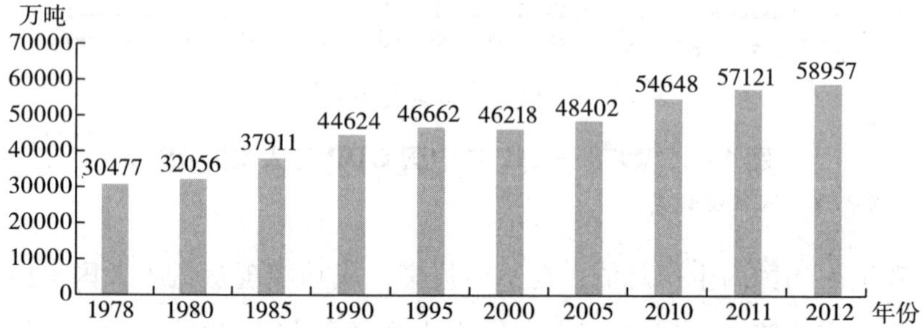

图4－2　1978—2012年中国粮食产量

数据来源：国家统计局。

我国农业生产总值也在持续上升，从1978年的4954.3亿元增长至2012年的44845.72亿元，将近增长了9倍（见图4－4）。同时，在这一时期，农村居民人均可支配收入不断提高，从1978年的686.3元增至2012年

① 国家统计局.改革开放铸辉煌经济发展谱新篇[N].人民日报,2013－11－06(10).

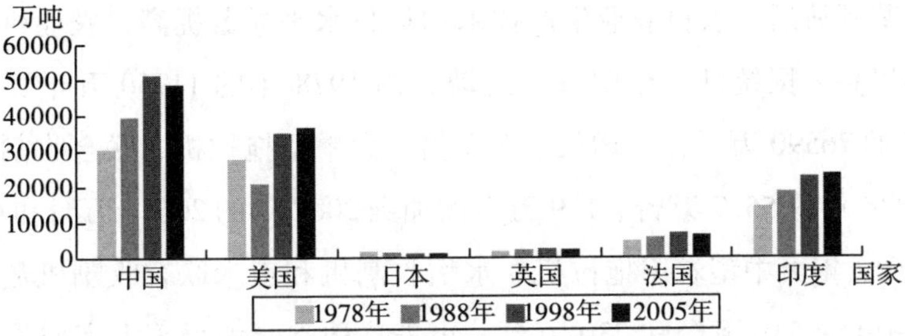

图 4-3 1978—2005 年中国和世界其他国家粮食产量对比

资料来源：世界经济总揽（WEO）. 土地使用和农业生产：粮食产量［DB］. 前瞻数据库.

的 8389.3 元。统计显示，2012 年农民收入结构逐步优化。家庭经营收入比例继续下降，工资性收入比例继续提高。家庭经营收入占农村居民人均纯收入的比重为 44.6%，比上年下降 1.6 个百分点；工资性收入占 43.5%，比上年提高 1.1 个百分点。农村居民收入增速继续快于城镇居民。2012 年，农村居民人均纯收入实际增速比城镇居民人均可支配收入高 1.1 个百分点。城乡居民收入之比连续 3 年下降，由 2009 年的 3.33∶1 下降到 3.10∶1[①]。

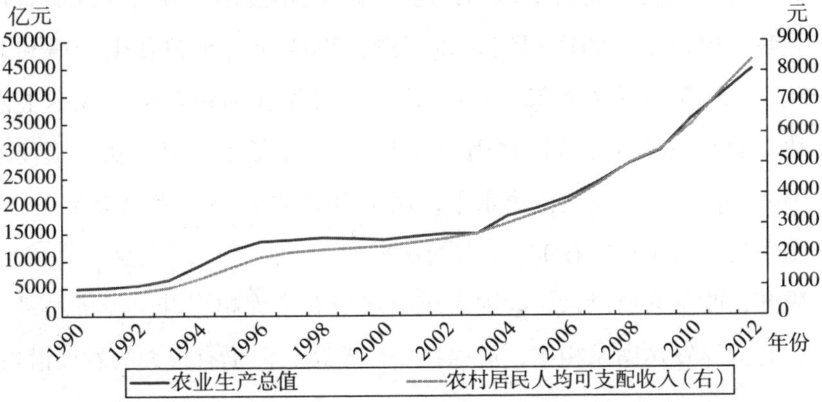

图 4-4 1990—2012 年农业生产总值与农村居民人均可支配收入[②]

① 人民网. 2012 年农民收入增速再度超过城镇居民[EB/OL].(2013-01-23)[2023-04-24]. http://finance.people.com.cn/n/2013/0121/c1004-20270245.html.

② 刘文慧，高巍，朱家明，等. 基于多元回归对中国农业总产值影响因素的实证分析[J]. 哈尔滨师范大学自然科学学报，2022(38)：14-20.

改革开放后，农村农业生产技术和科技水平显著提高，农业机械化水平逐年提高。据统计，全国农机总动力由1978年的11750万千瓦增加到2007年的76590万千瓦，增长了5.5倍。大中型拖拉机、联合收割机等分别从1978年的55.7万台、1.9万台增加到2007年的206.3万台和63.4万台①。2012年大中型农用拖拉机、水稻收割机和玉米联合收割机数量分别为490万台、510万台和230万台，小麦、稻谷、大豆等大宗农作物机械作业面积大幅提高②。

尽管我国经济总量有了大幅提高，但与世界主要发达国家相比仍有差距。根据国际货币基金组织统计，折合成美元，我国2007年国内生产总值为32801亿美元，相当于美国的23.7%。同时，我国人均国民总收入仍位于世界中下游水平。2008年，在世界银行209个国家和地区的人均国民总收入的排序中，我国居世界第130位③。

这一时期，我国的农业生产成本逐年提高，2004年稻米、小麦以及玉米三种粮食每亩平均生产成本仅为395.45元，2010年上涨至每亩672.67元，2013年则上涨至每亩1026.19元。生产成本逐渐攀升所导致的直接后果就是我国粮食生产的净利润直线下滑，2004年每亩粮食生产净利润为196.5元，2013年下降至72.94元④，由此可见我国粮食生产成本上涨速度之快。而且，2013年我国贫困率为1.9%，虽低于东亚以及太平洋地区的贫困率，但仍高于发达国家水平，瑞士2011年的贫困率已降至0，美国的贫困率近年来也稳定在1%左右的水平⑤。

因此，改革开放以来，我国生产力水平有了大幅提升，经济总量不断扩大，与世界发达国家相比，虽存在一定差距，但仍有很大的发展潜力。

---

① 中央政府门户网站. 改革开放30年我国农业与农村经济取得了辉煌成就[EB/OL].(2008-11-05)[2023-04-24]. https://www.gov.cn/gzdt/2008-11/05/content_1140504.htm.

② 中央政府门户网站. 经济合作与发展组织，联合国粮食及农业组织，等. 经合组织粮农组织2013—2022年农业展望[M]. 许世卫，等，译. 北京：中国农业科学技术出版社，2013：65.

③ 数据来源：世界银行数据库。

④ 蔡之兵，张青. 新时代中国农业生产力布局调整思路研究[J]. 行政管理改革，2020(2)：60-68.

⑤ 吕梦怡，刘彦平. 农民收入问题的国内外比较研究[J]. 江苏科技信息，2018(35)：76-80.

二、农村土地制度的发展与不适应性

实施家庭联产承包责任制之前，我国农村是人民公社体制，国家与农民之间是一种主导与被主导、管理与被管理的关系。国家对农民的组织和管理是通过“集体”即一个介于农民与国家之间的中介组织来实现的。但是，在这个阶段，国家从社会主义意识形态出发进行土地制度变革，单纯追求生产关系的变革，这种变革脱离了当时的生产力发展水平，使得生产关系不适应生产力的发展状况，阻碍了农业生产力的发展，进而影响到了我国经济社会其他方面。

1978 年，我国共有人民公社 52781 个，拥有农业总收入的 0. 3%；生产大队 69 万个，拥有农业总收入的 7%；481. 6 万个生产队是基本核算单位，拥有农业总收入的 92. 7%①。数十户甚至数百户的小队，以及普遍的农村平均主义，使得农民的生产热情较低，粮食产量处于较低的水平，从而使得当时的农民温饱问题依旧没有得到有效解决。1978 年全国人均粮食占有量大体上还只相当于 1957 年的水平②，这给农业发展带来了极其不利的影响，从而导致其可持续发展面临极其紧张的局面，这就要求我们加快改善农村土地利用模式。

而后家庭联产承包责任制的实施在一定程度上调动了广大农民的生产积极性，拉动了农业经济的发展，为我国农业发展做出了巨大贡献。但随着市场经济的不断发展，家庭联产承包责任制带来的红利也逐渐减少，暴露出一系列问题。

首先是土地产权界定不清，多层并存。1997 年农业部在固定观察点的调查表明，农村土地 44. 9% 为村民小组占有，39. 6% 为行政村占有，

---

① 陈锡文，罗丹，张征，等. 中国农村改革 40 年[M]. 北京：人民出版社，2018：33 – 34.

② 新浪财经新闻. 改革开放之初，国民经济比例失调是如何扭转的[EB/OL]. (2022 – 01 – 23) [2023 – 04 – 24]. https://finance. sina. com. cn/jjxw/2022 – 01 – 23/doc – ikyamrmz6989347. shtml? cref = cj.

14.7%为行政村和村民小组共同占有，0.8%为其他所有①。土地产权界定不清容易引起集体权利的滥用、土地承包关系的不稳定，以及土地分配不均等情况。其次是土地经营规模小，农户收益低。土地的细碎化经营无法实现农业生产的规模效应，不利于农业机械化作业，农村土地资源得不到优化配置，很难推进农业农村的现代化。最后是承包关系不稳，农地流转缓慢。稳定的承包关系会促进农地投入的增长，但由于“土地承包权”“农村集体经济组织成员”相关概念不清晰，以及农村土地流转机制缺乏，导致农地流转缓慢，不利于农业现代化发展。

随着我国城市化和市场化的深入发展，现有宅基地制度也面临一系列深刻的问题和矛盾。大量材料表明，现有宅基地制度已经越来越不适应发展的要求了。

首先，宅基地不能充分流转和正常市场交易，造成宅基地资源大量闲置。家庭联产承包责任制的推行，使得小农家庭的生产功能得到恢复，家庭财富的积累带来了宅基地利用的变迁。例如，1997年公安部出台了《小城镇户籍管理制度改革试点方案》，决定小城镇户口不再实行计划管理模式，标志着农民在小城镇落户的限制被解除，随后持续若干年的“民工潮”出现。农村劳动力向城市转移，使得农村宅基地居住效率降低，住宅出现“空心化”现象。但农民工进城是反复的、不确定的，因此农村宅基地的居住功能就不会减弱，同时，农业作为小农家计重要补充的长期性，决定了宅基地的生产功能不会很快消失。少部分顺利进城的农民不愿退出宅基地，大部分农民的城乡可逆性流动导致了宅基地的闲置。

其次，宅基地的福利分配和无偿使用导致出现农村人口减少和村庄用地扩大并存的悖论。按照经济的一般规律，当一个国家或地区的城市化加速发展，大量农村人口会向城市转移，农村居住用地会相应减少，但我国出现了相反的情况。1978—2006年，我国城市化率从17.9%增长到

① 全国农村固定观察点办公室.当前农村土地承包经营管理的现状及问题[J].农村经济研究参考,1998(5):18.

43.9%，其中，1996—2006年平均每年增长1.45个百分点。正是在城市化增长较快的这后10年中，全国农村人口减少了1.23亿，人均宅基地面积却从0.29亩上升到0.34亩。因此，农村普遍存在宅基地面积超标和“一户多宅”的情况。农村集体经济组织可以分配的宅基地资源也是相当紧缺的，在正常分配得不到的情况下，农户会通过各种方式占有耕地，从而将其转换为宅基地，据统计，1980—1996年我国耕地共减少6051万亩，其中农村新建房占用411.4万亩，份额为6.8%，成为耕地流失加剧的一个重要原因。

自党的十四大开幕之日起，随着中国特色社会主义市场经济体制的不断成熟，市场经济体制、财富分配机制、权力机制及其相互之间的权责制都经历了重大的改变，这一改变不仅推动了中国经济社会的腾飞，也促进了中国的政治、文化、社会及其他领域的发展。1992年，中国经济社会的腾飞得益于沿海经济的开放，这些经济社会开放活动不仅带来大量的就业机会，也极大地提高了中国经济社会的竞争性。随着经济的发展，人们的工作技能不断提高，人们的就业机会不断增多。这种变化形成了对劳动力的市场需求，带动了劳动力大规模的流动；同时，大量的农用地转化为建设用地，使得土地资源在沿海地区变得稀缺，大量农村剩余劳动力流向城市，使得城乡收入差距逐渐拉大，因此需要变革农村土地制度，加强对农村宅基地以及集体建设用地制度的管理。

三、农村土地制度改革思想的发展演变

（一）“解放思想，实事求是”，突破农业旧体制

社会主义建设的10年艰难探索时期已经过去，全国人民欢欣鼓舞，改革开放已成为不可阻挡的历史潮流。然而改革开放仍面临重重思想阻力。1978年5月11日，《光明日报》第一版发表文章《实践是检验真理的唯一标准》，立即引起全国上下的极大关注。就这样，关于真理标准的大讨论，在全国各地、各单位、各个阶层的人群中迅速地展开了。在邓小平同志等

老一辈革命家领导和支持下开展的这场思想解放运动，成为改革开放的思想先导，为党的十一届三中全会做了重要理论准备。

“解放思想，实事求是”宣言及实行改革开放的重要决定标志着一个新的时代的到来，它们不仅极大地影响着人们的思维方式，也为当今的农业发展提供了一个新的机遇，让广大农民群众可以摆脱传统的思维定式，勇敢地去尝试新的农业发展模式。随着部分地区的农户在当地冒着巨大风险压力按下“红手印”，一种新的、以家庭为主导的农业管理模式正式崛起，它不仅替代了原先的公社式的集体管理，而且还为当地的农业带来了更多的可能性。从 1978 年年底安徽凤阳小岗村 18 户村民自发签下包干合同开始，到 1983 年年底全国超过 98% 的农户实行了各种形式的统分结合、双层经营的家庭联产承包责任制。这一制度是中国农民的伟大创造，这一自发形成的农村土地制度最终得到党中央的确认、支持和推广，引起中国共产党改革开放之初农村土地制度改革思想的形成和变迁，集中体现在邓小平对这一制度的肯定和中央文件之中。1979 年 9 月，党的十一届四中全会通过的《关于加快农业发展若干问题的决定》指出，对于农村集体经济单位“应该允许他们在国家统一计划的指导下因时因地制宜，保障他们在这方面的自主权，发挥他们的主动性”。1980 年 5 月，邓小平指出：“农村政策放宽以后，一些适宜搞包产到户的地方搞了包产到户，效果很好，变化很快。”他还指出包产到户具有集体经济性质：“有的同志担心，这样搞会不会影响集体经济。我看这种担心是不必要的①。”

（二）“三个有利于”思想的引入，不断深化土地制度改革

20 世纪 80 年代末 90 年代初，随着东欧剧变、苏联解体，世界社会主义运动进入历史低潮，很多人对社会主义的前途和命运感到彷徨迷茫。这种现实状况不可避免地对当时的中国产生了巨大影响。改革开放会不会改变中国社会主义的性质？还要不要继续改革开放？一系列对改革开放的质

① 中共中央文献编辑委员会. 邓小平文选：第 2 卷[M]. 北京：人民出版社，1994：315.

疑声音开始出现，一些人担心改革开放会使中国出现苏联的悲剧，因此对改革开放的措施和政策都要问一问姓“资”还是姓“社”。我国改革开放与社会主义现代化建设处在了前所未有的紧要关头。对此，邓小平基于深入的理论思考和实践经验总结，提出“是否有利于发展社会主义社会的生产力，是否有利于增强社会主义国家的综合国力，是否有利于提高人民的生活水平①”的判断标准，“三个有利于”的标准以其科学性和准确性，成为衡量改革开放政策和举措的新尺度。凡是符合这个标准的都可以为国家所用，可以大胆地尝试和推行，这在思想层面解答了一些人的困惑，使他们从事事都要问一问姓“资”姓“社”的困顿中解脱出来，实现了思想和行动上的进一步解放。

同时，邓小平在南方谈话中也非常明确地指出：“不坚持社会主义，不改革开放，不发展经济，不改善人民生活，只能是死路一条②。”他反复强调发展才是硬道理，对于中国这样的发展中大国来说，经济必须发展得快一点才行，“低速度就等于停步，甚至等于后退③”。邓小平对“以经济建设为中心”的肯定，不仅消除了一些人对强调发展经济的顾虑、质疑，也明确了以经济建设为中心是推进中国式现代化道路的必然要求。

“三个有利于”思想的引入也推动了农业制度的改革。1982 年中央一号文件对迅速推开的农村改革进行了总结，并对当年和此后一个时期农村改革和农业发展作出了具体部署，引起了全国人民的热切关注，随后 4 年的中央一号文件一直致力于推动农业的可持续发展，以确保家庭联产承包责任制的持久性、优化产业布局，并且不断推进农村的社会变革。这 5 年的中央一号文件体现出党和国家迫切解决“三农”问题、建设社会主义新农村的意志。从事基层劳动生产的广大农民也发现了家庭联产承包责任制实行过程中带来的问题，如土地分散不利于规模经营、机械化运作等。20 世纪 80 年代后期，人们开始自发地通过各种形式流转土地的使用权。胡锦

① 中共中央文献编辑委员会. 邓小平文选：第 3 卷[M]. 北京：人民出版社，1994：372.

② 中共中央文献编辑委员会. 邓小平文选：第 3 卷[M]. 北京：人民出版社，1994：370.

③ 中共中央文献编辑委员会. 邓小平文选：第 3 卷[M]. 北京：人民出版社，1994：375.

涛同志2008年9月30日在安徽凤阳小岗村考察期间的谈话对土地流转寄予厚望，透露将允许农民以多种形式流转土地承包经营权，发展适度规模经营，他鼓励农民合作起来发展。随着经济社会的发展，各地政府也在大力推动土地利用制度的改革，如实施两田制、大型经营、股份合作制以及“四荒”的使用权竞价等。

（三）重视“三农”问题，发展“三农”思想

21世纪初，我国社会处于转型时期，由于中央经济集权的观念，地方政府不断强化自主性，再加上农民自身产权意识的薄弱，导致农地制度的缺陷不断暴露，出现了土地审批上的种种问题、地方财政严重依赖土地效益以及农民在土地上相关权益的损失。“三农”问题开始引起全社会的高度关注。

从我国经济社会发展的客观现实来看，过去城市化和工业化是国家发展的重点，农业在这个过程中处于次要地位，没有得到根本性的发展，农业与工业、城市与农村各方面已相差太大，这种状况必然阻碍着全面建设小康社会的步伐。再加上1994年我国实行分税制改革，地方税收占比下降。原来中央财政占比只有27%，地方财政占比73%；分税制改革之后，中央财政和地方财政平分，地方政府减少了23%的收入，只能从农村提取①。所以，我国实行分税制改革后，农村税费负担不断加重，“三农”问题初露端倪。再到21世纪初，城乡收入差距不断加大，到2002年，城乡收入差距比超过3倍（见图4－5）。2003年全国农民人均纯收入为2622元，城镇居民人均可支配收入为8500元，前者为后者的30.8%②，且这种差距在一定时期并没有缩小的势头。同时城乡面貌反差太大，我国农村在教育、卫生、文化等社会事业方面十分落后，远不如城市社会事业的发展，二者形成了强烈的反差。2001年我国成功加入世界贸易组织，农业发

① 温铁军，邱建生，车海生，等．改革开放40年“三农”问题的演进与乡村振兴战略的提出[J]．理论探讨，2018(5)：5－10．

② 邹祥勇．胡锦涛农业发展思想研究[D]．重庆：重庆师范大学，2015．

展面临的国际环境发生重大变化，机遇与挑战并存，农业发展直接或间接地受到国际竞争的影响，这种情况要求我国必须尽快调整农业发展战略。

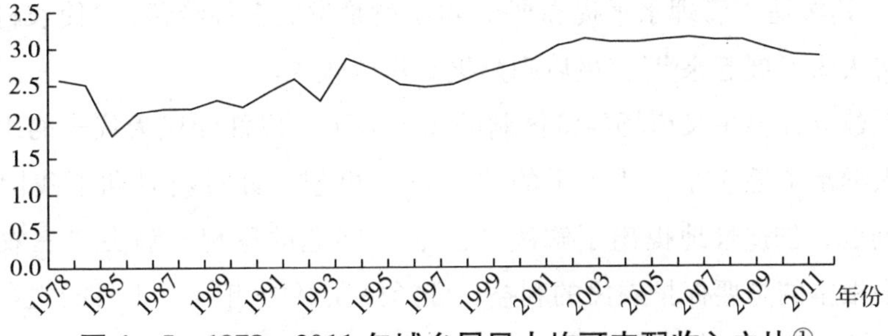

图 4－5　1978—2011 年城乡居民人均可支配收入之比①

党中央和国家也不断重视“三农”问题。以邓小平为代表的中国共产党人继承和发扬了毛泽东同志的“三农”思想。邓小平认为，“从中国的实际出发，我们首先解决农村问题②”，农村稳定就是社会稳定的基础；邓小平也多次强调“农业是根本，不能忘掉”“要避免过几年又出现大量进口粮食的局面，如果那样，将会影响我们经济发展速度③”。其还指出粮食问题是农业问题的关键与核心，而农业发展问题不仅要靠政策，也要靠技术，“将来农业问题的出路，最终要由生物工程来解决，要靠尖端技术④”。在工农关系上，邓小平在 1962 年 7 月 7 日《怎样恢复农业生产》一文中指出，“农业搞不好，工业就没有希望，吃、穿、用的问题也解决不了”。“工业的发展、商业和其他经济活动，不能建立在 80% 的人口贫困的基础上⑤”，体现了其工业越发展就越要重视农业的思想；他同时也强调发展农业，必须增加农民收入、调动农民的生产积极性，“在生产关系上不能完全采取一种固定不变的形式，看用哪种形式能够调动群众的积极性

① 1978—1999 年：纪韶，荣编伟. 中国城乡居民收入差距实证分析[J]. 东北财经大学学报，2002(3)：21－23；2000—2012 年：姜长云，李俊茹，王一杰，等. 近年来我国农民收入增长的特点、问题与未来选择[J]. 南京农业大学学报(社会科学版)，2021，21(3)：1671－7465.

② 中共中央文献编辑委员会. 邓小平文选：第 3 卷[M]. 北京：人民出版社，1994：65.

③ 中共中央文献编辑委员会. 邓小平文选：第 3 卷[M]. 北京：人民出版社，1994：159.

④ 中共中央文献编辑委员会. 邓小平文选：第 3 卷[M]. 北京：人民出版社，1994：275.

⑤ 中共中央文献编辑委员会. 邓小平文选：第 3 卷[M]. 北京：人民出版社，1994：117.

就采用哪种形式[①]”，鼓励发展乡镇企业。在农村土地制度改革上，邓小平同志提出，要为集体化的进一步发展创造条件，首先在于“机械化水平提高[②]”，其次是“管理水平提高[③]”，再次就是发展多种经营，“使农村的商品经济大大发展起来[④]”，最后则是提高集体收入。

在建立社会主义市场经济体制的新形势下，以江泽民为代表的中国共产党人继承了毛泽东、邓小平的“三农”思想，针对新时期下我国“三农”问题，创造性地提出了解决“三农”问题的思想。解决“三农”问题，最根本的是要保护农民的利益。江泽民在1993年4月1日的文章《当前的经济工作》中说，“对农民的切身利益和生产积极性，不能损害、挫伤，一定要采取坚决措施，切实加以保护”，这也是制定农村政策必须坚持的基本准则，是检验政策是否正确的根本标准。江泽民主张以市场为导向，发展农业和农村经济，“坚持以市场为导向，调整农村产业结构，优化资源配置，走高产、优质、高效的道路。这是我国农业发展势在必行的深刻变革，也是农村经济工作指导方针的一个战略性转变[⑤]”；江泽民也指出，中国大部分人口是农民，分布在农村，应重视解决农村贫困问题，在扶贫方法上，强调要有一个重大改变，从传统的救济式扶贫向开发式扶贫转变，在2001年中央扶贫开发工作会议上，江泽民提到“坚持开发式扶贫的方针，就是贯彻邓小平同志关于发展是硬道理的重要思想，目的是解放和发展生产力……最重要的就是要不断增强贫困地区自我发展的能力”。以及不断推动建设富裕民主文明的社会主义新农村，只有物质文明和精神文明都搞好，经济社会协调发展，才是中国特色社会主义的新农村。江泽民在安徽省考察工作时就农业和农村问题发表的讲话中提到“深化农村改革，首先必须长期稳定以家庭承包经营为基础的双层经营体制[⑥]”“稳

① 中共中央文献编辑委员会. 邓小平文选：第1卷[M]. 北京：人民出版社，1994：323.
② 中共中央文献编辑委员会. 邓小平文选：第2卷[M]. 北京：人民出版社，1994：315.
③ 中共中央文献编辑委员会. 邓小平文选：第2卷[M]. 北京：人民出版社，1994：315.
④ 中共中央文献编辑委员会. 邓小平文选：第2卷[M]. 北京：人民出版社，1994：316.
⑤ 中共中央文献研究室. 十四大以来重要文献选编（上）[M]北京：人民出版社，1996：428.
⑥ 中共中央文献编辑委员会. 江泽民文选：第二卷[M]. 北京：人民出版社，2006：212.

定家庭承包经营，核心是要稳定土地承包关系[①]”，认为“少数确实具备条件的地方，可以在提高农业集约化程度的基础上，发展多种形式的土地适度规模经营，但也要群众自愿[②]”。

以胡锦涛同志为代表的中国共产党人从我国经济社会发展进入新阶段的实际出发，站在社会主义现代化建设的全局、顺应历史发展潮流、顺应经济社会发展趋势，在处理工农关系、城乡关系和解决“三农”问题上提出了一系列新的论断、新的思想理论、新的政策措施。在2003年年初召开的中央农村工作会议上，胡锦涛指出，要把解决好“三农”问题作为全党工作的重中之重；2004年温家宝在《政府工作报告》中又提出“把解决‘三农’问题作为事关全局的战略性问题，作为全党工作的首要任务，是党中央对农业基础地位理论的重大发展”。胡锦涛十分重视我国经济社会发展过程中的城乡差别、区域差别和工农差别，多次召开专门会议，专题研究农业发展问题，要求把解决好农业、农村、农民问题放在全党工作重中之重的战略位置。2004年3月，胡锦涛在中共中央政治局第十一次集体学习时强调，工业应反哺农业，农村和城市是密切联系、相互依存的，二者要协调发展。2004年12月召开的中央经济工作会议上，胡锦涛再次强调“我国现在总体上已达到了以工促农、以城带乡的发展阶段。我们应当顺应这一趋势，更加自觉地调整国民收入分配格局，更加积极地支持‘三农’发展”。2007年10月，胡锦涛在党的十七大报告中首次提出要建立以工促农、以城带乡长效机制，这是落实工业反哺农业、城市支持农村方针的必然要求。2008年10月，党的十七届三中全会进一步指出：“要始终把着力构建新型工农、城乡关系作为加快推进现代化的重大战略，加快建立健全以工促农、以城带乡的长效机制[③]”，进一步把以工促农、以城带乡的长效机制上升到战略高度。2009年中央一号文件则提出要加大农民种粮支持力度，加大力度解决农民工就业问题，加快农村民生工程建设。在建设

① 中共中央文献编辑委员会. 江泽民文选：第二卷[M]. 北京：人民出版社，2006：213.

② 中共中央文献编辑委员会. 江泽民文选：第二卷[M]. 北京：人民出版社，2006：213.

③ 中共中央文献研究室：十七大以来重要文献选编（上）[M]. 北京：中央文献出版社，2009：673.

社会主义新农村问题上，胡锦涛在党的十六届五中全会上强调要按照“生产发展、生活宽裕、乡风文明、村容整洁、管理民主”的要求，扎实稳步推进农村经济建设。

在改革开放与社会主义现代化建设新时期，党中央历代领导集体在农业发展及相关问题的各种讲话、报告以及出台的相关文件中都反复强调和突出要加强农业的基础地位，把农业发展及相关问题作为全党工作的重中之重，凸显了农业的战略基础地位，营造了全社会关注农业发展问题的氛围，逐渐成为全党全国人民的共同认识。

第二节　改革开放与社会主义现代化建设新时期农村土地制度的演化

一、改革开放与社会主义现代化建设新时期农地制度的演化

（一）1978—1984 年：确立家庭联产承包责任制的农地制度

1978 年年底，安徽省凤阳县小岗村采取“包产到户”“包干到户”政策，以缓解当时的粮食短缺，促进农村的繁荣。1980 年全国包产到户的比重已经达到 20%①。这标志着中国的农村土地制度改革取得了长足的进步，也是中国改革开放的关键一环。党中央深刻领会了人民的强烈呼声，开始重新思考基层的农业经济结构，传统的公有制、集体化的管理模式已经无法满足农业生产力提升的需要，必须采取措施来调整土地的管理模式。

1982 年，中央一号文件精神确定了家庭联产承包责任制的正确性，将其纳入当时的“包产到户、到组，包干到户、到组”等发展共同产品经营

① 张旭，隋筱童. 我国农村集体经济发展的理论逻辑、历史脉络与改革方向[J]. 当代经济研究，2018(2)：26－36.

负责制中。而当年1月，国务院发布的《全国农村工作会议纪要》更进一步明确指出家庭联产承包责任制与过去的“小私有”集体生产责任制形态大相径庭，因此，必须继续完善和优化农业的政策。连续3年的中央一号文件都是要加强并改进家庭联产承包责任制。

1983年年底，中央一号文件指出，家庭联产承包责任制的建立，标志着中华人民共和国土地集体所有制的家庭联产承包经营体制的建立，使得发包到户的比例超过95%，这也标志着马克思主义农村合作一体化思想在中国的蓬勃发展。

在这个阶段，我国农地流转是被明确禁止的。推行农地流转机制，可以更好地调整土地利用方式，促进土地的合理利用。这种机制旨在通过将土地的所有权与其他利益相关者的利益相结合，促进土地的可持续发展，极大地解放了农业生产力。1982年1月，《全国农村工作会议纪要》明确规定，社员发包的农村土地不得购买、租赁、转移或荒废，否则，社会集体可以回购；若社员无法正常经营或改变经营方向，则应当归还集体。

（二）1984—1998年：家庭联产承包责任制成为基本经济制度，探索使用权流转的农地制度

1984年，中央一号文件精神强调乡村土地承包期通常应在15年以上，以确保生产责任的有效实施，并且鼓励农户参与到农产品的创新中，以实现农村经济的发展。1985年，政府取消了对农产品的统一采购，使得农户拥有了更多的自主权，可以自行进行商业活动。经过改革，“三级所有、队为基础”的取缔，以及家庭联产承包责任制的实施，使得农村的发展取得了重大的进步，形成了具有独特性的“家庭联产承包、土地集体所有”的模式。

1986年6月，《中华人民共和国土地管理法》首次明确了土地的承包经营权受法律保护。

1991年11月，《中共中央关于进一步加强农业和农村工作的决定》明确指出，家庭联产承包责任制是家庭经营和集体经营相结合的双层经营体制，是我国的一项基本制度，要将其长期稳定下去，不断充实与完善。

1993年3月修正的《中华人民共和国宪法》规定，农村中的家庭联产承包为主的责任制和生产、供销、信用、消费等各种形式的合作经济，是社会主义劳动群众集体所有制经济，这是家庭承包制度首次入宪。1993年中共中央、国务院《关于当前农业和农村经济发展的若干政策措施》提出："在原定的耕地承包期到期之后，再延长三十年不变。"并提倡"增人不增地，减人不减地"，在2002年出台的《中华人民共和国农村土地承包法》、党的十七届三中全会报告中明确提出，稳定的土地承包经营权是由国家法律规定的，现有土地承包关系要保持稳定并长久不变。以"长久不变"为核心的一系列农村土地政策，包括农村集体土地所有权和农户承包经营权的确权、登记、颁证，大大促进了农村土地承包经营权的稳定。

《关于建立社会主义市场经济体制若干问题的决定》（1993）、《关于稳定和完善土地承包关系的意见》（1995）、《关于治理开发农村"四荒"资源进一步加强水土保持工作的通知》（1996）等文件，为中国农业土地的合理利用提供了重要的指导，并且为"转包、出租、互换、入股、抵押、转让"的合理使用提供了可行的模板，使得农业的合理利用更具可操作性。

然而，由于传统的家族式的小型集体经营无法充分体现出现代农业的规模效应，使得现代农业的科学管理受到限制，导致其生产成本较高，而且收入也相对较少，从而阻碍了农村的可持续性发展，也影响到农民的财富积累。因此，实施农地流转，优化土地资源的配置，推动农村的可持续性，已成必然。随着时光的推移，农地的流转政策越来越宽松。

20世纪80年代初，由于农村改革的不断推进，农民们纷纷将自己的耕种权利出售或转移，这种现象越来越普遍。因此，中央和各级人民政府制定了大量的优惠政策，以支持和促进"稳固和健全家庭联产承包责任制"，并在发达城市和郊区实施适度规模化的经营。1984年，"发展适度规模的种植专业户"政策首次被实施，允许农民在获得集体同意的情况下将土地转包给种植者，并获得相应的经济补偿。1986年，"发展适度规模的种植专业户”政策得到进一步实施。

20世纪80年代中期以后，乡镇企业在发达农区和大城市郊区蓬勃发展，这些地区有相当比例的农村劳动力“离土不离乡”，出现一部分农户不想舍弃土地但又不用心耕种，另一部分农户想多种地却又得不到地的窘境。1987年9月，国务院开始提倡在京、津、沪、苏、粤及沿海“发达地区的农村和大城市郊区进行适度规模经营”，进行家庭农场或合作农场的试验，探索农地流转的新形态。同年，国务院决定建立农村改革试验区，允许在江苏的苏、锡、常地区和北京顺义及广东沿海地区进行适度规模经营，在山东平度进行“两田制”试验。土地经营权的流转突破了家庭承包经营的限制，土地流转制度开始进入新的试验期。

在农民的需要、政府的鼓励和推动下，各地在土地集体所有、家庭经营的制度框架下，探索多种类型的土地使用权流转形态，以提高土地生产率，实现资源优化配置和制度激励。“两田制”、土地股份合作制、规模经营以及“四荒”使用权拍卖等土地流转形态悄然兴起。这些模式都是以集体为主导的农地流转，是在家庭承包制框架下的农地制度创新。1987年1月，中共中央在《把农村工作引向深入》中指出：“承包人将承包合同转让或转包给第三者，必须经发包人同意，否则合同无效。”

1988年4月，《中华人民共和国宪法修正案》真正承认了农用土地流转的合法性。《中华人民共和国土地管理法》也作了相应的修改：“国有土地和集体所有的土地使用权可以依法转让。”随着政府部门相关法律的颁布，农户的土地承包经营权获得了显著提升，这不仅为土地转包提供了法律依据，也为实践提供了有力的支撑，使得土地承包政策的内涵获得了更加丰富的体现。

进入20世纪90年代，在中央的进一步鼓励下，农地流转步伐明显加快。1990年3月，邓小平在阐明“两个飞跃”思想时指出，“第二个飞跃，是适应科学种田和生产社会化的需要，发展适度规模经营，发展集体经济”①。这为土地承包经营权流转指明了方向。1993 年颁布的《中华人民共和国农业法》则对土地承包经营权进行了拓展、细化、提高。

1995 年，国务院办公厅发布的《关于稳定和完善土地承包关系的意见》规定，农村土地经营权能够通过转包、转让、交换或者投资等多种途径得到保障，从而大大拓宽了土地流转的范围。

1997 年 2 月的《关于 1997 年农业和农村工作的意见》明确：要实现农村土地适度规模经营，必须满足一定的条件，并充分尊重农民的意愿。

（三）1998—2004 年：以家庭承包经营为基础，构建规范化的农地流转制度

1999 年修订的《中华人民共和国宪法》规定，农村集体经济组织实行家庭承包经营为基础、统分结合的双重经营体制，从而将农村双重经营体系写进根本法律。

政府通过立法明确规定，农民是土地流通的核心参与者，并赋予他们土地承包经营权，提出了探索农地流转的新要求。

首先，以法律之名明晰农户用地转让的主体性。2002 年《中华人民共和国农村土地承包法》把土地承包经营权流转政策上升为法律，确定了“土地承包经营权流转”的称谓概念，对土地流转形式、原则、主体和分配方式等方面作出规范；同年修正的《中华人民共和国农业法》也对此进行了明晰，如规定：要依法保障农村土地承包关系的长期稳定，保障农民的使用权即土地的承包经营权。同时也说明了农村土地承包经营的方式、期限、发包方和承包方双方的权利义务、土地承包经营权的保护和流转等，通用《中华人民共和国土地管理法》和《中华人民共和国农村土地承包法》。其次，2002 年颁布的《中华人民共和国农村土地承包法》，还专门设章节规定了“土地承包经营权的流转”问题，确立了我国农村土地转包、出租、互换、转让等方式的流转制度。

---

① 中共中央文献编辑委员会. 邓小平文选：第 3 卷[M]. 北京：人民出版社，1993：335.

（四）2004—2012 年：法律上明确土地承包经营权为用益物权，健全农地流转制度

2004 年，土地承包经营权的流转得到了宪法的确认。同年 4 月，国务院《关于妥善解决当前农村土地承包纠纷的紧急通知》指出村民的土地承包经营权必须受到国家的尊重，一切团体或个人都不能侵害或破坏他们的合法权益，以此来维护村民的利益。2005 年农业部在《农村土地承包经营权流转管理办法》中明确：农村土地经营必须在公平协议、法律、自主、有偿的原则上，允许采用转包、出租、互换、转移等形式，以符合国家法律法规和政策要求。随着新的法律和政策的出台，农村土地的发包和流通已经建立起了完善的机构和制度。

从法律上确认土地承包经营权的物权性质。2007 年 10 月，《中华人民共和国物权法》施行，明确土地承包经营权为用益物权，从法律上确认了对土地承包经营权的物权保护，农村基本经营制度的法律体系逐步建立健全。

实现土地流转、土地规模化经营是现阶段我国农业、农村和农民发展的必由之路。这促使政府积极主动放开土地流转并推出相应的政策措施。2008 年 10 月，党的十七届三中全会通过《中共中央关于推进农村改革发展若干重大问题的决定》，明确指出要发展多元化、多种形式的土地流转模式，要完善土地流转制度，以更加有效的方式实施，满足当前社会经济的需求。此后，全国范围内的农村土地流通开始不断探索与改革。

随后，2009 年中央一号文件《促进农业稳定发展农民持续增收的若干意见》突出了农户在土地流转过程中的重要作用，并且大力支持在符合要求的地区建立流动服务机构，以便更好地协助当事人进行土地流转，包括但不限于法律指导、信息交换、价值评估、协议签署、争议解决等。2010 年中央一号文件《加大统筹城乡发展力度　进一步夯实农业农村发展基础的若干意见》明确指出，要建立完善的农村土地流通体系，实行合同制、股份制、承包制等，以及建立完善的农村产权制度，促使农户以合作的方式获得更大的利益。党的十八大提出，要建立多元化的、集约化的、专业

性的、机构化的、社会性的先进农业经营体制，党的十八届三中全会更加重视，要求将承包地的取得、利用、效益、流动及发包经营权抵押、担保权交给农户，鼓励他们以土地使用权入股，推动农业产业化发展。为了更好地推动农地有效流动，政府应当加强对专门大户经营、村民合作社、农产品公司等的支持，并积极推动各类型的规模化经济的兴起。

通过将1978—2012年党的历次重大会议报告中关于农村土地制度的表述进行梳理，发现这一时期我国的农村土地制度的演化经历了四个阶段，分别是：1978—1984年：确立家庭联产承包责任制的农地制度；1984—1998年：家庭联产承包责任制成为基本经济制度，探索使用权流转的农地制度；1998—2004年：以家庭承包经营为基础，构建规范化的农地流转制度；2004—2012年：法律上明确土地承包经营权为用益物权，健全农地流转制度。如表4－1所示。

表4－1　1978—2012年农地制度的演化

时间	文件名称	内容
1978—1984年：确立家庭联产承包责任制的农地制度		
1979年12月	《中共中央关于加快农业发展若干问题的决定》	“不许分田单干。除某些副业生产的特殊需要和边远山区、交通不便的单家独户外，也不要包产到户”
1982年1月	《全国农村工作会议纪要》	“社员承包的土地，不准买卖，不准出租，不准转让，不准荒废，否则，集体有权收回；社员无力经营或转营他业时应退还集体”
1983年1月	《当前农村经济政策的若干问题》	“是在党的领导下中国农民的伟大创造，是马克思主义农业合作化理论在我国实践中的新发展”，正式确立了家庭联产承包责任制
1984—1998年：家庭联产承包责任制成为基本经济制度，探索使用权流转的农地制度		
1984年1月	《关于一九八四年农村工作的通知》	“鼓励土地逐步向种田能手集中”
1986年1月	《关于一九八六年农村工作的部署》	“发展适度规模的种植专业户”
1987年1月	《把农村工作引向深入》	“承包人将承包合同转让或转包给第三者，必须经发包人同意，否则合同无效”

续表

时间	文件名称	内容
1988 年 4 月	《中华人民共和国宪法修正案》	真正承认了农用土地流转的合法性。将原《中华人民共和国宪法》第十条第四款“任何组织或者个人不得侵占、买卖、出租或者以其他形式非法转让土地”修改为：“任何组织或者个人不得侵占、买卖或者以其他形式非法转让土地。土地的使用权可以依照法律的规定转让。”
1991 年 11 月	《中共中央关于进一步加强农业和农村工作的决定》	把这一体制正式表述为“统分结合的双层经营体制”，指出“要在稳定家庭承包经营的基础上，逐步充实集体统一经营的内容。一家一户办不了、办不好、办起来不合算的事，乡村集体经济组织要根据群众要求努力去办”
1993 年	《中华人民共和国宪法》	将“家庭联产承包责任制”写进《中华人民共和国宪法》修正案，使其成为一项国家的基本经济制度
1993 年 11 月	《关于当前农业和农村经济发展的若干政策措施》	“在原定的耕地承包期到期之后，再延长三十年不变”，并提倡“增人不增地，减人不减地”，促进了土地承包经营权的稳定
1996 年 1 月	《关于“九五”时期和今年农村工作的主要任务和政策措施》	“随着劳动力向非农产业转移，要建立土地使用权流转机制，在具备条件的地方发展多种形式的适度规模经营”
1996 年 6 月	《关于治理开发农村“四荒”资源进一步加强水土保持工作的通知》	确立了中国农村土地承包经营权依法、自愿、有偿流转的原则，明确了“转包、出租、互换、入股、抵押、转让”的流转方式
1997 年 2 月	《关于 1997 年农业和农村工作的意见》	“发展土地适度规模经营，必须坚持具备条件，并充分尊重农民的意愿”
1998—2004 年：以家庭承包经营为基础，构建规范化的农地流转制度		
1998 年 10 月	《中共中央关于农业和农村工作若干重大问题的决定》	“长期稳定以家庭承包经营为基础、统分结合的双层经营体制”，“是党的农村政策的基石，决不能动摇”，“土地使用权的合理流转，要坚持自愿、有偿的原则依法进行”
2001 年 12 月	《关于做好农户承包地使用权流转工作的通知》	系统提出了土地承包经营权流转政策，规定“农户承包地使用权流转要在长期稳定家庭承包经营制度的前提下进行”，并提出“农户承包地使用权流转必须坚持依法、自愿、有偿的原则”

续表

时间	文件名称	内容
2002 年 8 月	《中华人民共和国农村土地承包法》	该法于 2003 年 3 月 1 日实施，其第四条为："国家依法保护农村土地承包关系的长期稳定。"从而把土地经营权的稳定上升到法律地位。把土地承包经营权流转政策上升为法律，确定了"土地承包经营权流转"的称谓概念，在土地流转形式、原则、主体和分配方式等方面作出规范
2004—2012 年：法律上明确土地承包经营权为用益物权，健全农地流转制度		
2004 年 4 月	《关于妥善解决当前农村土地承包纠纷的紧急通知》	"流转土地承包经营权是农民享有的法定权利，任何组织和个人不得侵犯和剥夺，要尊重外出务工农民的土地承包权和经营权"
2005 年 1 月	《农村土地承包经营权流转管理办法》	"土地流转遵循平等协商、依法、自愿、有偿的原则，可以采取转包、出租、互换、转让或者其他符合有关法律和国家政策规定的方式流转"
2007 年 3 月	《中华人民共和国物权法》	"土地承包经营权人依法对其承包经营的耕地、林地、草地等享有占有、使用和收益的权利，有权从事种植业、林业、畜牧业等农业生产。"土地承包经营权人"有权将土地承包经营权采取转包、互换、转让等方式流转"。"承包期内发包人不得收回和调整承包地。""土地承包经营权可以转让、入股、抵押或者以其他方式流转"
2008 年 1 月	《关于切实加强农业基础建设进一步促进农业发展农民增收的若干意见》	"按照依法、自愿、有偿原则，健全土地承包经营权流转市场。加强土地流转中介服务，培育发展多种形式适度规模经营的市场环境"
2008 年 10 月	《中共中央关于推进农村改革发展若干重大问题的决定》	"允许农民以转包、出租、互换、转让、股份合作等形式流转土地承包经营权，发展多种形式的适度规模经营"
2009 年 2 月	《促进农业稳定发展农民持续增收的若干意见》	"强调农民的土地流转主体地位，鼓励有条件的地方发展流转服务组织，为流转双方提供法规咨询、信息沟通、价格评估、合同签订、纠纷调处等服务"
2010 年 1 月	《加大统筹城乡发展力度进一步夯实农业农村发展基础的若干意见》	"加强土地承包经营权流转管理和服务，健全流转市场，在依法、自愿、有偿流转的基础上发展多种形式的适度规模经营"

二、改革开放与社会主义现代化建设新时期宅基地制度的演化

宅基地作为法律术语在我国于 1962 年才出现，1998 年修订的《中华

人民共和国土地管理法》将我国土地分为农用地、建设用地和未利用地三类，而宅基地属于建设用地。

随着改革开放的深入推进，农村宅基地的归属问题也得到了解决，但是由于宅基地制度的不断变化，农村经济的发展也出现了一些新的挑战。为此，政府采取了一系列的政策措施，包括制定和完善相关的法律法规，以加强宅基地的管理。

1. 1978—1998 年：集体所有制下自由流转的宅基地制度

从 1982—1998 年，国家相继出台了《村镇建房用地管理条例》《中华人民共和国土地管理法》《村庄和集镇规划建设管理条例》《确定土地所有权和使用权的若干规定》等法律规章，说明这一时期农村宅基地制度的管理比以往更加严格，也更加具体。相应的宅基地制度改革内容有：

（1）明确农村宅基地所有权三级主体。1986 年，《中华人民共和国土地管理法》第八条明文规定，为了更好地保护和管理农村共同拥有的土地，按照法律规定应将其归于村集体所有，由村农业经济生产合作社等农村集体经济组织运营、负责管理。明确规定，三类农村土地的拥有者分别是本村的农业集体经济组织、本村的农业生产合作社、村民委员会。

（2）建立宅基地确权登记制度。1995 年颁布的《确定土地所有权和使用权的若干规定》，明确提出建立宅基地确权登记机构，以便更好地保障农村建设用地使用权的合法性和有效性。详细规定了如何确定非农户口，包括但不限于非农业户口的人通过转让、购买或者继承获得的建设土地使用权。

（3）宅基地的申请主体比较广泛。1986 年，《中华人民共和国土地管理法》规定，关于宅基地的申请，其主体不局限于农村居民，还包含城镇非农民户口居民。另外，《土地管理法实施条例》也规定，像退伍军人、回家乡定居的华侨以及回原籍乡村落户的职工等，需要用到集体所有的土地来建设住宅的，都可以申请宅基地。这一阶段的我国并没有限制宅基地的申请主体。

（4）确定县、乡两级审批权限。《中华人民共和国土地管理法》明确指出，农民在建造房屋时，应当经过县级公民行政机关的同意，而利用原来的宅基地和村内闲置地，则必须经过乡级公民行政机关的同意，而城乡非农业户口城镇居民则必须经过县级公民行政机关的同意，方可利用集体房屋。《村庄和集镇规划建设管理条例》中也明确要求，凡是在乡镇安家的职员、士兵、官员、公务员、外国移民、港澳台同胞，其宅基地建设应该经过当地县级政府的审核。

（5）试行有偿使用。目的是管理农村宅基地，遏制宅基地的无序和滥占使用。1990 年《关于加强农村宅基地管理工作的请示》提出了实施有偿使用政策，旨在加强对农民土地利用权利、财产权利、农村土地利益等方面的监督，同时建立健全自我约束机制，明确了有效的收费标准，实施严格的有偿使用政策，但是由于地方实行过程中出现种种问题与阻碍，该政策的执行变得更为困难，从而给农民带来更大的财务压力。所以 1993 年出台的《关于认真贯彻全国减轻农民负担工作会议精神的通知》取消了这项政策。

（6）严格对宅基地流转的管理。《村镇建房用地管理条例》明文禁止买卖房屋的行为，并且强调了必须按照要求办理申请、审查和批准手续，这一举措旨在加强对宅基地的流通和使用管理。虽然允许宅基地的流转，但与之前的关于宅基地流转的相关政策比较，该条例的要求变得更为严苛，目的是确保宅基地的有效利用。

（7）制定村镇规划。《村镇建房用地管理条例》和《村庄和集镇规划建设管理条例》的颁布，规定了村镇规划的相关标准等。为实现乡土建设用地的可持续发展提供了有力的指导，使集体组织可以更加了解如何合理安排乡村居民的居住空间，以及如何保证乡村居民的居住条件，以满足社会发展的需求。

在这一时期，农村宅基地治理体制经历了由 1978—1986 年的宅基地“嵌入式治理”制度到 1986—1998 年的宅基地“结合治理”制度的转变。

1978—1986 年，随着经济的发展，政府采取了一系列措施来控制和调整土地资源，以确保农村的可持续发展。一方面，加强对重点工程的监督，确保不超出规定的范围；另一方面，提高对农村的社会责任感，确保农村的合法经营。在集体化时期，为了提升粮食产量和改善全体社员的生活质量，村集体采取了“嵌入式治理”的严格管理措施，即一户一宅，任何违反规定的行为都将受到严厉的惩罚，从而大大提升了宅基地的利用效率。有学者称该阶段的宅基地治理为“嵌入式治理”。

1986—1998 年，1986 年中共中央、国务院出台《关于加强土地管理、制止乱占耕地的通知》，没过多久《中华人民共和国土地管理法》颁布，其中第五条规定：“乡级人民政府负责行政区域内的土地管理工作。”1986 年，我国农村用地管理机构开始建立，这标志着我国从传统的行政管理模式时代进入了一个将行政、经济和法治有机融合的新管理模式时代。随着我国土地管理局的发布成立，中西部地区的国土部门也相继建立，但是由于当地的特殊情况，这种发展速度存在差异。在某些地区，由于缺乏必要的土地管理措施，仍未能形成完善的国土管理体系。

自 20 世纪 80 年代以来，为了实现制度现代化，政府不断加强正式机构的现代化，努力建立一套职责明确、结构完善、执行有力的科级组织体系，其中，在乡镇一级设立土地管理部门尤为重要。国土所的运营需要地方政府的支持和配合，同时也需要考虑农村社区的土地使用需求，以及国土所的管理职能是否符合土地使用的实际情况。

1998 年全国人民代表大会常务委员会通过的《中华人民共和国村民自治法》规定，村组织是“自我管理、自我服务、民主决策、民主管理”的自治组织，地方政府与集体组织的关系发生了转变，从行政隶属关系变为指导与被指导的关系，相应地，对于宅基地的管理也从单一的行政手段转变为行政手段和民事手段相结合，这一阶段宅基地属于“结合治理”的管理模式。“结合治理”使得宅基地治理权力由原来的单一治理演变为乡级和村级二者配合、一起承担治理责任。村组织作为农村的领头人，具有较高的集体治理能力，可以处理农民私自乱搭乱建房屋造成的许多宅基地边界矛盾、影响村民纳税积极性等诸多问题，所以村组织有着较高的治理积极性。同时，农民在土地上拥有着共同利益，面对相同的风险，因此大家对违规占地行为如有不满，也可以上报。因此，农民的监督与举报也构成集体治理的一部分。

随着中央对地方更大范围的授权，地方政府也开始变得更加具有影响力，它们也开始拥有更多的发言权，但是也存在一些腐败行为，如滥用职权、滥施税款、滥施土地征收等，从而导致了土地管理的混乱。20 世纪 90 年代，随着“乡村利益共同体”的迅猛实施，以及地方政府对于农村土地使用的过度依赖，土地征用和拆迁的压力更大。为此，地方政府不得不采用更多的手段来减轻土地征用和拆迁的压力，从而提高农村土地使用的效率，同时也激励地方政府对农村土地使用进行更有效的监督。1990 年，国务院发出《国家土地局关于加强农村宅基地管理工作请示的通知》，强调了应当积极采取措施，以便更好进行管理和利用乡村房屋，但不久之后，却出现了一些乡镇政府滥施收取费用，增加了村民的财务负担的现象。1993 年，国务院发出《中共中央办公厅 国务院办公厅关于涉及农民负担项目审核处理意见的通知》，明确提出，应当废除村民承担的各种形式的费用，如宅基地有偿使用费、宅基，超占费等，包括但不限于村民的土地收益、土地征收和土地开发等。

2. 1998—2004 年：使用权限制流转的宅基地制度

这时期关于宅基地的法律规章较少，主要是国家于 1998 年对《中华人民共和国土地管理法》作了第一次修订。1999 年国务院办公厅发布《关于加强土地转让管理严禁炒卖土地的通知》，为当今的村庄宅基地监管制定提供了一个完善的框架，使得当前的农村宅基地管理体系得以建立和完善。重点关注的几个领域包括：

（1）缩小宅基地申请主体范围。《中华人民共和国土地管理法》（1998 年）规定，仅准许农民申请宅基地，不再准许城市居民和外来务工人员等外来人员参与申请宅基地。这样，《中华人民共和国土地管理法》的适用性受到严重限制。当农民转变身份进入城镇时，他们便失去了获得宅基地的机会，从而使他们无法安家落户，严重影响到城镇和乡村之间的人口流动。

（2）确立了“一户一宅”政策。《中华人民共和国土地管理法》（1998年第一次修订）第六十二条规定：“农村村民一户只能拥有一处宅基地，其宅基地面积不得超过省、自治区、直辖市规定的标准。”1999年12月修订的《四川省〈中华人民共和国土地管理法〉实施办法》第五十二条规定：“农村村民一户只能拥有一处不超过规定标准面积的宅基地。宅基地面积标准为每人20至30平方米；3人以下的户按3人计算，4人的户按4人计算，5人以上的户按5人计算。”按照当时人民政府的要求，农民只能获得一个指定范围的宅基地，而且这种平均分配方式对于保障农民的生活质量和有效使用农业耕地有着重大意义。

（3）统一审批权限，严格审批程序。1998年《中华人民共和国土地管理法》指出，为确保公平、公正、合法的建设，必须实行全国人民政府机构审查，报县级地区公民行政机关审批规定的审批流程，以确保农民在申请建设时，无论是利用原有的住所或者拥有新的土地，都必须按照《中华人民共和国土地管理法》规定的流程进行。同时，对于需要征收的耕地，也必须履行相关程序才能征收。当时，我国政府高度重视土壤肥力的维持和管理。

（4）限制宅基地流转。1998年《中华人民共和国土地管理法》规定，农户出卖、出租住宅后，再申报宅基地的，不予审批。集体共同拥有的农村土地的所有权不能出让、转移或租借用于非农业建设。此外，1999年5月《关于加强土地转让管理严禁炒卖土地的通知》指出，农民不能向城市居民出售自己的住宅，也不允许城市居民占用农民集体土地来建设住宅。从《关于各地对社员宅基地问题作一些补充规定的通知》、《村镇建房用地管理条例》、《中华人民共和国土地管理法》（1998年）、《关于加强土地转让管理严禁炒卖土地的通知》4部重要的政策文件中，我们可以清楚地感受到，政府正在采取有力措施强化对农村宅基地的管理和监督。

3. 2004—2012年：*严格规范农村宅基地制度*

2004年《中华人民共和国土地管理法》中关于宅基地的规定较之以前的法律几乎没有变化，同年10月，国务院发布了《关于深化改革严格土地管理的决定》，提出要建立最严格的土地管理制度。同年11月，国土资源部出台的《关于加强农村宅基地管理的意见》是我国首个有关农村宅基地管理的文件，从土地规划、宅基地制度管理、申请报批的流程及农村集体土地的集约化利用等方面对我国的宅基地制度提出了建设性、指导性的意见，但是该意见对宅基地的使用权流转作了限制性的规定，强调严禁城镇居民在农村购买宅基地，严禁城镇居民在农村违法建造住宅，严禁为其发放土地使用证。2007年国家出台了《中华人民共和国物权法》，首次明确了宅基地使用权的用益物权性质。

（1）明确宅基地使用权的性质。《中华人民共和国物权法》第一次强调，农村宅基地使用权不仅属于一项用益财产权，而且还可以被视作一项独立的权利，它可以和其他权利一起被赋予，比如承包权和建设用地使用权。

（2）完善宅基地申请、审批程序。《关于加强宅基地管理的意见》第六条明确，建立一套严格的宅基地申请、审批流程，包括五个环节：先由村民自行提交申请；然后经由村级社区成员讨论，形成一致意见；在讨论过程中没有任何反对意见，报经乡（镇）审核；乡（镇）再报县政府审批；最后由村集体将审批结果张榜公布。

（3）继续严禁城镇居民在农村购置宅基地。《关于深化改革严格土地管理的决定》以及《关于加强宅基地管理的意见》等的出台，表明这个阶段我国对于农村宅基地的管理更加严格。即使在《关于加强宅基地管理的意见》里明确规定了宅基地申请、取得等内容，但这只属于国务院的一项政策性文件，其实施的限度并不大，无法对宅基地的滥用和浪费产生实质性的影响。

1998—2012年农村宅基地治理体制属于“脱嵌治理”制度。中央政府采取了多项措施来阻止和消除乡村组织的犯罪活动，包括加强土地利益的稳定、实施税收改革，以及推动乡村体制的变革。

1998年《中华人民共和国农村土地承包法》和“土地承包关系30年不变”政策的执行，在一定程度上增强了农民信心，稳定了农地承包关系，但是相应地使得农民无法重新进行土地调整，甚至在乡镇规划的建筑项目由于集中居住成本太高而无法进行。农民建房必须通过与他人协商或者直接用钱转让土地，才能获得更多的资源；然而村集体不能无偿帮助村民分配宅基地，农民还要承担更高的基础建设、交通、水利等方面的投入费用，这些都导致了宅基地“福利分配、免费使用、无偿收回”等规则的实行受到打击。

2002年开始的税收改革和乡村体制改革，导致村级组织管理公共事务的能力显著下降，村级组织的人数急剧减少，而且缺乏动力来维护村庄的宅基地。随着制度性权力的转移，村级组织从管理转向服务，无法再有效地管理宅基地。这一阶段对于宅基地的管理称为“脱嵌治理”。

通过对1978—2012年党的历次重大会议报告关于宅基地制度的表述进行梳理，发现这一时期我国宅基地制度的演化经历了三个阶段，分别是：1978—1998年：集体所有制下自由流转的宅基地制度；1998—2004年：使用权限制流转的宅基地制度；2004—2012年：严格规范农村宅基地制度。如表4－2所示。

表4－2 1978—2012年农村宅基地制度的演化

时间	文件名称	内容
1978—1998年：集体所有制下自由流转的宅基地制度		
1979年2月	《关于贯彻执行民事政策法律的意见》	“处理社员宅基地的使用权等纠纷，应根据土地归国家或集体所有，一律不准出租和买卖的原则，既要保护国家和集体的利益，又要照顾历史情况和群众的实际需要。凡是当地仍按土改时确定的宅基地所有权改变为使用权的，该宅基地的使用权不变；凡是当地宅基地已经统一规划过的，按所规划后确定的社员宅基地的使用权处理；凡是经过合法手续已进行调整的，按调整的决定处理”
1981年4月	《关于制止农村建房侵占耕地的紧急通知》	“必须重申，农村社队的土地都归集体所有。分配给社员的宅基地、自留地（自留山）和承包的耕地，社员只有使用权，既不准出租、买卖和擅自转让，也不准在承包地和自留地上建房、葬坟、开矿、烧砖瓦等。有些人把责任田、包产田，误认为个人所有，随意占用，这是不对的”

续表

时间	文件名称	内容
1982 年 2 月	《村镇建房用地管理条例》	“农村人民公社、生产大队、生产队的土地分别属于公社、大队、生产队集体所有。社员对宅基地、自留地、饲料地和承包的土地，只有按照规定用途使用的使用权，没有所有权”
1986 年 6 月	《中华人民共和国土地管理法》	“限制宅基地占用耕地，非农户口可向县政府申请宅基地”
1982—1989 年	《中华人民共和国土地管理法》《中华人民共和国民法通则》《中共中央 国务院关于加强土地管理、制止乱占耕地的通知》等	在宅基地问题的法律阐释和制度供给方面并无新的突破和改变，1988 年《中华人民共和国土地管理法》在涉及宅基地问题上也只是对 1986 年《中华人民共和国土地管理法》个别条款的修订
1989 年 7 月	《关于确定土地权属问题的若干意见》	“农村居民宅基地的集体土地建设用地使用权，凡超过当地政府规定面积标准的，以及房屋拆迁、改建、翻建时重新确定使用权的，其超过部分退还集体”
1990 年 1 月	《国家土地局关于加强农村宅基地管理工作请示的通知》	“宅基地使用费要本着‘取之于户，收费适度；用之于村，使用得当’的原则，实行村有、乡管、银行立户制度”
1991 年 1 月	《中华人民共和国土地管理法实施条例》	第二十五条 农村村民建住宅需要使用土地的，应当先向村农业集体经济组织或者村民委员会提出用地申请，经村民代表会或者村民大会讨论通过后，报人民政府批准。其中需要使用耕地的，由乡级人民政府审核，经县级人民政府土地管理部门审查同意后，报县级人民政府批准；需要使用原有宅基地、村内空闲地和其他土地的，报乡级人民政府批准。 第二十六条 城镇非农业户口居民建住宅需要使用集体所有的土地的，应当经其所在单位或者居民委员会同意后，向土地所在的村农业集体经济组织或者村民委员会或者乡（镇）农民集体经济组织提出用地申请。使用的土地属于村农民集体所有的，由村民代表会或者村民大会讨论通过，经乡（镇）人民政府审查同意后，报县级人民政府批准；使用的土地属于乡（镇）农民集体所有的，由乡（镇）农民集体经济组织讨论通过，经乡（镇）人民政府审查同意后，报县级人民政府批准”

续表

时间	文件名称	内容
1993 年 7 月	《中共中央办公厅国务院办公厅关于涉及农民负担项目审核处理意见的通知》	取消“宅基地有偿使用费”“宅基地超占费”及相关的规划建设管理费
1995 年 3 月	《确定土地所有权和使用权的若干规定》	主要是对居民建房占用土地出现的超标处置问题作了时限上的规定，“其面积超过当地政府规定标准的，可在土地登记卡和土地证书内注明超过标准面积的数量。以后分户建房或现有房屋拆迁、改建、翻建或政府依法实施规划重新建设时，按当地政府规定的面积标准重新确定使用权，其超过部分退还集体”
1997 年 4 月	《关于进一步加强土地管理切实保护耕地的通知》	“实行占用耕地与开发、复垦相挂钩的政策”，“农村居民的住宅建设要符合村镇建设规划”，“农村居民每户只能有一处不超过标准的宅基地，多出的宅基地，要依法收归集体所有”
1998—2004 年：使用权限制流转的宅基地制度		
1999 年 5 月	《关于加强土地转让管理严禁炒卖土地的通知》	“农民的住宅不得向城市市民出售，也不得批准城市市民占用农民集体土地建设住宅，有关部门不得为违法建造和购买的住宅发放土地使用证和房产证”
2000 年 12 月	《关于加强耕地保护促进经济发展若干政策的通知》	“要坚持土地管理严而又严的原则，实行建设用地指标指环政策……农村居住向中心村和小城镇集中”
2004—2012 年：严格规范农村宅基地制度		
2004 年 10 月	《关于深化改革严格土地管理的决定》	“禁止擅自通过‘村改居’等方式将农民集体所有土地转为国有土地。禁止农村集体经济组织非法出让、出租集体土地用于非农业建设。改革和完善宅基地审批制度，加强农村宅基地管理，禁止城镇居民在农村购置宅基地”
2004 年 11 月	《关于加强农村宅基地管理的意见》	“严禁城镇居民在农村购置宅基地，严禁为城镇居民在农村购买和违法建造的住宅发放土地使用证”
2007 年 3 月	《中华人民共和国物权法》	国家首次对宅基地的法律属性进行明确，确定宅基地的用益物权属性，宅基地流转限制开始得到缓解

续表

时间	文件名称	内容
2007年6月	《住房和城乡建设部关于购买新建商品房的风险提示》	“城镇居民不要购买在农村集体土地上建设的房屋”
2007年12月	《关于严格执行有关农村集体建设用地法律和政策的通知》	“农村住宅用地只能分配给本村村民，城镇居民不得到农村购买宅基地、农民住宅或‘小产权房’”
2008年1月	《关于促进集约节约用地的通知》	“要在坚持尊重农民意愿、保障农民权益的原则下，依法盘活利用农村集体建设用地；严格执行农村一户一宅政策，控制农民超用地标准建房，坚决防止产生超面积占用宅基地和新的一户多宅现象”
2008年7月	《关于进一步加快宅基地使用权登记发证工作的通知》	对各级国土资源行政主管部门认真部署落实宅基地使用权登记作出了全面部署。各地应严格依照法律、法规和政策规定，切实解决宅基地使用权登记发证工作中存在的政策问题，严把宅基地使用权登记关口： （一）严格落实农村村民一户只能拥有一处宅基地的法律规定。除继承外，农村村民一户申请第二宗宅基地使用权登记的，不予受理。 （二）严格执行城镇居民不能在农村购买和违法建造住宅的规定。对城镇居民在农村购买和违法建造住宅申请宅基地使用权登记的，不予受理。 （三）严格执行宅基地面积标准
2010年3月	《关于进一步完善农村宅基地管理制度切实维护农民权益的通知》	“加强规划计划控制引导，合理确定村庄宅基地用地布局规模”，“严格标准和规范，完善宅基地管理制度”，“探索宅基地管理的新机制，落实最严格的节约用地制度”，“加强监管，建立宅基地使用和管理新秩序”

三、改革开放与社会主义现代化建设新时期农村集体经营性建设用地制度的演化

（一）1978—1998年：限制流转的集体经营性建设用地制度

（1）禁止阶段。20世纪80年代初期，我国人均耕地由1958年的0.173公顷减少到0.100公顷，乡镇建设单位浪费土地的现象十分严重。

一些社队组织甚至出现了变相高价买卖和出租土地，以土地入股的方式搞合营等现象，更加剧了耕地的浪费。为此，1982 年《国家建设征用土地条例》发布，明确禁止一切单位组织以各种形式购买或租用乡村社队的用地，并严禁其以土地入股的方式从事各种公司或事业的经营活动。

（2）松动阶段。由于乡镇企业快速发展，部分农民进入乡镇企业工作，农村工业在 20 世纪 80 年代中期成为农民的重要收入来源，占农村总产出的比例也在 1987 年超过了农业①。国家也为乡镇企业的发展和小城镇建设提供了相关的法律政策保障，要求在耕地保护的同时，准许农民将土地使用权入股，通过这种方法来提高土地的经济产出。1986 年《中华人民共和国土地管理法》明确规定，必须严格控制乡（镇）村企业建设用地。乡（镇）办企业必须按照耕地占补平衡的政策，用了多少村农民集体所有的土地，就要给被用地单位多少补偿，并妥善安置农民的生产和生活。1988 年修正的《中华人民共和国宪法》规定，“任何组织或者个人不得侵占、买卖或者以其他形式非法转让土地。土地的使用权可以依照法律的规定转让”。其中，禁止任何形式的交易或转让土地所有权，但是土地使用权可以依照法律规定交易或转让。但并未对使用权作出界定，我们可以理解为“土地使用权”既包括国有土地使用权，也包括集体土地使用权，既包括农用土地使用权，也包括建设用地使用权，这里的转让实际上就是流转。

（二）1998—2012 年：有限放开和局部探索的集体经营性建设用地制度

（1）有限放开。1998 年修订的《中华人民共和国土地管理法》明确提到，对于那些经过《中华人民共和国土地管理法》批准的，且已经获得了村民集体所有的建设用地的公司，在其遭遇倒闭、兼并的情况下，其农业土地经营权可被准许进行交易、互换和租借，从而实现其非农业发展目标。2003 年《关于做好农业和农村工作的意见》首次明确指出集体建设用

① 马凯. 中国农村集体非农建设用地市场演化机制研究[D]. 南京：南京农业大学，2009.

地流转问题。2004年《国务院关于深化改革严格土地管理的决定》进一步强调，在符合规划的前提下，村庄、集镇、建制镇中的农民集体所有建设用地的使用权可以依法流转。

（2）局部探索。农民、非农企业、乡村集体及地方政府对农村非农建设用地入市具有共同的利益，能够达成一致性同意[①]。据叶艳妹等的研究，通过征地方式获得工业用地，成本为120万~150万元/公顷；但乡镇企业直接使用集体土地，成本大约为15万元/公顷，这无疑可以大大降低农村工业化的成本[②]。为此，农村集体经营性建设用地入市，可以使企业聚集和发展，使得农村土地得到帕累托改进型优化利用。2005年，广东省出台的《集体建设用地使用权流转管理办法》明确了集体建设用地使用权的流转方式以及相关的法律义务，对集体建设用地使用权的出让、出租、转让、转租、抵押、收益分配和法律责任等作出详细规定，这有助于促进农业地区的资源有效整合，实现帕累托改进的最佳效用。近年来，在全国范围内，出租农村土地已成为农村集体建设用地的主要经济模式，其优势在于可靠、安全、可持续。农村集体建设用地抵押则意味着抵押人由于拥有自己的农村土地使用权，并在没有改变农村土地所有权的情况下，向债权人进行抵押贷款。如果债务人在还贷款的过程中没能按照规定完成义务，那么这个人可能会使用折价或拍卖农村土地使用权的权利来实现抵押权。1995年6月《中华人民共和国担保法》第三十六条第三款规定："乡（镇）村企业的土地使用权不得单独抵押，以乡（镇）村企业的厂房等建筑物抵押的，其占用范围内的土地使用权同时抵押。"所以，由农村集体经济组织掌握的乡、镇集体所有的企业用地，其土地使用权在一定条件下可以采取抵押权的方式合理交易，以满足债务人的权利要求。但目前我国的法律尚未就如何使用农村集体建设用地的抵押权的实施作出具体的指导，使得其具有较高的风险。因此，许多金融机构不愿采用该项目，从而

① 钱忠好，曲福田．农地股份合作制的制度经济解析[J]．管理世界，2006(8)：47－55．

② 叶艳妹，彭群，吴旭生，等．农村城镇化、工业化驱动下的集体建设用地流转问题探讨：以浙江省湖州市、建德市为例[J]．中国农村经济，2002(9)：36－42．

导致农村集体组织无法获得足够的金融支持，从而使得其融资功能无从谈起。农村集体建设用地的入股、联营则是：农村集体建设用地所有者或者使用者将集体建设用地使用权入股，或者作为投入、合作、联营的条件与其他单位、个人共同兴办乡（镇）村企业或者其他经济组织，集体获得分红收益的行为。

集体建设用地入市的积极探索取得了一定成果。例如，根据广东省国土部门的统计，珠江三角洲地区的农村集体用地超过半数已进行流转。2006 年 8 月国务院发布了《关于加强土地调控有关问题的通知》，该通知指出，农民可以流转集体所有建设用地使用权，但这种流转必须符合规划并且严格规定了要在法律规定的建设用地范围内。这一强调虽然对集体建设用地使用权的流转进行了相关的控制，但也从一定程度上说明国家政策上对集体建设用地使用权流转本身的支持与肯定。

在集体建设用地流转的政策导向上，非常具有标志性的是 2008 年中共中央《关于推进农村改革发展若干重大问题的决定》提出，“逐步建立城乡统一的建设用地市场，……在符合规划的前提下实现农村集体经营性建设用地与国有土地享有平等权益”的改革目标。2009 年《关于促进农业稳定发展农民持续增收推动城乡统筹发展的若干意见》再次提出，加快城乡统一的土地市场建设，促进集体建设用地进场交易。

通过对 1978—2012 年党的历次重大会议报告中关于农村集体经营性建设用地制度的表述进行梳理，发现这一时期我国农村集体经营性建设用地制度的演化经历了两个阶段：1978—1998 年：限制流转的集体经营性建设用地制度；1998—2012 年：有限放开和局部探索的集体经营性建设用地制度。如表 4 – 3 所示。

表 4 – 3　1978—2012 年农村集体经营性建设用地制度的演化

时间	文件名称	内容
1978—1998 年：限制流转的集体经营性建设用地制度		
1982 年 5 月	《国家建设征用土地条例》	“禁止任何单位直接向农村社队购地、租地或变相购地、租地”，“买卖、租赁或变相买卖、租赁土地的，没收其非法所得”

续表

时间	文件名称	内容
1988 年 4 月	《中华人民共和国宪法修正案》	第二条“任何组织或者个人不得侵占、买卖或者以其他形式非法转让土地。土地的使用权可以依照法律的规定转让。”
1988 年 12 月	《中华人民共和国土地管理法》	第二条“任何单位和个人不得侵占、买卖或者以其他形式非法转让土地。国有土地和集体所有土地的使用权可以依法转让。”
1992 年 11 月	《关于发展房地产业若干问题的通知》	“集体所有土地，必须先行征用转为国有土地后才能出让”
1998—2012 年：有限放开和局部探索的集体经营性建设用地制度		
1998 年 8 月	《中华人民共和国土地管理法》	“任何单位和个人进行建设，需要使用土地的，必须依法申请使用国有土地；但是，兴办乡镇企业和村民建设住宅经依法批准使用本集体经济组织农民集体所有的土地的，或者乡（镇）村公共设施和公益事业建设经依法批准使用农民集体所有的土地的除外。”“符合土地利用总体规划并依法取得农民集体所有的建设用地的企业，因破产、兼并等情形可以将土地使用权出让、转让或者出租用于非农业建设”
2003 年 1 月	《关于做好农业和农村工作的意见》	“各地要制定鼓励乡镇企业向小城镇集中的政策，通过集体建设用地流转、土地置换、分期缴纳出让金等形式，合理解决企业进镇的用地问题”
2004 年 10 月	《关于贯彻落实〈国务院关于深化改革严格土地管理的决定〉的通知》	“号召各地严格按照国务院《决定》要求，采取切实有效措施保证包括集体建设用地流转在内的各项改革措施落实到位，并承诺将制定相关配套政策陆续下发”
2004 年 10 月	《关于深化改革严格土地管理的决定》	“在符合规划的前提下，村庄、集镇、建制镇中的农民集体所有建设用地的使用权可以依法流转”
2005 年 10 月	《关于规范城镇建设用地增加与农村建设用地减少相挂钩试点工作的意见》	在浙江、江苏和成都等地试点“增减挂钩”政策，“城镇建设用地增加与农村建设用地减少挂钩”的政策

续表

时间	文件名称	内容
2006 年 3 月	《关于坚持依法依规管理节约集约用地支持社会主义新农村建设的通知》	“以严格保护耕地为前提、以控制建设用地为重点、以节约集约用地为核心，合理安排城乡各项用地”，“坚决制止用‘以租代征’等形式擅自将农用地转为建设用地”
2006 年 8 月	《关于加强土地调控有关问题的通知》	“农用地转为建设用地，必须符合土地利用总体规划、城市总体规划、村庄和集镇规划，纳入年度土地利用计划，并依法办理农用地转用审批手续。禁止通过‘以租代征’等方式使用农民集体所有农用地进行非农业建设，擅自扩大建设用地规模。农民集体所有建设用地使用权流转，必须符合规划并严格限定在依法取得的建设用地范围内”
2007 年 12 月	《关于严格执行有关农村集体建设用地法律和政策的通知》	“城乡建设用地增减挂钩试点，必须严格控制在国家已经批准的试点范围内。试点必须符合土地利用总体规划、城市规划和乡（镇）、村规划，必须确保城乡建设用地总量不增加，农用地和耕地面积不减少”
2008 年 10 月	《关于推进农村改革发展若干重大问题的决定》	“逐步建立城乡统一的建设用地市场，……在符合规划的前提下实现农村集体经营性建设用地与国有土地享有平等权益”
2009 年 3 月	《关于促进农业稳定发展农民持续增收推动城乡统筹发展的若干意见》	“规范集体建设用地流转，逐步建立城乡统一的建设用地市场”

第三节 改革开放与社会主义现代化建设新时期农村土地制度的实践与影响

一、改革开放与社会主义现代化建设新时期农地实践及影响

综观我国农地股份合作制的创立与演变过程，能够得出，依据家庭联产承包责任制进行耕作时，土地流转成为土地规模化管理目标的一种主要途径；2010—2013 年我国土地流转面积持续增加，土地流转率由 14.67%

上升至25.7%（见表4-4），土地流转规模不断扩大。土地转包和土地出租依旧是土地流转的一个重要方式（见表4-5），而土地股份合作制作为一种新型土地流转方式尽管尚属尝试阶段，普及范围不大，但在多元土地流转方式和规模化管理方式之间，其已开始呈现出一定活力。地方土地流转制度实践有很多特色之处以及种类之分，所获收益也有优劣之别。更为成功且能够保证平稳持续发展的土地股份合作制，则集中出现在工业化与城市化水平均值高、二三产业发展迅速、农村人口急剧转移的珠江三角洲与长江三角洲等大城市郊区的乡村。

表4-4　2010—2013年农村土地流转率的变化①

年份	2010	2011	2012	2013
家庭承包耕地面积/亿亩	12.73	12.77	13.1	13.27
土地流转面积/亿亩	1.87	2.28	2.78	3.41
土地流转率/%	14.67	17.85	21.25	25.70

表4-5　2010—2013年农村土地流转形式的变化②

年份		2010	2011	2012	2013
转包	面积/亿亩	0.96	1.16	1.37	1.6
	比例/%	51.61	50.88	49.28	46.92
转让	面积/亿亩	0.09	0.1	0.11	0.11
	比例/%	4.84	4.39	3.96	3.23
互换	面积/亿亩	0.1	0.15	0.18	0.21
	比例/%	5.38	6.58	6.47	6.16
出租	面积/亿亩	0.49	0.62	0.8	1.08
	比例/%	26.34	27.19	28.78	31.67
股份合作	面积/亿亩	0.11	0.13	0.17	0.24
	比例/%	5.91	5.70	6.12	7.04
其他形式	面积/亿亩	0.11	0.12	0.15	0.19
	比例/%	5.91	5.26	5.40	4.99

① 刘守英. 土地制度与中国发展[M]. 北京:中国人民大学出版社,2018:142.

② 刘守英. 土地制度与中国发展[M]. 北京:中国人民大学出版社,2018:143.

总之，就我国的土地承包经营权流转实践而言，转让的方式重点有转包、出租、转让、互换与入股五种途径，另外还存在代耕代种、反租倒包、土地托管等转让形式。代表性途径实践案例如下。

（一）土地转包

乡村地区税费改革之前，因为各类税费增加负担，外出务工农民会无偿或者倒贴将土地转让给村人或者亲戚耕作，或者抛荒撂荒，所以村委会就将这部分外出户的承包地集中转让，请本村大户们管理；或者外乡人员管理承包地；或者转让企业管理。

1. 湖北白螺镇转包给本村大户经营

白螺镇某村拥有 1147 名村民，224 户家庭，1619 亩耕地，其中纳税的农作物面积 1169 亩，机械农作物约 450 亩，500 名村民在外务工（约 100 户）。在 2001 年，D 某拥有 1070 亩村庄用地，占村庄的 66%，其中他自己拥有的土地为 22 亩，这些土地均已经由他和村庄的管理者签署协议，由其进行管理。整个村庄的另外 223 户耕作着 549 亩地，仅占据了总耕地的 34%，这一巨大的差异令人震撼。在实施税收改革以后，随着农业税的减少，情况有所改善。该村村民一直把土地视作一种负担，谁承包多少土地他们并不关心。然而，随着农村税费改革的推行，村民开始意识到它的实际价值，纷纷返乡，希望村集体能够重新划定耕种面积。然而，D 某坚决要求按照与村委会原来签订的承包合同执行。

2. 湖北迎风村转包给企业经营

龚场镇迎风村位于湖北监利县，由 8 个组组成，总人口 1960 人。村庄的总土地面积为 2929 亩。陈某于 2002 年 12 月底加入村庄，承包并经营了村庄一、二、四组共 435 亩的低湖田。陈某与村民签署了一份 140 元/亩的土地租赁协议，并在协议中作出了相关声明。陈某还投入 30 多万元用于对这些水土的修复和建设。2004 年，陈某的投入虽未能收获预期的收益，但预期后续会收回本金并盈利。但从 2004 年年底开始一些村民强烈要求赶走陈某，要回责任田，这让陈某的收入几乎无法维系。

通过分析这两个案例可以看出，将土地进行转让能够促进土地的整合，但同时也带来一些挑战。例如，一旦外出务工农民回到家乡要求村委会返还其耕地进行耕种，他们和当地的村委会之间的关系便变得复杂起来。村委会强调，许多外出务工的农民在离开家园后，未承担其应尽的责任，如不负担农村公粮税费、拒绝参与乡村公益活动，从而使得当地陷入贫困，他们没有履行其本应履行的义务，因而无权返乡耕耘。然而，根据二轮延包的相关政策，无论是哪一方，均无权擅自收取或拒绝归还农户的耕地，这让当地居民感受到自己的权利受到严重侵犯，因此他们强烈要求村委会依据相关法律，将其耕地归还，维护他们的正当权益。这就造成了一个棘手的问题：制定政策和执行政策的两难处境。

（二）反租倒包

1. 云南老堡村农技部门租地改造后再租给农民

老堡村的村民们把他们的土地出租给村委会，村委会仅支付每亩400元的租金，而不用承担原本的土地承包合同的责任。村委会决定在6.67公顷的区域内投资150万元，用于建造8个钢架大棚、92个竹架大棚，以便让所有的人都能够通过这些工程获得更好的生活条件。经过改造，村里的基础设施得到了明显改善。为了推动当地的经济，村里决定把92个竹制温室转让给6户农民，让他们从事温室经营。另外，还有8个钢制温室用于进行新的科技、新品种研究，为当地的农民提供帮助。

2. 江西省永丰县“反租倒包”的几种主要模式

（1）“培植大户”模式

由于一户或多户农户与村委会签订承租合同，形成了以少数农户规模经营的方式来承担大面积的耕地进行耕种的局面。例如，郭某等4人合伙承包了潭头村30多亩土地，这些土地被用来种植西瓜、蔬菜，从而实现少数农户的小型化生产。再如，李某和潭头村村委会在梅溪村的一块100亩耕地上达成一项重要的合同，合同有效期为3年，村委会将根据第一年的亩数，向李某收取每亩100元租金，第二、第三年则收取每亩150元的租金，以及每亩40元的农产品税、村提留款和水费等三项支付，以此来实现双赢。

（2）“乡镇示范基地”模式

沙溪镇政府与当地村民签订租赁土地合同，将23亩耕地集中承租，并采用“一人一亩示范田”的方式，将其分配给农民，以实现统一的工厂化管理，最终建立起一个具有示范意义的乡镇示范基地。乡镇领导采取全面的工厂化管理模式，实施统一的经营、管理和销售，以确保每个村民承包的土地得到有效的利用，并且根据不同的农作物品种，制定出合理的指标。

（3）“科技示范园”模式

瑶田乡的农技站将通过使用先进的农业科学方法来提升村庄的生产能力。为了实现这个目的，他们将提供150元/亩的土地，并将其转让给村民，为村民提供更好的生产条件。例如，他们将通过提供5座高标准的轻量化框架结构的温室来实现这个目的。经过改造，农场以250元/亩的低廉价格倒包给农民。这个农场将围绕十多种不同的蔬菜和水果，建立起一个专门的农业科学研究基地。这些新鲜的水果将会被更早地销售，并且带来显著的经济收益。

反租倒包农村土地流通模式有几个显著的特征：第一，这些模式使得农户无须与第三方进行协商，而只需要受到当地的集体行政机构的干预。第二，这些模式缺乏一种建立在双方意志之上的协商。第三，随着现代农业的兴起，反租倒包的实施已成为必然趋势。这种现象导致农业的经营范围和形式都有所改变，从传统的小型农场到现代的综合型农场，以及更多的新型农民、新型的社会力量，都纷纷加入这场改革之中。第四，乡镇政府和村级组织也从传统的中间人转向农村土地的承租人。第五，在农村土地流通合同中，农户也可以选择重新租赁农村土地进行种植。通过反租倒包的方法，集体组织可以把农户的耕地返租回去，从而实现对农村土地的双重管理。然而，由于此类方法很可能会使农户丧失其原本的耕作权，从而导致其获得的收入大量减少。特别是当新型农业经营主体面临财务压力，以致不能按期缴纳农田的税款时，极易导致农户与农业社会的矛盾升级，从而严重损害农户的土地使用权及经济效益。

（三）土地股份制

1. 广东南海的土地股份合作制

1991年年底，南海市罗村镇下柏管理区首先将股份合作制作为农村土地流转制度的一部分，并开始了一系列的实践。该区共有4个村庄，1748名农民，其中包括1600多亩的水稻地、2000多亩的旱地以及宅基地。通过股份合作，将原本由农民个人拥有的耕地、集体资源等资源整合至负责管理区的农业公司，并且根据16周岁及以上农民数量，将股份均等地划拨给每个农民，每个农民的股份数量为1股。公司承诺根据当年的粮食收购价格（按80%）向每人每个月提供25千克的稻米，并且提供现金分红。1993年年初，南海市为更好地实施土地股份合作制，将里水镇沙涌经营区和平洲区夏北管理处洲表村作为首批试验地，其余镇区也纷纷开展起14个试验，以满足当地的土地管理需求。到1994年年底全市共建立土地股份合作组织1590个，占全区经济合作社总数的96%；截至2000年年底，南海市已经先后建立农村股份合作组织1870个，其中以村委会（原管理区）为单位组建集团公司191个，占该市村委会总数近80%；以村民小组为单位组建股份合作社1678个，占全市村民小组的99.8%①。

南海市1992—2000年的经济增长中表现出了土地股份合作制的制度成果：首先，通过推行适度规模化的农业经营和调整农业结构，大大提升了农业的生产效率；其次，推动第二、第三产业健康发展，加快农业人口流向城市，加快农村集体经济的壮大，让更多的家庭拥有更多的机会来享受更好的生活。

南海市采取的全面改革措施，使得当前的土地管理模式发生了巨大的

① 贺建平.驰骋在丰收的沃野[J].政府法制,2007(1):31.

变革，从而使得当前的土地资源得到更加合理的配置，不仅可以减少由于政府强行征收而导致的社会冲突，还可以减轻政府的巨额财政负担。通过把土地分配给不同的个体，不仅极大地提高了农业的生产效率，也使得农业生产结构更加合理。这种方式不仅为农村的城镇化进程带来了积极的影响，也极大地改善了农业的可持续性和社会的可持续性。通过参与股权投资，农民不仅能够获得土地价格上涨所带来的回报，还能够通过合理的资源配置，提高自身的经济实力，同时也获得了更多的工作机遇，促进了第二、第三产业的发展，进而提高了自身的经济收入。土地股份合作制的发展，旨在通过把土地分配给不同的农户和村庄来促进“集体的一致行动”的制定，并使农户和村庄能够共同分享土地的收益。这种制定既有利于农户，也有利于村庄的发展。

南海市的土地制度改革的卓越效果，标志着中国正朝着一个新的方向蓬勃发展，即通过科学规划、合理利用资源，推进现代农业可持续蓬勃发展，从而有效地提高村民的生活水平。1994 年 4 月，广东省政府正式宣布，将从珠江三角洲向全国范围内普及土地股份合作制。随着广东的推行，福建、浙江等沿江地区纷纷启动土地股份合作制的实践。

2. 福建晋江的土地股份合作制

1994 年，福建省晋江市陈埭镇洋棣村首次尝试实施农村土地股份制，旨在解决农田粗放经营及抛荒的问题，确保农产品的稳定性、优质性，并加强农村家庭联产承包责任制的实施。洋棣村共有 3800 亩耕地（约占村庄总面积的 90%），由当地农村集体经济组织将每亩地的股份按照 3 万 ~5 万元的价格进行折算，并建立起每个农户的股份记录。通过将耕地股份化，村股份合作社的董事会将对种植者进行公平招标，以及按照耕地的品质决定招标价格，而招标的收益将被用于支付 5% 的集体补贴。这种做法不仅可以减少耕地的浪费，而且可以通过村庄的统筹安排，更好地促进农村的发展，进而极大地提升农地的生产效率。

3. 浙江绍兴的土地股份合作制

2001 年年初，浙江省绍兴县柯桥镇新风村开始了土地股份合作制的试点工作。新风村土地股份合作社包括三种股份：农民承包权股、村庄集体所有权股以及现金股，每0.4亩耕地就有一股，总股数达到1764股，现金股份也有7354股，分别属于村集体和杭州新风热电有限公司。通过将固定分红与可观的回报有机融入农民的经济利润中，合作社通过开放式的农村土地招标，鼓励工商企业及广大农民参与到建设性的、有利于经济的农业中，从而获得了良好的经济回报。

4. 重庆市和成都市的土地股份合作制

2007年7月，重庆市发布了《深入贯彻市第三次党代会精神，服务重庆统筹城乡发展的实施意见》（渝工商发〔2007〕17号）。作为该地的一项重要政策，当地政府鼓励居民利用自己的农业土地进行投资，建立专门联合、有限责任公司、合营企业、私人有限公司，促进城市与农业经济建设的紧密联系，促进重庆市的社会经济发展。这项意见引起了社会各界的广泛关注，并且官方出面，明确表示农民可以将土地承包经营权入股，也会为此类土地股份公司发放营业执照，在这之前全国其他地方没有官方正式表态。与此同时，四川省成都市也制定了《关于推进农村土地承包经营权流转的意见》，确认了转包、租赁、互换经营和入股四种流转方式。这些措施对于中国其他地区农村土地流转制度的改革起到了明显的示范推动作用。

实践已经证明，在坚持农村家庭联产承包责任制的前提下，加快农村土地流转，推动土地集约化、规模化经营，是提高土地生产率、土地利用率、劳动生产率，加快实现新型农业现代化的必然选择。农民对自己享有的土地拥有占用、收益和处理的权利，土地经过市场交换也会产生价值。通过土地流转，把分散化的小块土地集中起来，把细碎化的地块连接成片，既有利于实现农业规模化经营，实现规模种植、规模养殖，也有利于促进各类农业园区发展，建设一定规模的农产品生产基地。同时，还可以通过转让其承包经营权等方式来增加农民的收入。

随着农业经济的发展，农村土地承包经营权流转也必将促进和推动市场经济的发展，了解农村土地承包经营权流转的意义对于日后处理农村土地承包经营权流转的纠纷有着重要的作用。首先，农村土地承包经营权流转有利于充分利用土地资源，提高其粮食生产率，使土地得到充分的利用。同时有利于农村劳动力的转移，盘活农村人力资源，解放农村生产力，增加农民收入。其次，允许农村土地承包经营权流转可以使种植大户集中种植土地，采用新技术、新的管理方式调整种植生产结构，从而降低生产成本、增加产量，从粗放的经营向集约化、产业化转变，从传统农业向现代化农业过渡。最后，农村土地是农业生产的最基本生产资料，作为农业生产要素，它只有合理流动才能提高利益增加土地价值，农村土地承包经营权流转可以使大量农业剩余劳动力转为非农人口，是工业化、城市化的必经之路。

二、改革开放与社会主义现代化建设新时期宅基地实践及影响

自改革开放后，中国的经济迅猛增长，乡村人地之间、农业用地权益发生了历史性飞跃。进城务工、子女升学、留旧建新、农房流转不畅、乡土情结或祖业观念等错综复杂的因素，致使农村地区出现不同程度的“空心化”“空户化”现象。随着时间的推移，人口大量增长和环境污染加剧，原本可供利用的土地已变得非常紧张，无法再支撑当前的国民经济增长。因此，政府和企业必须采取措施，通过合理利用和调整，使得土地得到充分利用，并达到更好的经济、社会和环境效果。国土资源部于 2004 年 11 月 2 日发布的《关于加强农村宅基地管理的意见》强调，严禁城镇居民在农村购置宅基地。然而，在乡村那些经济繁荣的地方，以及那些处于城市与农村之间的边缘地带，城市居民不断涌入，以期获得土地的使用权。这种土地的流通方式也持续了很长时间。宅基地使用权的隐形流转已存在许久。山东省经济学院不动产法研究中心 2006 年的调查显示，北京城乡接合部约有 1/3 的宅基地存在“地下交易”；山东省 75% 城乡接合部的村庄都发生过住宅出卖情况，其中被调查的 42 个村庄中有 51.3% 的村庄存在住

宅出租情况，68.9%的村庄发生过住宅出卖情况①。

农村宅基地代表性途径实践案例如下。

1. 山东省东营市老村复垦

孙村位于山东省东营市，属于平原农村，村民的社区结构较为完善。但由于村庄的发展，村庄的住宅需求日益增加，因此，村庄的住宅结构发生了巨变。30多年来，孙村的村落结构已变得越来越复杂，村里的少数贫困户仍然居住于村中的旧居，但是“外扩内空”的空心村却已经开始蔓延。此外，孙村周边的农田和林地也因为村落的扩张而逐渐枯竭，许多古旧的建筑物已无法满足居民的居住需求，既影响交通安全，又极度消耗土地。

2007年，孙村的村组织采取行动，重建旧村，以提供更多的家庭用房。当时，孙村的村组织多次举行村民代表大会，讨论更加合理的空心村改造计划。此外，村里还格外关心那些生活困难的人群，比如留守儿童、五保户和孤独老人等，并将他们安排进当时的社区教育机构。孙村的低成本复垦宅基地取得的巨大成就，得益于村级的管理能力，包括村级的财力、社会的参与、村民的自觉参与、村级的社会责任感、村民的自我管理能力等，这些都为孙村宅基地的重新利用提供了坚实的基础。而且，重建老村的目的在于提升村庄的整体经济实力，并且确保村民的合法权益。因此，村民积极支持社区的重建，并且希望能够通过重建老村来实现经济的可持续发展。

2. 福建省宁德市农村宅基地退出

柏村位于福建省宁德市，原本属于一座偏远的山村，村里的土地主要分布于山坡和丘陵之间。然而，2001年，一条高速公路的建成后，这块原本的土地被改造成了一块建设用地，村集体把它作为新农村建设的基础，并获得了当地人民政府和部门的支持。为了提高村民当前的生活品质，村集体决定通过征地的方式为村庄提供更多的资源。为了让更多的人参与进

① 朱新华. 农村宅基地制度创新与理论解释[D]. 南京：南京农业大学，2011.

来，坚持农民自愿原则，鼓励他们选择在这些项目中投资，号召村民搬到规划区。当时80%的家庭已经选择了搬离高山。由于这些家庭可能需要在山上进行耕作，很是辛苦，但随着经济结构升级转型，以及村集体号召大家种植经济林木，山上的宅基地已经弃置不用。柏村的集体安置与土地流转取得了巨大的进展，这其实得益于三个重大的推动力：一是当地政府始终秉承自愿搬迁的宗旨；二是通过科学的规划，指导村庄的发展；三是村级政府部门的管理能力及其与社区的密切联系。

3. 广东省的宅基地入市

广东省在宅基地使用权流转方面的探索可谓前所未有，取得了显著的成果。这得益于广东省早期的开放政策，以及其高水平的经济发展和完善的社会保障体系，使得城乡之间的界限变得模糊不清。随着城市发展的加快，越来越多的城市居民选择到农村购买住房。因此，广东省利用其良好的经济环境，为农民提供更加便捷的宅基地使用权转让服务，从而减轻他们失去住房的负担，维护社会的稳定。

2005年10月，广东省出台《广东省集体建设用地使用权流转管理办法》，意在推动集体所有制下土地使用权的流转，打破传统宅基地使用权无法自主流通的局面，推动农业经济可持续发展。根据“同地、同价、同权”的规定，农村宅基地应当与国有土地一样，可以进入土地交易市场进行流转；同时，该文件也指出，权利人拥有完全的处分权，其范围、条件和相关的法律责任都被明确规定。

广东省农村宅基地改革的进程并没有停滞，为适应当时经济的发展，2007年2月，广东省国土资源厅草拟了《关于加强农村宅基地管理的通知》，并上报省政府审批。该通知拟对农村宅基地制度进行改革，在“一户一宅”原则的前提下，提出将农民手中合法的空闲宅基地流转上市，让农民也因此获得一定的土地租金以增加其收入；加快组织开展农村宅基地使用情况的调查，特别要对“空心村”闲置宅基地、空置住宅、超面积住宅“一户一宅”等情况进行清理，对现有的农村宅基地和农村住宅，应依照规定完善确权及登记发证手续，其中明确权属、登记发证的农村住宅可以转让、出租、抵押，但不得改变住宅用途，不得进行经营性使用，改建也必须依照有关规定报批等，从而确保农村宅基地使用权流转不与我国基本法律制度相抵触。该通知还提出，在政府、村组织与个人三者结合的原则下，为了宅基地交易市场持续健康发展，也为了最大化农民权益，建设公寓式的住宅，同时由政府牵头，以财政资金支持公寓住宅基础设施的完善。广东省的宅基地改革实践在全国范围内产生了较大影响，也备受各界的肯定与赞许。

4. 天津市的宅基地换房

2005 年以来，天津市不断加强对宅基地使用权的管理，通过多次实地考察和统计，建立起一套完善的宅基地流转制度体系，2009 年 5 月出台了《天津市以宅基地换房建设示范小城镇管理办法》，为其他地区提供了一个参考。根据这项政策，农户们将通过他们的宅基地来置换城镇里的住宅，并搬到新的住宅里。这样的改造将有助于促进当地的经济增长，促进产业的集聚，并保护当地的环境。这个过程中始终遵循一些原则，例如，保留土地的所有权，尊重当地的风俗习惯，并保障当地的集体机构及农户的正当权利。这个项目的成功完成后，将会为当地居民提供更多的住房，并且可以通过合法途径开发农村土地，以保证农村土地的肥沃，提升农耕能力。

为了保证公平、公正，宅基地换房将严格遵循村民的意志，让他们在选择和接受土地时都能够得到满意的结果。如果有人想要在这个社区里发展，那么他们可以通过召开村民大会来商讨并最终确认宅基地的更新。“宅基地换房”规定，在宅基地置换方案被提交给乡镇人民代表大会之前，必须先由村民会议或村民代表会议讨论，并且在确定替换的住宅房型时，要全面考虑到他们的实际情况，以便更好地满足他们的居住要求。“宅基地换房”规定，节省的建设用地一部分将被收回，并在土地市场上公开竞价，以支持农民的小城镇发展；而剩余的将被作为区县内经济发展的储备资源。通过宅基地换房政策，村庄条件得到了巨大的改善，村庄的外观、环境都得到了提升。由于村庄实行的是集中式规划，村庄的整体景观得到了改善。此外，随着村庄的扩张，村庄的人口数量也在不断上涨。

“宅基地换房”的理念旨在通过整合原有的宅基地，实现土地的可持续发展，以及节约、高效的利用。这一理念受到了中央政府的高度重视，天津市也被列入“宅基地换房”的试点地区，以此推动宅基地改革的发展。这种方法已经在北京、上海、山东等地得到了广泛的应用。

5. 成都市的联建农宅

2003 年，成都市开始尝试促进城乡生产要素自主流转的模式，5 年的努力和尝试，使其在 2008 年汶川地震恢复工作中进展显著，从而开启了全市的宅基地改革之旅。促进城乡生产要素自由流动模式的尝试，使其能够更加全面、准确、可持续地发展，从而取得了令人瞩目的成绩。

“联建农宅”旨在帮助被列入重点灾区的乡村居民，能够根据市政府的安排，选择符合条件的土地，并获得市政府的财力投入支持，从而实现他们的住房梦想。通过开展招商引资活动，政府为贫困农民提供了更多的财力支持，以便他们能够在经过重新修缮的住宅中获得更多的收入。在这些住宅的修缮过程中，贫困农民仍将拥有其土地的使用权，而其他的收入将按照相应的合同条款进行分配；此外，当地政府也将按照国家的相关政策，为贫困农民提供更多的住房保障。在成都的灾后恢复工作中，获得政府的支持和帮助至关重要。在进行这项工作的同时，政府必须确保提供相应的用地批准文书来予以支持。

2008 年成都市联建农宅项目的推行，受到了社会的广泛关注。近年来，随着对当前农房项目的深入研究，以及对相关法律法规的不断完善，成都市已取得显著的进步，使得联建农宅项目的推行得以顺利开展。《关于加快灾后城乡住房重建工作的实施意见》强调，为了更好地促进灾后城乡居民的共同发展，各级政府应该按照农村产权制度改革、产权登记管理等相关要求，积极推进灾后城乡居民的共同发展，并将他们的合法权益落实到位。政府应当采取有效措施，给予那些遭遇灾害而无法回到家乡的农民以充足的资金支持，包括但不限于财政补贴、土地补偿、社会救助等。

从成都市国土资源局对集体土地方面的统计数据来看，截至 2010 年年底，成都市集体建设用地面积共 130 万亩，其中宅基地 120 万亩，占集体建设用地的90%。按2010年年末全市乡村户数214.56万户计算，平均每户占有的宅基地面积为0.543亩。由此可见，对农村宅基地的改革应是农村集体土地改革的重点。

国家实施税费改革以来，随着城市经济的不断增长，大部分农民外出务工，导致以下两个后果：一是空心村的出现以及宅基地的季节性闲置；二是农民生活水平的提高引致的宅基地诉求。改革开放后国家逐步放宽农民进城务工、经商的政策，如1985年的《居民身份证条例》指出，实现单一的户口管理制度向人户结合的管理模式转变；1985年《关于城镇暂住人口管理的暂行规定》指出，确认人口流动的合法性，保障农民在城镇居留的权利；1997年《小城镇户籍管理制度改革试点方案》决定，小城镇户口不再实行计划管理模式，标志着农民可以在小城镇落户；从1989年开始，农民的土地收入连续3年下降，农民为了完成家庭的再生产而外出打工，当年及此后的若干年里“民工潮”出现（见图4-6）。“民工潮”的出现使得农村宅基地居住效率降低，住宅出现“空心化”，而农民工进城是反复的、不确定的，所以农村宅基地原本的居住功能就不会减弱，而且农业是小农家庭家计长期的重要补充，也决定了宅基地的生产功能会维持很长一段时间。顺利进城的农民为了留有退路不愿意退出宅基地，而这种城乡可逆性流动使得部分宅基地闲置，从而促使城市和农村的建设用地面积双双增加。

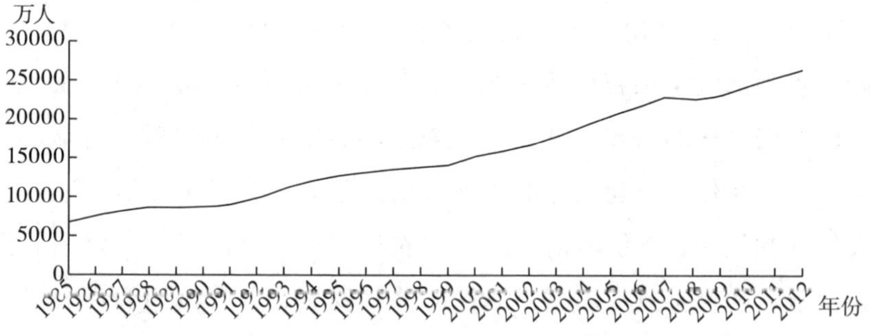

图4-6　1985—2012年全国农民工数量变化①

① 1985—2007年数据：杨晓军.农民工对经济增长贡献与成果分享[J].中国人口科学，2012(6):66-74,112;2008—2012年数据：国家统计局农民工统计监测调查。

试点地方的宅基地制度改革引起了全国范围内的热议，新闻媒体也作了大量的报道。社会各界一般认为，这些试点地区的宅基地制度改革是有成效的。因为地方法律政策的突破和改革，客观上解决了城市在经济发展过程中的“用地难”问题，突破了城市经济发展的资源“瓶颈”，实现了土地资源的集约化利用，同时也改善了农民的居住环境，满足了部分农民对于转让宅基地的强烈需求，进而促进了资源的优化配置。因此，主流观点是支持与肯定的。

鉴于宅基地使用的复杂性，宅基地改革既要借鉴已有的改革经验，又要充分考虑其他地区的社会经济环境，而不是盲目模仿，以免走上形式主义的老路。因此，在实施改革时，应当牢记以下几个原则：

（1）必须始终坚持维护农民的正当权益。推行农村宅基地使用权流通，前提是要确保农民对土地使用权的正确认识。因此，必须在推行适当改革之前，尽可能多地考虑农民的需求，并确定他们能获得哪些好处。政府还必须建立完善的社会保险制度，让所有人都能够得到公平、公正的待遇。“宅基地换房”的执行必须确保不会出现任何形式的违反“宅基地换房”的行为，以保护农民的合法权益。

（2）基于提升农村宅基地使用权价值，应该坚持节约、集约、有效的基本原则，即在确保耕地安全的前提下，合理使用农村宅基地。同时也应该考虑如何有效地开发和利用农村资源，从而改善农村环境，促进农业发展。

（3）根据不同地区的经济发展情况，必须采取相应的措施来制定宅基地使用权的流转政策。目前，由于地区间的经济差异，我们需要进行全面的调查和研究，以便制订适合当地的农村宅基地使用权流转方案。

三、改革开放与社会主义现代化建设新时期农村集体经营性建设用地实践及影响

由于集体建设用地内含巨大的财产价值，尽管有法律的禁锢，但违反

法律的隐形自发流转一直存在（见表4－6）；随着政策的松动，地方政府主导的显性“合法”流转越来越多。由于各地流转路径不同，甚至呈现出显著差异，形成了多种集体建设用地流转的模式。集体建设用地流转有实物交易和发展权交易，前文中提到的集体建设用地流转的形式，如出租、转让等方式处置集体建设用地的是实物交易；发展权交易则是在耕地保护的背景下产生的，如城乡建设用地增减挂钩政策，其目的是通过建新拆旧和土地整理复垦等措施，在保证项目区各类土地面积平衡的基础上，最终实现增加耕地有效面积、提高耕地质量、节约集约利用建设用地、城乡用地布局更合理的目标。

实物交易模式包括近郊自发流转、“活地兴镇”以及苏州乡镇企业改制等；而发展权交易模式则包括浙江新增建设用地指标交易、成都项目捆绑指标交易以及重庆地票交易等。

表4－6　各地非法流转集体建设用地情况①

时间	地点	宗数/宗	流转面积/公顷
1991—1997年	宁夏回族自治区	659	750.13
1997—2000年	安徽芜湖市	1234	101.88
截至1999年年底	江苏南京市	535	268.80
截至2001年年底	南京市城郊接合部	500	266.67
截至1999年年底	广东省中山市	1240	745.82
截至2001年年底	深圳市	—	219
截至2003年年底	重庆市30个小城镇	156	35.90
2004—2006年	湖南省溆浦县	—	49.01

农村集体经营性建设用地代表性途径实践案例如下：

1. 实物交易下的集体建设用地流转实践

（1）近郊自发流转模式

随着社会的进步，许多近郊乡村开始出现集体建设用地流通的现象，

① 杨秀琴.农村集体建设用地公开流转势在必行——基于隐形流转与公开流转的效率差异分析[J].农村经济,2011(350):47－50.

其原因是近郊村庄靠近城市，而城市发展对土地的需求量也比较大，农户个体或集体经济组织自发流转集体建设用地。这在北京、广东等经济发达地区尤为普遍。

在农户个体层面上的集体建设用地流转主要表现为流转宅基地，有两种方式：一是出售房屋，即在农户非法占有土地或超标修建房屋的情况下，农户会把房屋出售给非集体组织成员，如北京市“画家村（上苑村)”等；二是出租房屋，即农户在违反法律的情况下修建房屋并将其出租给非集体组织成员。

由于集体经济组织的领先作用，他们可以通过自愿的方式，把拥有的土地用于建设住宅、工业园区等，从而实现资源的有效利用，同时也可以把这些资源用于为其他社会群体提供住所和服务。通常集体经济组织会通过开展乡镇企业活动，把土地使用权转移到自己名下，并多种方式进行协商、引资。例如，南海模式，通过把行政区域内的农田和居民点按照比例分割，并投入大量财力和人力，把集体土地变成可供实现个人利益最大化的财产，最终向个人和家庭分配财产，从而实现财富最大化。通过提供便利的服务、合理的报酬以及灵活的租赁条件，南海的村民可以土地和投入的股权获得更多的经济回报，这也为南海的迅猛发展和繁荣注入了活力，最终推动“南海模式”的实施。

近郊自发流转模式具有以下几方面的优势。

①采用自发性的流转方式，可以打破一级市场的垄断，农民们能够积极地投身城镇化的进程中，获得更多的收益，这样就可以促进农村的市场经济社会可持续发展，实现乡镇的现代化发展。

②通过强调农民的自我调节，以及完善的法律法规的支持，使得农民可以充分发挥他们的潜力，积极参与到集体建设中，从而彻底改变历史存在的城市与农村分离的状态，特别是通过由集体经济组织牵头的自愿性流转，使得土地得到更好的合理使用，从而彰显出他们的聪明才智。

③随着经济社会的不断发展，市场的力量已成为推动农业可持续增长的关键因素，而不仅仅依赖于政府的调控。将土地转变为有价值的商品，

推动农业的可持续性和可扩张性，将有助于打破传统的城镇和农业的双重格局，推动农业的可持续增长。

④随着经济社会的发展，工业化已经不仅仅是一个独立的过渡阶段，它也为城市建设提供了强大的支撑力量。工业化促进第二、三产业的全面发展以及农业劳动力的转移。农村集体经济实力增强，使大部分村社有能力为农民提供社会保障和社会福利。

尽管这一自主流通的方式具备一定的优势，但它仍然存在一些不容忽视的问题：

①它只能应用于拥有独特资源的城市，很少能够应用到大规模的乡镇，尤其是那些没有任何特殊文化的乡镇和乡镇中心。

②它只关注经济增长，忽略了土壤的保护和土地的公平分配，对粮食安全和乡镇的长期稳定构成了挑战。

（2）政府主导的“活地兴镇”的芜湖模式

1999年，安徽省芜湖市作为国务院的一个重要的改革试验站，开始采取“活地兴镇”模式，通过集体土地的流转，推进小型城市的发展。该模式的核心是：首先，在保证高质量的基础上，对每个试验站进行规划，并由市政府拨款支持，邀请专家对其进行详细的规划。其次，根据计划，需要重新开发和利用土壤，为社区提供更多的土地。这样做的两个目的是：第一，我们能够让土壤得到充足的利用，整理出可供城市发展的建设用地指标并且能够制订合适的土地利用计划，从而促进社区的发展。第二，我们能够根据土壤利用情况，合理安排土壤和集体建筑的位置，从而提高土壤利用率，促进社区的经济发展。最后，为了更好地推动集体土地的产权和土地承包的实施，许多地方都会实施双重模式：第一，通过建立专门的土地管理机构，明确土地产权，通过土地管理机构和土地使用权人之间的协商，确立流转合同。第二，在相应地做出前期开发后将土地转包或者出租出去。此外，所有城镇都遵循“工业向园区集中”的土地使用权交换规定。

芜湖模式主要是指农村住宅的城镇化、土地的大面积开发，以及工业园区的聚集，不仅可以实现土地更多的经济价值，也有助于落实耕地保护政策，这是一种非常有价值的做法，应当受到肯定。

①芜湖的这种做法不仅能够有效利用原有的集体建设用地，还能够促进农村的经济社会可持续发展，同时也能够降低政府与企业的基础设施投入与土地使用费用。

②集体建设用地的流转不仅能够改善农民的生活水准，还能够带来巨大的经济、社区和环境效益，更重要的是，能够有效地改善当地的资源状况，实现当地的可持续发展，从而带动当地的经济，推进当地的社会进步，最终达到农业的可持续发展，实现当地的产业化，推进当地的繁荣昌盛。通过采取更加先进的方法，如利用数字技术和信息技术，可以大幅提高土地资本化的效率，从而为农民提供更多的收益，并让他们能够更好地融入当地的经济发展中，这种方法比传统的宅基地换房流转模式更具优势，可以更好地利用本地的资源，为当地的经济发展提供更多的支持；可以在当地构筑一个完善的产业园，实现经济的可持续发展和繁荣。

（3）苏州的乡镇企业改制流转模式

20 世纪 90 年代中期，苏州工业园区人民政府颁布《苏州市农村集体存量建设用地使用权流转管理暂行办法》，以此为基础，苏州工业园区的发展模式得以形成，该方法第六条明确指出，当城镇区域内的集体经济组织内在的公司合并、转变经营、调整企事业组织内部结构及国家公益工程建设项目等情形出现变化时，可以经过补办权属交更批准程序和权属登记程序，将土地使用权或具体用户转变为新的权利主体。如果一家民营企业在跨乡（镇）的市场经济活动中，出现了土地使用权的变动，无论是以外地人的名义进行的，还是以本地人的名义进行的，都需要采取有效的措施，如采取集体建设用地的流转方式，以确保其农村土地资源的有效利用。苏州市强调，为了保护当前的财务状况，乡镇企业的资产应当经由一个全面的、可持续的、可控的方法进行重组，其中包括把旧的集体建设用地从一个单独的经营者手里收回，并且与江苏省的经济社会进步相匹配。

苏州的模式具有显著的积极影响：①激活了大量的存量建设用地；

②大大缩小了征收的范围，从而避免了征收剥夺农民的合法权益，也减少了征收过程中可能带来的企业改制和发展障碍；③它探索建立了一个统一的城乡建设用地市场，实行同等的土地价格和权利，以及完善集体建设用地的流转机制，提高其融资抵押的功能。然而，这种流转模式只适用于特定的历史背景，无法满足乡镇企业改制的需求，因此无法充分发挥其功能。

2. 发展权交易下的集体建设用地流转实践

（1）浙江新增建设用地指标交易模式

依据1997—2010年土地利用总体规划，中央下达给浙江省的建设用地指标为100万亩，基本农田保护面积为2711万亩，补充耕地量为116万亩。杭州市在实施过程中采取的方式大致相同，但也会根据当时的经济形势进行适当的调整。尽管采取的是一种平均的土地利用模式，但是它在各个城镇之间的土地利用效率和可持续性都存在着严重的问题。在经济比较繁荣的城镇，如杭州、宁波、义乌、乐清，由于土地利用率过高，无法满足当前的发展需求；反之，在经济比较落后的城镇，如德清、安吉、武义，每年都会有富余的建设用地指标。政府实施的土地利用政策，使经济发达的城镇和农村的土地利用面临极大的压力，进而导致当地政府的经济萎缩，给整个省份的经济造成了极大的冲击。除了上述的时空局限性，各个地方的经济社会发展水平和环境条件的差异，也使得土地利用的年度计划和总体规划之间的差距越来越大。

为了弥补单纯依靠政府资源分配所造成的严重的效率损耗，浙江省进行了一套以市场为导向的体制改革，以提升政府资源的利用效率。其中，区域和区域之间的土地开发使用权流转是城市开发使用权流转的重要内容，区域内部开发使用权流转也是城市开发使用权流转的重要方式。前者是以土地为单位的集中替代等方式，满足不同时期、不同地区在一个县域的发展需要。而后者则是以折抵指标有偿调剂、基本农田易地代保、易地补充农田为重点，解决全省各县级之间的土地冲突，使指标富余的县级以有偿方式将建设用地指标转让给用地紧缺的县级。在此基础上，一方面利用边际产出扁平作用来达到最优分配，另一方面利用指数交换的收益作用来达到最优分配。

截至2004年年底，浙江省内交易的建设用地指标达到30万亩，平均价格为3000元/亩。这样的模式，使得浙江省得以在耕地数量不减少的情况下，显著提高了经济效益，并对地区间公平的实现有一定的积极作用①。

（2）成都项目捆绑指标交易模式

成都仁和村的改造工程可以被视为一个具体的示范，其实施步骤包括：第一步，制定村庄的发展战略，并与村民签订合作协议；第二步，市级财政出资，打造新的社区；第三步，将村庄的住户从传统的住户中解放出来，可以选择搬到新的社区，也可以选择在新的村庄里安家落户；第四步，重新开发村庄的土地；第五步，开展农业项目；第六步，将节省的土地转化为经济利益。经过重大调整，当地政府决定放弃原有的先拆迁再建房的方案，而将重点放在通过土地复垦和再利用的方法，为农民提供更加实惠的居住条件。这样，即使有些农民因为经济困难而无法承担起购买房屋的费用，也可以通过这种方法获得更高的经济回报。通过这种方式，可以实现：①采取指标性交易方案，将贫困地区的土地资源转移到城镇，从而形成一个全新的、具备多元功能的土地资源配置系统，让贫困地区的居民能够从中获取更多的收益，从而改善当地的经济状况；②国家土地使用规模的不断扩大，给城镇发展带来了更多的可能性。然而，这种模式也存在一些问题：①由于采取的是点对点的、区域性的、行政性的指标交换，尽管可以降低交易成本，但是它们的价值却得不到充分的反映；②由于没有让农民直接参与，其因此没能获得相应的回报。

（3）重庆地票交易模式。

“地票”通常被定义为一项重大的改革，旨在重新利用农业资源，包括废弃的住房、工业厂房、商业场馆、公共服务场馆。这项改革的四个步

① 汪晖，陶然．论土地发展权转移与交易的“浙江模式”——制度起源、操作模式及其重要含义[J]．管理世界，2009(8)：39－52.

骤分别是重新利用、评估、转让、实施。重新利用这些资源，可以让农业资源得到更好的利用，并且可以通过相关的审批程序获得相应的资格。这个凭证被称为“地票”，可以用于交易，最终由获得地票的人来使用。2008 年，重庆市正式启动农村土地使用权地票交易；2009 年，重庆市又成功构筑起一个城市与农村土地交易的桥梁，截至 2010 年 4 月，共交易 85 宗地票。重庆地票交易模式的经济成果十分突出，它不仅将地票与地票规定的建设用地指标紧密联系起来，克服了地域资源配置的不足，改变了城乡之间的资源配置状况，而且还能够让农民以货币的方式从“地票”中获取更多的财富，同时也能够推动土地的集中开发，使城镇、农田、牧场等资源达到更加均衡的配置，从而达到更好的经济效果；在这种地票交换方式中，土地价格有很大的提高潜力，未来的价格上涨潜力非常可观。

农村集体建设用地流转的制度完善是缩小城乡差距的积极探索，是农民利用土地权利参与城市化和改善生活的合理诉求。从保护农民权益、增加农民收入、合理利用土地、切实保护耕地、促进农村经济发展和完善社会主义市场经济体系等各个方面来说，农村集体建设用地流转制度的改革势在必行。

第四节　本章小结

在改革开放与社会主义现代化建设新时期，我国不断深化农村土地制度改革。家庭联产承包责任制的确立与实施，不仅解决了农民的温饱问题，也成为 20 世纪 80 年代农业生产力提高的产物。家庭联产承包责任制具有广泛的适应力与生命力，是我国农民的伟大创造，也是中国共产党坚持群众路线、尊重农民首创精神的体现，引发了农村的伟大变革。随着社会生产力的发展，我国农村又进行了土地制度的创新，探索农村土地流转的多种形式。在这一时期，农村宅基地制度在集体所有下经历了从可以自由流转到被限制流转，最后被严格规范管理的过程。集体经营性建设用地制度则经历了从限制流转到有限放开和局部探索的阶段，本章分别对这段时期的农地制度、宅基地制度和集体经营性建设用地制度变迁的具体内容进行了梳理，并阐述其改革实践影响（本章内容概览见图4－7）。

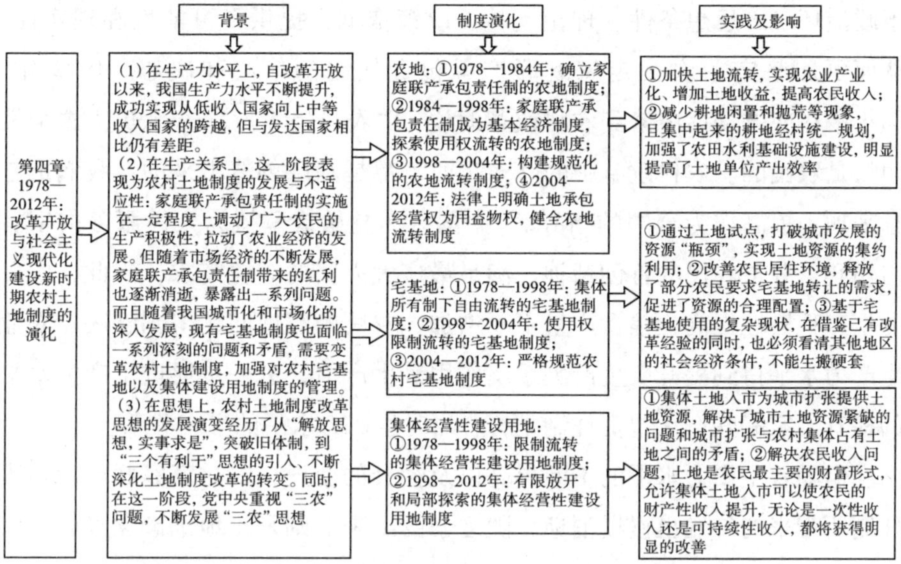

图4－7　1978—2012年：改革开放与社会主义现代化建设新时期土地制度的演化

这一时期是农村土地制度通过不断调整、改革来适应生产力的过程，党和国家一直以是否有利于发展农村生产力、农民是否有积极性来衡量基层的一些做法以及农村改革中出现的新事物。对农业、农村和农民有利的，党和国家就会进一步推广，对农村土地制度进行改革。

我国农村由人民公社体制转变为家庭联产承包责任制是生产关系适应生产力发展的体现。在人民公社时期，国家与农民之间是一种主导与被主导、管理与被管理的关系，国家进行土地制度变革，使得生产关系脱离了当时的生产力水平，阻碍了农业生产力发展。在此情况下，中央认识到改革开放是不可阻挡的潮流，要用实践去检验真理。关于真理标准问题的讨论拉开了思想解放的序幕，使人们面对精神枷锁开始反思，使人们有勇气并且有可能用实践的标准衡量是非对错。在关于农业生产责任制的激烈争论中，农民开始思考适合自己的生产生活方式，并最终勇敢地选择适合农村发展的生产经营方式。党的十一届三中全会号召“解放思想、实事求是”，确定以经济建设为中心，这个大环境给农业生产责任制的探索提供了政治环境、思想条件、理论支持、政策依据，提供了可能性和现实性，从而更加坚定了农民走家庭联产承包责任制的信心和决心。1992 年，邓小平在南方谈话中谈到农村改革时说：“农村搞家庭联产承包，这个发明权是农民的。农村改革中的好多东西，都是基层创造出来的，我们把它拿来加工提高作为全国的指导。”中国共产党始终坚持为人民服务的宗旨与初心，尊重农民的首创精神，满足最广大人民的利益需求，因此，农民的生产积极性提高，粮食产量不断增加，农民的温饱问题得到解决，农业生产力水平得到提升。生产关系反作用于生产力，进一步促进生产力水平的提升，家庭联产承包责任制是符合当时生产力水平的生产关系。

但随着生产力水平的不断提高以及社会的变迁，农村家庭联产承包责任制所带来的红利也慢慢消逝，随之暴露出来的则是土地细碎化经营、农业生产效率不高、土地资源配置较低等诸多问题，这些问题反映了当时的生产关系与生产力不适应的现实情况。因此，如何进行土地制度的创新、探索生产关系的改革成为当时中央领导集体和全体农民需要考虑的问题。党和国家首先支持在稳定家庭联产承包责任制的情况下，在发达城市和郊区实施土地适度规模化经营；随后在农民的需要、政府的鼓励和推动下，我国各地农村探索出多种类型的土地流转形态。

同时，改革开放后，由于家庭联产承包责任制在农村的实施，农村经济得到发展、农民生活水平得到提高，引发了村民对居住环境改善的愿望，导致因扩建、新建住房而产生的宅基地面积无序扩张的趋势，给耕地保护带来了较大压力。党和国家意识到应改革宅基地制度，使其能够支持生产力发展需求，因此制定政策制止农民乱占滥用的行为，规范宅基地制度。这一时期，宅基地使用权是自由流转的，城镇居民可以使用农村集体所有的宅基地来建房，但随着城镇化速度的加快，城乡接合部土地价格攀升，宅基地的隐形流转在广大城乡接合部已成为普遍现象，导致集体土地资源频频流失，耕地资源遭到破坏，不利于农村生产力水平的提高，这是生产关系不适应生产力的具体体现，因此，党和国家再一次对宅基地制度进行改革，严禁城镇居民在农村购买宅基地建房或买房。宅基地制度的改革是当时进行的合理的政策调整，是生产关系适应生产力的体现。“一户一宅”政策、限制宅基地流转等严格的宅基地管理制度都是政府为改变现状而做出的制度性尝试，而这些尝试一直都是根据特定时期的历史背景和社会经济发展情况来制定和安排的。

然而，随着工业化、城镇化进程的推进，土地需求量急剧增加，现有的国有土地已经无法满足工业化、城镇化发展的需求，造成国有土地资源稀缺程度加剧；此外，由于农民非农化进程加快，许多农民进城打工或经商，一些农村人口减少，逐渐变为“空心村”，造成农村宅基地等建设用地资源闲置浪费。在这种背景下，要求农村建设用地以流转方式达到资源优化配置的呼声越来越高。中央政府顺应潮流，在政策上进行了积极探索，提出了城乡建设用地增减挂钩政策，并于国内多个城市进行试点改革实践。在这一过程中，国家一直秉持着先试点后推广的原则，在默认各地农村集体经营性建设用地制度改革实践的基础上，希望能够总结各地成功经验，待到时机成熟，再扩大推行。党和国家对集体经营性建设用地的改革始终体现着以人民为中心的发展思想。集体经营性建设用地由限制流转到有限放开，放活了土地使用权，从而适应城市建设用地不足以及城镇化的发展。同时，生产关系的调整又反作用于生产力，探索集体经营性建设用地使用权流转在推动建立城乡统一建设用地市场、增加农民收入、保障农村产业发展用地、提升农村土地治理水平等方面发挥了关键作用。

根据马克思的制度变迁理论，这一阶段农村土地制度的改革就是生产关系适应生产力的过程。当生产力发展到一定阶段时，就会同现存的生产关系发生矛盾，这时，新的生产力就要求有新的生产关系来代替旧的生产关系，而持续深化改革是我国农村土地制度无法避免的。在集体土地的价值释放层面，我国又进行了农村土地“三权分置”改革。

第五章　2012 年至今：中国特色社会主义新时代农村土地制度进一步优化

第一节　中国特色社会主义新时代农村土地制度演化的背景

为促进乡村发展、缩小城乡差距，新时期国家提出以实施乡村振兴战略作为“三农”问题解决的新举措和新动力。实施乡村振兴战略需要发掘乡村的发展潜力，激发乡村各类生产要素活力，农村最重要的生产要素是土地，而新时期改革中最重要的是如何合理地解决农民与土地的关系，重新调整土地关系，在提高土地利用效率的同时，能够让农民从土地中获益，创新土地经营方式。农村土地制度改革是为了调整当前不合理的土地生产关系以使其适应不断发展的生产力状况，而改革思想源于实际的生产力发展状况，又适应于生产关系的调整需要。

一、生产力发展水平日益提高，但仍有较大发展空间

党的十八大以来我国发展迈入新阶段，经济增长继续稳中求进，全面建成小康社会的百年奋斗目标也在这一时期实现，经济发展从高速增长阶

段向高质量发展阶段转变，国家治理能力和治理水平也在改革中逐步实现现代化。农村改革也取得了历史性成就、发生了历史性变革，为党和国家事业全面开创新局面提供了有力支撑。

新时期我国经济发展稳步向好，根据国家统计局数据，2012 年我国国内生产总值为 519322 亿元，到 2022 年我国国内生产总值达到了 1210207 亿元，国内生产总值增长了 1.33 倍，这 10 年间，经济发展的成绩是卓著的。农村经济也有了较大发展，2012 年农村居民人均可支配收入为 7917 元，2022 年农村居民人均可支配收入为 20133 元，较 2012 年增长了 1.54 倍，增速超过城市居民，这说明我们的乡村振兴战略落在了实处，对于农民收入增加大有助益（见图 5－1）。

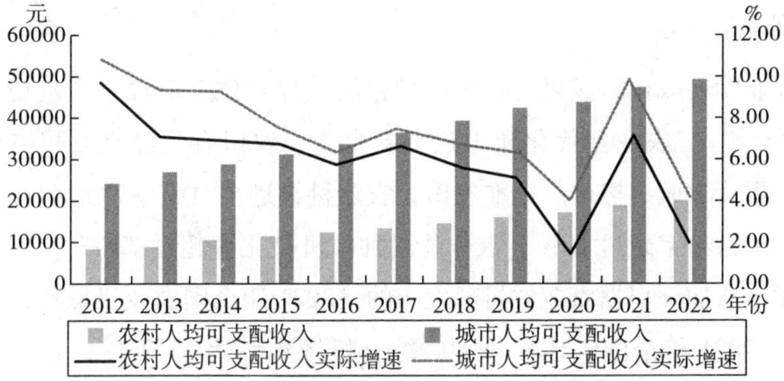

图 5－1 2012—2022 年城乡人均可支配收入情况

资料来源：根据 2012—2022 年统计年鉴数据整理制作而成。

土地流转也得到了较大发展，流转总体规模不断扩大（见图 5－2）。2014—2020 年，全国耕地流转面积从 4.03 亿亩增加到 5.32 亿亩，流转率从 30.32% 上升到 34.06%。2014—2020 年，全国流入农户的耕地面积从 23544.18 万亩增长到 24882.76 万亩，流入专业合作社的耕地面积从 8838.77 万亩增长到 11453.01 万亩，流入企业的耕地面积从 3882.48 万亩增长到 5558.54 万亩，流入其他主体的耕地面积从 4074.03 万亩增长到 4200.35 万亩。我国开展土地制度改革，放宽“三块地”的流转，使土地这一生产要素得到充分利用的同时，拓宽了农民的增收途径，对于农村收入结构和消费结构改善也起到了积极作用。

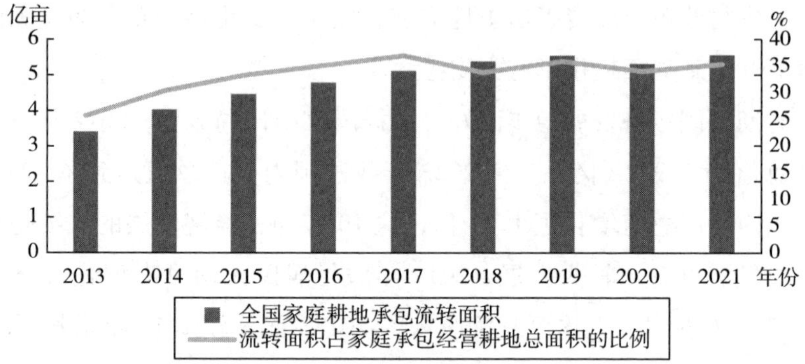

图 5 -2　2013—2021 年全国家庭承包地流转面积及趋势

资料来源：根据土地流转网相关数据及 2013—2021 年《中国农业统计年鉴》数据整理制作而成。

农业发展取得新成果，谷物产量稳居世界首位，粮食总产量稳步增加（见图 5 -3），农业现代化建设迈上新台阶，农田有效灌溉面积占比超过 54%，累计建成 9 亿亩高标准农田，农业科技进步贡献率达到 61.5%，农作物种源自给率超过 95%，农作物耕种收机械化率超过 72%①，农业机械化率逐年增加。根据农业农村部发布的《2021 年全国农业机械化发展统计公报》，2021 年全国农作物耕种收综合机械化率达 72.03%，较上年提高 0.78 个百分点②。农业经营模式也有了较大变化，除了家庭小规模经营外，新型农业经营主体不断涌现，随着专业化的农业生产主体的加入，农业管理技术也向着先进化发展。

随着数字技术水平提高，农业数字化转型对乡村振兴起着积极推动作用。数字技术与农业结合在当前的应用有：利用无人驾驶农机完成耕种、播种、浇水、打药，通过各种传感器和智能气象站，实现在线获取土壤墒情、养分、气象等信息和一些其他应用。中国信通院发布的《中国数字经

① 王炬鹏. 新时代我国农业农村取得历史性成就·农民生产生活水平上了一个大台阶[EB/OL]. (2022 -09 -23) [2024 -01 -09]. http://www.ce.cn/xwzx/gnsz/gdxw/202209/23/t20220923_38124643.shtml.

② 2021 年全国农业机械化发展统计公报[J]. 农业科技与装备, 2023(1): 3.

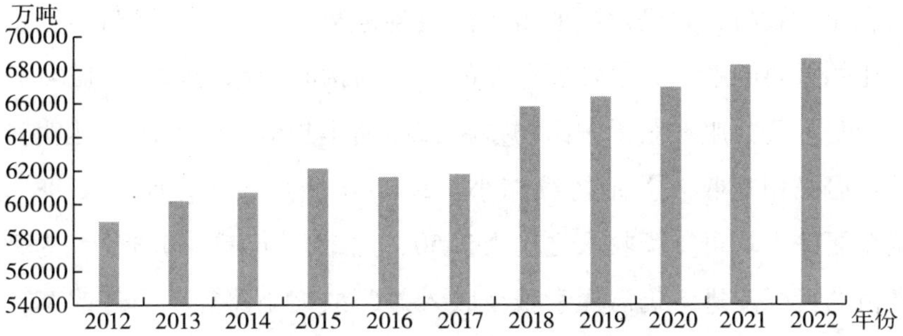

图5－3　我国粮食总产量

资料来源：根据2012—2022年《中国农业统计年鉴》数据整理制作而成。

济发展白皮书（2021）》显示，2020年，我国农业数字经济占行业增加值比重平均值为8.9%，较上年提升0.7个百分点。前瞻初步统计2021年的农业数字经济渗透率为9.7%，预测到2022年，农业数字经济渗透率为10.7%，至2027年渗透率约为16.8%。这说明我国农业数字化还存在较大发展空间①。同时，数字技术应用对土地制度改革也存在积极作用，在数字经济背景下，处理好土地产权关系在技术发展的新时期也有了新方法，数字技术的应用为农村土地数据的收集、土地确权登记工作的开展起到积极作用，数字化平台的构建能确保我国土地交易市场交易信息的畅通，遥感卫星等技术的应用为我国征地提供了更为准确的依据。

随着人民收入的增加和消费水平的提高，农产品的市场消费需求也发生了巨大变化，正朝着安全绿色无污染多样化等方向发展，这对我国农产品的市场供给提出了新要求，农业需要供给满足市场需求的农产品。当前我国提出实现农业农村现代化，作为农村经济支撑的农业必须焕发活力，需要农村改革农业生产模式，构建现代农业模式，提高我国农业国际竞争力，转变我国农产品进出口贸易逆差居高不下的状况。构建现代农业模式需要农村土地发挥应有作用。

① 前瞻产业研究院."行业前瞻"2023—2028年全球及中国智慧农业行业发展分析[EB/OL].(2023－04－10)[2024－01－09].https://baijiahao.baidu.com/s?id=1762783689343487472&wfr=spider&for=pc.

农业、农村、农民发展取得了阶段性成果，“三农”问题仍然是党中央关注的重要问题，城乡发展存在的二元结构问题亟待解决，城乡居民在收入和基本公共服务获得方面的差距存在缩小趋势，但差距依然明显。我国城乡居民相对收入差距持续缩小，2012 年城乡收入差距为 2.88，2021 年城乡居民人均可支配收入之比为 2.50，比 2012 年减少 0.38①，为朝着共同富裕的目标前进，仍需探索城乡收入差距的缩小路径。通过改革，农村的发展潜力已被部分发掘，乡村振兴和农业农村现代化建设事业正有条不紊地推进，未来仍将充分挖掘农村有待激发的要素活力，通过发挥集体资产效能，改革宅基地和集体经营性建设用地制度，让农民获得资产性收益，构建新型农业经营体系，畅通土地流转，保障农村改革为农业农村现代化服务。

二、新时代农村土地生产关系的调整与不适应性

生产力决定生产关系，适合的生产关系能促进生产力的发展，这一时期土地制度发生的新变革，是在生产力得到新发展的基础上对生产关系进行新调整的结果。我国对于农村土地制度进行了长时期探索，让农村土地最大限度地发挥作用是我们的目标。土地是重要的生产要素，如果产权归属得当，将会成为社会经济活跃发展的助推剂。土地权利关系的变革从改革开放前的所有权和经营权都归集体所有、集体规划、集体耕种，到改革开放后的家庭联产承包责任制，产权归集体所有，农民可以在划分的土地上进行耕种，农民有经营权无所有权，土地不可转让，到现在的“三权分置”下国家积极支持土地流转。不同时期的土地权利关系背后反映的是不同时期的经济发展诉求，制度作为上层建筑是要适应于经济基础的，我国对土地制度进行调整反映了对适应生产力发展的土地制度的诉求。

新时代农业对于规模化、专业化经营的需求也越来越强，农业经营收

---

① 王震，陈键. 国家统计局：10 年来城乡居民收入相对差距持续缩小[N/OL]. 人民网，(2022 - 10 - 12)[2024 - 01 - 09]. http://finance. people. com. cn/n1/2022/1012/c1004 - 32543660. html.

益率低导致农地“非农化”“非粮化”问题严重，这些问题的出现使得我们需要调整农村经营体制和农村土地产权关系，提高农业经营效率。农地用途偏离的主要原因是粮食作物种植回报率低，耕地在一些地方出现了耕地转作其他高收益经营用途的现象，如农产品加工业、经济作物种植、宅基地等用途，偏离了原有用途。农户作为个体生产者，面向市场，遵循利润最大化的原则对土地进行利用，粮食种植相对于经济作物种植、畜牧业养殖和宅基地等用途回报率较低。因此，农户受到利益和市场需求驱动会选择能获得最大收益的途径对土地进行利用。同时，各地区村庄治理情况、村干部治理能力不同对土地用途规范影响较大。农村是人情社会，对于村内集体土地问题的处理主要由村集体做主，村集体如果对于法律法规和政策性文件认识不清，会导致耕地用途变动无人治理，缺乏有效的监管机制①。

当前农业经营需要耕地集约化，但土地流转规模扩大受限，权能分置顺应发展需要。我国农村土地流转已经有了较长时期的实践，1987 年开始农村土地流转试点实践，2003 年正式以法律形式确定了农地流转的合法性，但直到 2012 年土地流转规模扩大是较为缓慢的，进入新时代为了适应农业规模化经营需要，要不断探索完善土地流转相关制度，完善流转市场，调动需求方和供给方的转入及转出的积极性。之前流转规模受限的主要原因，首先是农民认为可靠土地承包方的寻找会提高成本，同时农民对于土地租让倾向于短期而非长期，农民希望能够给自己留一个保护网，即使在城市中无法顺利找到工作，也能够回家乡获得一份稳定的收入保障，而短期流转对于土地承包经营组织来说并不划算，所以在承包方难寻的情况下，农户倾向于对土地进行抛荒；其次是农地细碎化问题严重，农地整合需要村集体来协调流转农户与不流转农户进行地块置换，对村集体能力要求较高，而土地承包方也不倾向于承包农户细碎地块，这样经营成本会大大增加，故农地细碎化也会影响农地流转；再次是完善的农村土地流转

① 武凤平. 遏制耕地“非农化”“非粮化”问题研究[J]. 当代农机，2023，390(1)：61，63.

市场还未构建，土地流转信息获取渠道不通畅，统一的价格市场也并未形成；最后是农村土地承包关系不稳定及农村土地确权登记还未完成，稳定的产权会提高流转双方的信心。习近平总书记在讲话中提出“现阶段深化农村土地制度改革，要更多考虑推进中国农业现代化问题，既要解决好农业问题，也要解决好农民问题，走出一条中国特色农业现代化道路”①。因此，本阶段改革需要把农地“三权分置”作为改革需要主线，通过土地确权登记、承包权稳定长期不变等制度变革助力新型经营体系的构建，畅通土地流转。

为解决“一户多宅”、违法乱建及宅基地退出制度不完善问题，宅基地制度改革开始关注宅基地自愿有偿退出制度改革及一户多宅治理问题的解决。我国法律规定一户农民只能占有一处宅基地，对于占有多处宅基地的农民，村集体有权对宅基地上的房屋、设施进行拆除，把宅基地收回重新分配。一户多宅属于对集体财产的无偿占有，损害了其他农户的利益，违背了我国节约利用土地的原则。“一户多宅”现象出现的原因是农村宅基地退出机制不完善，对于“户”的概念界定不明。“一户多宅”、违法乱建、宅基地退出制度不完善等又会导致无地可分问题的出现。

农村宅基地有偿退出制度限制了新时期户籍人口城镇化率的提高，也与农民意愿不相符，新时代应探索令农民满意的宅基地退出制度。改革开放以来，城镇化率不断提升，到2022年年末，我国城镇常住人口已达到92071万人，比2021年增加646万人，乡村人口流向城市推动城镇化率提高，常住人口城镇化率为65.22%，比2021年提高0.50个百分点。城镇化空间布局持续优化，新型城镇化质量稳步提高。但我国户籍人口城镇化率与常住人口城镇化率差异明显，2021年我国户籍人口城镇化率提高到46.70%，常住人口城镇化率则为64.72%（见图5-4）。受到农村宅基地制度及传统家文化的牵绊，农民一般会选择不迁移户口，以保有村集体分

① 习近平主持召开中央全面深化改革领导小组第五次会议[N].人民日报，2014-09-30(1).

配的农地和宅基地。为提高户籍人口城镇化率，缩小二者间的差距，探索新的宅基地退出制度势在必行。

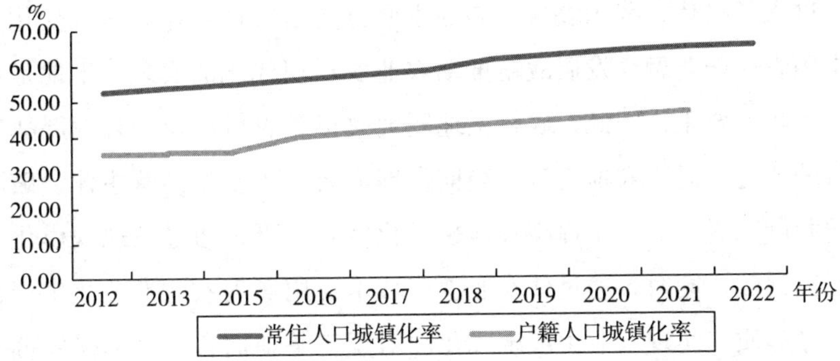

图 5-4　2012—2022 年我国常住人口和户籍人口城镇化率

资料来源：根据历年国家统计局《中国统计年鉴》，公安部发布数据整理。

农村集体经营性建设用地与国有土地双轨制长期存在，大大制约了农村土地增值收益的实现。我国存在国有土地和集体所有土地两种类型，农村集体经营性建设用地因为限制交易，对集体经营性建设用地权能和入市交易的探索起步较晚，国有土地法律制度相对完善，但长期对集体土地交易进行限制导致法律制度和实践都严重滞后，阻碍了城乡建设用地同等入市，集体经营性建设用地与国有建设用地发展已有较大差距。双轨土地制度为20世纪90年代以来的经济发展和城市化建设做出了突出贡献，但是也导致了农村土地增值收益无法实现、土地市场发育不完善等问题。随着城镇化建设，城市不断扩张，对于工业用地、建设用地可用储备不足，需求大于供给。而农村集体建设用地情况却相反，面临利用效率低、数量多等问题，供给大于需求。

“占补平衡”与“增减挂钩”政策有待进一步完善。城乡建设用地供求错配问题严重，我国目前城镇化进程迅速，城市发展需要建设用地来进行城市扩张，农村存在大量的闲置建设用地，在保障耕地红线的大前提下，城市要解决建设用地指标不足问题，可以通过国家规定的“占补平衡”“增减挂钩”两种形式。但不同地区的试点实践各有差异，发达地区的农村建设指标置换也已无法满足城镇扩张的需要，欠发达地区无法消化获得的建设用地指标，所以在推进建设用地指标置换的同时，还需要推动建设用地指标市场构建。

进入新时代，我国农村发展的主要方向是实现农业农村现代化，国家提出用农村产业融合发展战略推动农业农村现代化的实现，土地是农村最重要的生产要素，因此，农村土地制度改革是农村产业融合发展战略顺利推行的关键。对于农地而言，当前发展需要引入新型经营主体、破除农地流转制度障碍，进一步提高农地规模化经营水平，通过农地规模化经营促进农民增收。同时，通过新农业生产技术应用实现农业专业化生产，提升农产品品质，实现农业生产现代化。对于宅基地而言，改革需发掘宅基地新的利用方式，探索宅基地使用权流转和获取收益的界限，使宅基地利用与农村产业融合发展新战略相配合，适应休闲农业、农村旅游业等农业新业态需要。围绕农业发展农产品加工业属于农业与二、三产业的纵向融合，在这一过程中可以延长农产品产业链增加农产品附加值，而二、三产业的引入需要充分利用集体经营性建设用地，因此，改革需要破除集体经营性建设用地的入市阻碍以及用途限制，充分发挥集体经营性建设用地应有的价值。

中国特色社会主义新时代对土地制度的改革从当前发展需要以及现实存在的问题出发，以解决制度扭曲、缺位、无法有效调配资源、活力不足等问题为出发点，通过改革形成一个在较长时期内源源不断释放活力的制度。

三、新时代生产力与生产关系变迁背景下农村土地改革思想的变化

进入中国特色社会主义新时代，党和国家面对生产力和生产关系的再变化，从新的历史方位和国家发展战略全局出发，继承之前改革中的先进思想，顺应农业、农村、农民发展新需求，坚持以人民为中心，抓住农村土地制度改革这个关键环节，为农村改革提供新的思想指引。这一时期的

农村土地制度改革思想以中国共产党全国代表大会的召开作为时间节点，可分为以下三个阶段。

（一）完善新型农业经营体系，增强农村发展活力

党的十八大的召开为农村发展提供了新的思想指引，为农村建设指明了发展方向。会上总结了前一时期农业农村的建设成果，正视了当前农业存在的基础薄弱、城乡居民收入差距大等发展不足，指出解决“三农”问题应遵循城乡一体化的根本途径，加快发展现代农业，坚持和完善农村基本经营制度，改革征地制度，深入推进新农村建设和扶贫开发，全面改善农村生产生活条件，着力促进农民增收，保持农民收入持续较快增长①。党的十八大形成的农业农村发展思想指导了这一阶段的“三农”发展，完善农村基本经营制度成为农村土地制度改革的目标任务，是较长时期内农村改革的重点。

2012 年中央农村工作会议以党的十八大精神为指导，强调要积极创新农业生产经营体制机制，守住农民土地承包经营权这一“底线”，着力培养新型经营主体，引导一般农户提高集约化、专业化水平，扶持联户经营、专业大户、家庭农场，着力发展多种形式的新型农民合作组织和多元服务主体②。在不改变农村家庭联产承包责任制的基础上，从多元经营主体培育出发探索农业生产经营体制机制的创新。2013 年中央农村工作会议强调要坚持农村土地农民集体所有，坚持稳定土地承包关系，依法保障农民对承包地占有、使用、收益、流转及承包经营权抵押、担保的权利，不断探索农村土地集体所有制的有效实现形式，落实集体所有权、稳定农户承包权、放活土地经营权，加快构建以农户家庭经营为基础、合作与联合

① 胡锦涛.坚定不移沿着中国特色社会主义道路前进 为全面建成小康社会而奋斗——在中国共产党第十八次全国代表大会上的报告[J].求是,2012(22):3-25.

② 中央农村工作会议在京召开 全面部署2013年和今后一个时期的农业农村工作[J].农村工作通讯,2013(1):7-8.

为纽带、社会化服务为支撑的立体式复合型现代农业经营体系①。在坚持农村土地集体所有及承包关系长期不变的前提下，我国开启了对于农村土地产权分离的探索。“三权分置”改革是我国土地资源运用的又一次重大发展和制度创新，是马克思主义中国化的新的重大理论成果。2014 年，中央农村工作会议说明未来发展将更加注重经营方式创新，通过推进土地经营权有序规范流转，引导发展土地入股、土地托管等多种经营形式，实现农业增效与农民增收②。进一步探索在农地产权分置的情况下，放活农地经营权，发展多种经营形式，顺应农业现代化要求及农民多渠道增收需要。2016 年，中央农村工作会议中点明重点要落实好“三权分置”意见，推进农村集体产权制度改革。农村土地制度改革范围扩大，从农地向集体建设用地拓展，以进一步保障农民土地财产收益权实现③。

（二）实施乡村振兴战略，深化农村土地制度改革

党的十八大以来至党的十九大召开前的 5 年时间里，我国农村发展稳中有进，在保障粮食供应量方面，粮食产能稳定在 1.2 万亿斤以上，农民人均年收入达到 1.2 万元，实现持续增收，农田有效灌溉面积占比超过 52%、主要农作物耕种收综合机械化率超过 65%、农业科技进步贡献率超过 56%、良种覆盖率达到 96%，农村贫困发生率也由 2012 年的 10.2% 下降至 2016 年的 4.5%④。党中央对“三农”问题的重视，以及用正确的思想、方针、政策指导实践，是取得这一成就的重要原因。

农村改革也取得了卓著成绩，改革重点聚焦于处理好农民与土地的关系，确权颁证工作有序开展，截至 2017 年 6 月底，我国已完成确权面积

① 在中央农村工作会议上的讲话(2013 年 12 月 23 日)[M]//十八大以来重要文献选编(上)北京:中央文献出版社,2014:658.

② 在中央农村工作会议上的讲话(2013 年 12 月 23 日)[M]//十八大以来重要文献选编(上)北京:中央文献出版社,2014:658.

③ 学习中央农村工作会议精神[J].新农业,2017(4):12-14.

④ 李炜,缪翼.筑梦三农开新局——党的十八大以来农业农村经济发展成就综述[J].中国农业文摘-农业工程,2017,29(6):3-4,15.

10.5亿亩，占二轮家庭承包耕地面积的76%。农村土地有序流转、适度规模经营局面已初步形成，新型经营体系通过新型经营主体培育、发展农业社会化服务正在逐步构建①。探索权属清晰、权能完善的集体产权制度正在有序开展。

在全面建成小康社会决胜阶段、中国特色社会主义进入新时代的关键时期，党的十九大召开，会上提出要始终把解决好"三农"问题作为全党工作的重中之重，首次提出实施乡村振兴战略。延续上一阶段的农村改革思路，在本阶段重点巩固和完善农村基本经营制度，深化农村土地制度改革，完善承包地"三权分置"制度。保持土地承包关系稳定并长久不变，第二轮土地承包到期后再延长30年。深化农村集体产权制度改革，保障农民财产权益，壮大集体经济②。为贯彻党的十九大精神，2017年中央农村工作会议上再次强调必须巩固和完善农村基本经营制度，走共同富裕之路。在继承之前改革要求的基础上，新提出的农村改革思路大力推进体制机制创新以实现乡村振兴战略，以完善产权制度和要素市场化配置为重点，完善承包地"三权分置"制度，完善农民闲置宅基地和闲置农房政策，深入推进农村集体产权制度改革，改进耕地"占补平衡"管理办法③。国家的农村改革开始强调农民土地财产权益、集体收益权实现问题，在完善农地"三权分置"制度基础上，探索宅基地及集体经营性建设用地权能实现问题。对于宅基地，要适度放活农民宅基地和房屋使用权，维护进城落户农民权益，严格农村宅基地管理，扎实推进宅基地使用权确权登记颁证。对于集体经营性建设用地，要加快建立城乡统一建设用地市场，对集体经营性建设用地入市制度进行探索，扎实开展新增耕地指标和城乡建设用地"增减挂钩"节余指标跨省域调剂使用。

---

① 施维. 将深化农村改革进行到底——党的十八大以来农村改革成就综述[N]. 农民日报，2017-09-20.

② 习近平. 决胜全面建成小康社会　夺取新时代中国特色社会主义伟大胜利[N]. 人民日报，2017-10-28(1).

③ 中央农村工作会议在北京举行　习近平作重要讲话[J]. 中国产经，2018(1)：10-15.

（三）深化农村土地制度改革，赋予农民更加充分的财产权益

党的十九大以来至党的二十大召开前的5年时间里，我国经济发展再上新台阶，国内生产总值增长到114万亿元，稳居世界第二位。农业、农村、农民事业取得了历史性成就，脱贫攻坚战取得全面胜利，农村贫困人口全部脱贫，谷物产量稳居世界首位，农业现代化建设迈上新台阶，农田有效灌溉面积占比超过54%，累计建成9亿亩高标准农田，农业科技进步贡献率达到61%，农作物种源自给率超过95%，农作物耕种收机械化率超过72%，乡村振兴开局良好①。

农村土地制度改革取得了重大进展，农村土地承包经营制度的“三权分置”改革已完成法制化，承包地确权颁证工作基本完成，通过延长承包期限实现承包关系长期不变；农村集体产权制度改革已基本完成阶段性任务，核实集体资产、集体土地、集体成员任务基本完成，集体经营性建设用地入市及宅基地制度改革取得明显进展②，这些成果为后续改革打下了坚实基础。

党的二十大报告再次强调，要“坚持农业农村优先发展”，重申“三农”工作在新时代、新征程中的基础性和战略性地位，向全党全社会释放了党中央重农强农的强烈信号。农村土地制度改革需继续巩固和完善农村基本经营制度，发展新型农村集体经济，发展新型农业经营主体和社会化服务，发展农业适度规模经营。深化农村土地制度改革，赋予农民更加充分的财产权益。保障进城落户农民合法土地权益，鼓励依法自愿有偿转让③。2022年，中央农村工作会议贯彻党的二十大精神，提出加快建设农业强国，需通过深化农村改革增加活力，把处理好农民与土地的关系作为

---

① 刘珊，刘亮. 新时代我国农业农村取得历史性成就·农民生产生活水平上了一个大台阶[N/OL]. 央视网，(2022-09-23)[2024-01-09]. http://www.ce.cn/xwzx/gnsz/gdxw/202209/23/t20220923_38124643.shtml.

② 高鸣，郑庆宇. 党的十八大以来我国农村改革进展与深化方向[J]. 改革，2022(6):38-50.

③ 习近平. 高举中国特色社会主义伟大旗帜　为全面建设社会主义现代化国家而团结奋斗[N]. 人民日报，2022-10-26(1).

改革主线，把强化集体所有制根基、保障和实现农民集体成员权利同激活资源要素统一起来，搞好农村集体资源资产的权利分置和权能完善，让广大农民在改革中分享更多成果。

我国农村改革的思路是根据时代需要不断进行调整的，在新的历史起点上推进农村土地制度改革，仍要坚持把依法维护农民权益作为出发点和落脚点，坚持农村土地农民集体所有制不动摇，坚持家庭承包经营基础性地位不动摇。未来的改革方向是继续巩固和完善农村基本经营制度，形成所有权、承包权、经营权“三权分置”，经营权流转的格局，培育新型农业经营主体，发展壮大农业社会化服务组织，同时要发展新型农村集体经济，让农村创造财富的资源充分涌流，改革农村宅基地和集体经营性建设用地制度，实现农民的财产权益，不断为促进乡村全面振兴、实现农业农村现代化创造有利条件，从而为实现第二个百年奋斗目标奠定更为坚实的物质基础。

第二节　中国特色社会主义新时代农村土地制度的演化

进入中国特色社会主义新时代，新的更适合于当前发展状况的农村土地制度也正在孕育，对于这一时期以来农村土地制度发生的一些重大变革，我们将分别对三块地——集体经营性建设用地、宅基地和耕地制度各自的演变进行详细论述。党和国家关于农村土地制度改革的思想体现着鲜明的人民性，这一时期的改革也同样强调要保障农民的土地权能，在激发土地要素活力的同时，帮助农民实现土地权能。党的十八届三中全会上提出要“依法维护农民土地承包经营权、宅基地使用权……改革征地制度，提高农民在土地增值收益中的分配比例”。这说明在未来一段时间内我国的土地制度改革不会动摇农民的承包经营权和宅基地使用权，解除了农民担心土地被收回的后顾之忧。其中关于农村土地的征收与补偿问题，需要对被征收农民受损权益进行合理补偿。会后，中央和地方政府围绕党的路线方针政策，确立了系列法律法规和政策性文件，2013 年至今的中央一号文件对农村土地制度改革的认识是具有高度延续性的，对农村土地改革方向、土地改革试点实践内容、如何激发农村土地要素活力等进行了详细的阐述说明。

从历年出台的中央一号文件中可以发现，国家对于农村土地制度改革的重点是在“三权分置”的基础上如何合理规划好耕地、集体经营性建设用地、宅基地这三块地的问题。对于耕地，国家需要在守住耕地红线的基础上，对耕地利用效率的提高进行探索。首先，我们确定了土地承包关系稳定并长久不变的政策，这样土地使用权长期归属于一户所有，会提高农民对土地投入的积极性，同时在土地流转中提高了土地承包方和发包方关系的稳定性，为长期承包和集中连片经营奠定了基础。其次，空置宅基地返田，“占补平衡”“增减挂钩”等政策，对于增加补充耕地、提高闲置地利用效率以及为城市建设用地提供指标方面贡献较大。对于宅基地，面对经济发展必然推动城镇化率持续提升，农村人口逐渐减少的现实，国家为了缓解农民对于进城落户会被迫丧失宅基地及耕地的担忧，推进宅基地制度改革，为农民进城务工甚至落户提供保障，实行宅基地自愿有偿退出，进城落户居民可以自愿选择保留宅基地或者对宅基地进行使用权的转让，提高了农民进城落户的信心。最后，对于集体经营性建设用地，国家提出农村经营性建设用地可以出让、租赁、入股，与国有土地同等入市、同权同价，减少国家直接征收的指标，发挥市场的作用，这就需要我们建立一个安全、有序的土地交易市场。全国统一的土地交易市场建立后，在提高土地利用效率的同时，赋予了农民集体出让、出租集体经营性建设用地的流转权，平衡了城乡建设用地权益，显化了集体经营性建设用地使用权价值。

一、构建“三权分置”的农地制度

我国作为拥有 14 多亿人口的大国，保障粮食安全对于国家和人民意义重大，而守住农地红线，保障农地面积是实现粮食安全的防线之一。党和国家高度重视农地土地制度改革问题，自2013年至今中央一号文件一直在不断强调农地改革和实践的方向及内容，主要围绕保障耕地红线、土地承包关系长期不变，完成农村土地承包经营权确权登记颁证工作、土地征收制度改革等。

"三权分置"是这一时期农地制度改革主线，我国已经实现所有权与承包经营权的分离，而将承包经营权再次分离是对当前生产关系的再调整，顺应了农村发展的需要。当前规模化经营是农业发展的大趋势，农地适度规模化流转必然要合理保障土地流转双方的利益，这样"三权分置"的改革重点就必须落脚于承包权与经营权的划分以及经营权权能的实现上，当前时期的试点与探索围绕这一方向展开（见表5-1）。

"三权分置"制度从制定到完善再到法制化也经历了一个探索过程。2014年中央一号文件发布，指出"稳定农村土地承包关系并保持长久不变，在落实农村土地集体所有权的基础上，稳定农户承包权、放活土地经营权"，首次正式提出农村土地三权分离。2014年9月举行的中央全面深化改革领导小组第五次会议再次强调，要在坚持农村土地集体所有的前提下，促使承包权和经营权分离，形成所有权、承包权、经营权"三权分置"，经营权流转的格局。2016年10月，中共中央办公厅、国务院办公厅联合下发《关于完善农村土地所有权承包权经营权分置办法的意见》，其中明确了所有权、承包权、经营权各自的权能和相互的关系。2018年中央一号文件中提出要完善农村承包地"三权分置"制度，在依法保护集体土地所有权和农户承包权前提下，平等保护土地经营权。同年新修订的《中华人民共和国农村土地承包法》正式把农村土地实行"三权分置"上升为法律，实现了"三权分置"的规范化及法制化。修订内容有：以法律形式明确了土地承包关系长久不变；完善承包地有偿退出的法律规定；明确国家保护进城农户的土地承包经营权，不得以退出承包经营权作为农户进城落户的条件，给落户农民吃了一颗定心丸①。

---

① 中华人民共和国农村土地承包法[J].农村经营管理,2019(2):23-27.

农地规模化经营是农业生产经营的主要趋势，“三权分置”改革的主要目标是通过经营权承包权分离进一步放活土地流转，为规模化经营铺平道路，激发土地要素活力，推动土地发挥资产收益功能，增加农民收益。对此，国家不断出台多项政策、开展多轮试点工作推动农地规模化经营。在2013年党的十八届三中全会通过的《中共中央关于全面深化改革若干重大问题的决定》中提到：赋予农民对于承包地的占有、使用、收益、流转权利及以承包权入股发展产业化经营。鼓励承包经营权在公开市场上向专业大户、家庭农场、农民合作社、农业企业流转，发展多种形式规模经营①。2016年10月，中共中央办公厅、国务院办公厅联合下发《关于完善农村土地所有权承包权经营权分置办法的意见》，提出平等保护经营权，对于促进我国农业适度规模化经营、发展现代农业意义重大。2017年5月，中共中央办公厅、国务院办公厅印发了《关于加快构建政策体系　培育新型农业经营主体的意见》，指出应加快培育新型农业经营主体，形成以农户家庭经营为基础、以合作与联合为纽带、以社会化服务为支撑的立体式复合型现代农业经营体系，以此来提升农业农村现代化发展水平②。2018年1月2日中央一号文件颁布实施，农村承包土地经营权可以依法向金融机构融资担保、入股从事农业产业化经营。实施新型农业经营主体培育工程，培育发展家庭农场、合作社、龙头企业、社会化服务组织和农业产业化联合体，发展多种形式适度规模经营③。2020年3月，农业农村部编制了《新型农业经营主体和服务主体高质量发展规划（2020—2022年)》，提出了整体数量快速增长、发展质量不断提升、带动效果越发明显、引领作用持续发挥的发展要求。2023年1月2日，中共中央、国务院发布《关于做好2023年全面推进乡村振兴重点工作的意见》，本次中央一号文件强调农业方面要抓好粮食和重要农产品稳产保供，加强农业基础设

① 中共中央关于全面深化改革若干重大问题的决定[N].人民日报,2013-11-16(1).

② 中共中央办公厅 国务院办公厅印发《关于加快构建政策体系　培育新型农业经营主体的意见》[J].中国农民合作社,2017(7):7-10.

③ 中共中央 国务院关于实施乡村振兴战略的意见[N].人民日报,2018-02-05(1).

施建设，强化农业科技和装备支撑。在农地经营权改革中最重要的应该是经营权可直接进行融资抵押，2010 年国家放松试点地区的农地经营权抵押，多数试点地区进行积极尝试，探索出了具有地方特色的农地经营权抵押融资模式，而 2019 年修订的《中华人民共和国农村土地承包法》第四十七条明确规定“承包方可以用承包地的土地经营权向金融机构融资担保”，使土地经营权融资可以成为农民获取资金的合法渠道。

“完成农村承包地确权登记，保障土地承包长久不变”是农地“三权分置”制度顺利推进的重要保障。确权登记过程中可以对农村农业用地进行普查，查明农地面积、归属及经营内容，对无地、失地农户重新进行土地分配，对于有多份承包地农户土地进行收回，对无主、无人经营土地收归村集体集体经营，为土地承包关系稳定打好基础，同时，土地确权登记也可以让土地流转更有保障，土地转出方可以出具土地承包经营权证书证明自己对这片土地的承包关系，转入方也可以避免承包土地的农户承包权不明确等问题。土地承包关系长久不变有利于农民对自营土地追加投资，在转出时也可以保障一个较长时期的流转，土地转出者不会频繁变动。2013 年中央一号文件中提出要用 5 年时间基本完成农村土地承包经营权确权登记颁证工作，确定土地承包关系并保持长久不变①。2018 年 1 月 2 日中央一号文件颁布实施，其中明确规定落实农村土地承包关系稳定并长久不变政策，衔接落实好第二轮土地承包到期后再延长 30 年的政策，给农民吃上长效“定心丸”，同时提出要全面完成土地承包经营权确权登记颁证工作，实现承包土地信息联通共享。2018 年 12 月 29 日，新《中华人民共和国农村土地承包法》颁布施行，以法律形式明确了土地承包关系长久不变。2019 年我国的农地确权登记工作已基本完成。改革首先在少数试点村开展，然后推广到县、乡镇，最后推广到省，逐步开展试点工作。我国为 15 亿亩耕地明确了产权，同时颁布了 2 亿个农民的权利证明，使得我国的

① 中共中央 国务院关于加快发展现代农业进一步增强农村发展活力的若干意见[J]. 中国合作经济，2013(2):4－9.

农地确权颁证比例达到了96%[①]。2023年中央一号文件中提出要研究制定第二轮土地承包到期后再延长30年试点工作指导意见。

面对城镇发展需要建设用地的现实情况以及农村集体经营性建设用地闲置与农业用地细碎化问题，我国需要改革正在实施的“占补平衡”与“增减挂钩”政策。我国于2017年1月9日提出《中共中央 国务院关于加强耕地保护和改进“占补平衡”的意见》。该意见明确了加强耕地保护和改进“占补平衡”的总体要求，提出严格建设占用耕地、改进耕地占补平衡管理、推进耕地质量提升和保护、健全耕地保护补偿机制、强化保障措施和监管考核等方面的具体措施。在加强土地规划管控和用途管制方面，强调充分发挥土地利用总体规划的整体管控作用，从严核定新增建设用地规模，从严控制建设占用耕地特别是优质耕地。严格永久基本农田划定和保护，永久基本农田一经划定，任何单位和个人不得擅自占用或改变用途，城乡建设、基础设施、生态建设等规划原则上不得突破永久基本农田边界[②]。2018年3月13日，国土资源部印发《关于严格核定土地整治和高标准农田建设项目新增耕地的通知》。为了明确《中共中央 国务院关于加强耕地保护和改进占补平衡的意见》的相关要求，严格规范新增耕地管理，确保新增耕地数量真实、质量可靠，对土地整治和高标准农田建设项目新增耕地进行了严格核定。“占补平衡”过程中可能出现土地价值评估行业不规范等问题，所以国家在这一时期提出了相关管理办法，对土地估价行业进行一定的监管，由自然资源部办公厅于2019年颁布《土地估价行业“双随机、一公开”监督检查实施细则（试行）》。为了提高全社会对基本农田永久保护的意识，2020年1月1日颁布施行的《中华人民共和国土地管理法》将基本农田提升为永久基本农田，增加的第三十五条明确：永久基本农田经依法划定后，任何单位和个人不得擅自占用或者改变用途。永久基本农田必须落实到地块，纳入数据库严格管理。改革土地征

① 农村承包地确权登记颁证工作基本完成[J].中国农民合作社,2020,139(12):5.

② 中共中央 国务院关于加强耕地保护和改进占补平衡的意见[N].人民日报,2017-01-24(1).

收制度，对土地征收的公共利益范围进行明确界定，明确征收补偿的基本原则是保障被征地农民原有生活水平不降低、长远生计有保障，改革土地征收程序。2021 年 12 月 21 日，自然资源部、财政部、国家乡村振兴局发布《巩固拓展脱贫攻坚成果同乡村振兴有效衔接过渡期内城乡建设用地增减挂钩节余指标跨省域调剂管理办法》，明确了增减挂钩指标可跨省调配。对于占补平衡中出现的问题，通过新制度的制定重新作出了规范，保障了国家的农业用地红线及粮食安全。

各项农地制度改革正式确定前，中央和地方都要进行多次试点实践，2014 年 12 月，中央全面深化改革领导小组第七次会议审议通过的《关于农村土地征收、集体经营性建设用地入市、宅基地制度改革试点工作的意见》提到：坚持土地公有制性质不改变、耕地红线不突破、农民利益不受损三条底线，在试点基础上有序推进。这揭示着新一轮改革试点的开始。本轮改革历时 4 年，取得了多项成效，《中华人民共和国农村土地承包法》修订就以本次试点实践为依托。2018 年 12 月 23 日，国务院作了《关于农村土地征收、集体经营性建设用地入市、宅基地制度改革试点情况的总结报告》，试点工作取得突破性进展，增加了农民土地财产收入。33 个试点县（市、区）征地补偿安置标准比法定补偿标准普遍提高，增加的征地补偿费用全部由财政列支，提升了农村土地利用和治理水平。通过集体土地权属调查、登记发证，完善村庄规划，夯实了农村土地管理基础。违法用地大幅减少，耕地得到更好保护，农村土地节约集约利用水平明显提升。试点地区多项改革措施协同发力，在确保试点任务有序推进的同时，也健全了集体经济组织，增强了基层组织的凝聚力，调动了农民参与集体资产管理和乡村公共事务管理的积极性。

表 5－1　2012—2023 年农村农地制度的演化

时间	文件名称	内容
2013 年 11 月 12 日	中共十八届三中全会通过的《中共中央关于全面深化改革若干重大问题的决定》	赋予农民对承包地的占有、使用、收益、流转权利及以承包权入股发展产业化经营。鼓励承包经营权在公开市场上向专业大户、家庭农场、农民合作社、农业企业流转，发展多种形式规模经营

续表

时间	文件名称	内容
2014 年 12 月 2 日	《关于农村土地征收、集体经营性建设用地入市、宅基地制度改革试点工作的意见》	坚持土地公有制性质不改变、耕地红线不突破、农民利益不受损三条底线，在试点基础上有序推进
2016 年 10 月	中共中央办公厅、国务院办公厅联合下发《关于完善农村土地所有权承包权经营权分置办法的意见》	“三权分置”明确了所有权、承包权、经营权各自的权能和相互的关系，并提出平等保护经营权，对促进我国农业适度规模化经营、发展现代农业意义重大
2017 年 1 月9 日	《中共中央 国务院关于加强耕地保护和改进占补平衡的意见》	意见明确了加强耕地保护和改进“占补平衡”的总体要求，提出严格建设占用耕地、改进耕地占补平衡管理、推进耕地质量提升和保护、健全耕地保护补偿机制、强化保障措施和监管考核等方面的具体措施
2017 年 5 月 31 日	《关于加快构建政策体系培育新型农业经营主体的意见》	意见指出加快培育新型农业经营主体，形成以农户家庭经营为基础、以合作与联合为纽带、以社会化服务为支撑的立体式复合型现代农业经营体系，以此来提升农业农村现代化发展水平
2018 年 1 月2 日	《中共中央 国务院关于实施乡村振兴战略的意见》	落实农村土地承包关系稳定并长久不变政策，衔接落实好第二轮土地承包到期后再延长 30 年的政策，让农民吃上长效“定心丸”。全面完成土地承包经营权确权登记颁证工作，实现承包土地信息联通共享。完善农村承包地“三权分置”制度，在依法保护集体土地所有权和农户承包权前提下，平等保护土地经营权
2018 年 3 月 12 日	《关于严格核定土地整治和高标准农田建设项目新增耕地的通知》	为了明确《中共中央 国务院关于加强耕地保护和改进占补平衡的意见》的相关要求，严格规范新增耕地管理，确保新增耕地数量真实、质量可靠，对土地整治和高标准农田建设项目新增耕地进行严格核定
2018 年 12 月 23 日	《关于农村土地征收、集体经营性建设用地入市、宅基地制度改革试点情况的总结报告》	33 个试点县（市、区）征地补偿安置标准比法定补偿标准普遍提高，增加的征地补偿费用全部由财政列支。集体经营性建设用地入市进一步显化了集体土地价值，试点地区共获得入市收益 178.1 亿元。提升了农村土地利用和治理水平。通过集体土地权属调查、登记发证，完善村庄规划，夯实了农村土地管理基础

续表

时间	文件名称	内容
2018年12月29日	新修《中华人民共和国农村土地承包法》	以法律形式明确了土地承包关系长久不变；完善承包地有偿退出的法律规定；明确国家保护进城农户的土地承包经营权，不得以退出承包经营权作为农户进城落户的条件，给落户农民吃了一颗“定心丸”
2019年7月26日	《土地估价行业“双随机、一公开”监督检查实施细则（试行）》	建立全国土地估价监管系统，加强对土地估价行业的监管
2020年1月1日	新《中华人民共和国土地管理法》	新《中华人民共和国土地管理法》将基本农田提升为永久基本农田，增加的第三十五条明确：永久基本农田经依法划定后，任何单位和个人不得擅自占用或者改变用途。永久基本农田必须落实到地块，纳入数据库严格管理。改革土地征收制度，对土地征收的公共利益范围进行明确界定，明确征收补偿的基本原则是保障被征地农民原有生活水平不降低，长远生计有保障，改革土地征收程序
2020年3月6日	《新型农业经营主体和服务主体高质量发展规划（2020—2022年）》	规划提出了整体数量快速增长、发展质量不断提升、带动效果越发明显、引领作用持续发挥的发展要求
2020年9月15日	《关于坚决制止耕地“非农化”行为的通知》	要求坚决制止耕地“非农化”、防止耕地“非粮化”
2020年11月17日	《关于防止耕地“非粮化”稳定粮食生产的意见》	明确要督促各地抓紧建立健全工商资本流转土地资格审查和项目审核制度，强化租赁农地监测监管，对工商资本违反相关产业发展规划大规模流转耕地不种粮的“非粮化”行为，一经发现要坚决予以纠正，并立即停止其享受相关扶持政策
2021年12月21日	《巩固拓展脱贫攻坚成果同乡村振兴有效衔接过渡期内城乡建设用地增减挂钩节余指标跨省域调剂管理办法》	明确增减挂钩指标可跨省调配

续表

时间	文件名称	内容
2023 年 1 月 2 日	《中共中央 国务院关于做好 2023 年全面推进乡村振兴重点工作的意见》	本次中央一号文件强调农业方面要抓好粮食和重要农产品稳产保供，加强农业基础设施建设、强化农业科技和装备支撑。农地制度改革相关意见：改革要兼顾各方利益；研究制定第二轮土地承包到期后再延长 30 年试点工作指导意见。保障进城落户农民合法土地权益，鼓励依法自愿有偿转让

二、构建使用权放活流转的宅基地制度

为了探索适合当前经济发展形势的宅基地制度，自 2013 年党的十八届三中全会召开以来，宅基地的改革与试点工作就在不断推进，并取得了一些工作成果。改革之初，并未提出农村宅基地制度“三权分置”，我们在不断地试点实践过程中逐渐探索发现“三权分置”会成为激发宅基地活力的重要制度创新。

国家在改革之初重点着眼于完善宅基地的转让与退出制度，保障“一户一宅”制度落实。2014 年 12 月 2 日，习近平总书记先后主持召开中央全面深化改革领导小组第七次会议和中央政治局常委会会议，审议通过了《关于农村土地征收、集体经营性建设用地入市、宅基地制度改革试点工作的意见》，拉开了包括宅基地在内的三块地改革序幕，在该意见中试点重点着眼于宅基地的转让与退出，处理“一户多宅”和违规占用宅基地问题，为各地制定具体改革政策文件提供了遵循。

宅基地自愿有偿退出是我国在较长时期内探索的一项制度，如何让这项制度能够得到广大农户认可，让农户愿意通过该制度退出宅基地分配，对于宅基地“三权分置”的有效实现意义重大。2014 年 12 月 2 日，审议通过的《关于农村土地征收、集体经营性建设用地入市、宅基地制度改革试点工作的意见》提出，“针对农户宅基地取得困难、利用粗放、退出不畅等问题，要完善宅基地权益保障和取得方式，探索农民住房保障在不同区域户有所居的多种实现形式；探索进城落户农民在本集体经济组织内部

自愿有偿退出或转让宅基地；改革宅基地审批制度，发挥村民自治组织的民主管理作用”。2019年中央一号文件再次强调，坚持保障农民土地权益、不得以退出承包地和宅基地作为农民进城落户条件。2019年修订施行的《中华人民共和国土地管理法》第六十二条规定，国家允许进城落户的农村村民依法自愿有偿退出宅基地，鼓励农村集体经济组织及其成员盘活利用闲置宅基地和闲置住宅。该法的修订充分体现了尊重农户的意愿，即使进城落户也不会对其已分配的宅基地进行强制有偿回收，也为农户进城落户提供了信心。在本轮宅基地改革试点中也有部分地区探索出了具有地方特色的宅基地退出模式。2020年开启的新一轮试点着眼于保护进城落户农民宅基地权益，探索农户宅基地资格权的保障机制，同时，通过探索宅基地使用权的流转、抵押、自愿有偿退出、有偿使用等，来增加农户的财产性收入。

为贯彻“一户一宅”制度，严格规范“一户多宅”及违法乱建现象，农村确权颁证工作也在有序推进。2014年《关于农村土地征收、集体经营性建设用地入市、宅基地制度改革试点工作的意见》发布，其中指出“探索农民住房保障在不同区域户有所居的多种实现形式；针对因历史原因形成超标准占用宅基地和‘一户多宅’等情况，探索实行有偿使用”。由此可以看出国家治理“一户多宅”的坚定决心。截至2018年年底改革试点完成，我国在“一户多宅”治理方面取得了突出成绩，共计清理掉超过14万户、8.4万亩的零散、空白农房。2019年4月15日，中共中央、国务院发布《关于建立健全城乡融合发展体制机制和政策体系的意见》，提出“允许村集体在村民自愿的前提下，依法把有偿收回的闲置宅基地、废弃的集体公益性建设用地转变为集体经营性建设用地入市”[①]，进一步扩大了可供入市的集体经营性建设用地范围，也为“一户多宅”问题治理提供了动力。2019年新修订的《中华人民共和国土地管理法》在原有“一户一

① 中共中央 国务院关于建立健全城乡融合发展体制机制和政策体系的意见[N].人民日报，2019-05-06(1).

宅”规定基础上增加了对农村居民“住有所居”的保障性法律规定。人均土地少、不能保障一户拥有一处宅基地的地区，县级人民政府在充分尊重农村村民意愿的基础上，可以采取措施保障村民“户有所居”。同年的中央一号文件中提出要拓展宅基地改革试点、丰富试点内容，加快推进宅基地使用权确权登记颁证工作，力争2020年基本完成。2019年9月20日，中农办、农业农村部《关于进一步加强农村宅基地管理的通知》要求严格落实新土地管理法，对于“一户多宅”、超标准占用宅基地、违法违规买卖宅基地，侵占耕地建设住宅等问题，要按照有关政策规定分类进行认定和处置，明确落实基层政府的属地责任。在这一过程中，“一户多宅”治理、闲置宅基地复垦及宅基地确权登记颁证同时并举，宅基地确权登记颁证工作的开展，既是对“一户多宅”治理及“住有所居”民生保障效果的监督与检验，同时，明晰农村宅基地产权也可以预防“一户多宅”问题的再发生，农村宅基地产权明确，国家治理有据可依。

2018年以后，宅基地改革持续深入，“三权分置”的探索标志着改革的进一步深入。宅基地的取得带有明显的资格权属性，是农民基于村民身份而获得的福利保障，这一点与承包地相似，但其明显区别于承包地的一点在于，宅基地上建造的房屋及其他设施不仅具有居住价值而且是资产，而制度和法律对宅基地使用权流转的限制使得宅基地及房屋的财产权属性无法体现，主要体现为保障功能。试点中宅基地制度改革的法律阻碍被消除，推进改革不断深化，经过几年试点实践，我国部分地区在放活宅基地和农房使用权方面取得了一些积极成果，这也使得国家开始认识到宅基地“三权分置”的可行性，国家开始了对宅基地“三权分置”的探索。2018年中央一号文件提出“完善农民闲置宅基地和闲置农房政策，探索宅基地所有权、资格权、使用权‘三权分置’，落实宅基地集体所有权，保障宅基地农户资格权和农民房屋财产权，适度放活宅基地和农民房屋使用权”①，对宅基地“三权分置”探索作出初步阐述。山东禹城、浙江义乌和

① 中共中央 国务院关于实施乡村振兴战略的意见[N]. 人民日报,2018-02-05(1).

德清、四川泸县等试点地区结合实际，探索了一些宅基地“三权分置”模式。但是，试点范围比较窄，试点时间比较短，尚未形成可复制、可推广的制度经验，且各有关方面对宅基地所有权、资格权、使用权的权利性质和边界认识还不一致，有待持续研究。2019 年 8 月 26 日新《中华人民共和国土地管理法》颁布，根据之前试点成果，改革部分法律条文，为宅基地改革提供了法律支撑。宅基地使用权流转方式有了新增内容，由“出卖、出租”变为“出卖、出租、赠予”。新《中华人民共和国土地管理法》规定，农村村民出卖、出租、赠予住宅后，再申请宅基地的，不予批准。依照相关规定，农村村民“出卖”宅基地使用权，双方必须是本集体经济组织成员，受让方需符合宅基地申请条件。且需本集体经济组织同意。但农村村民“出租、赠予”住宅的对象不受本集体经济组织限制，出租房屋期限不得超过 20 年。2019 年 9 月 30 日，农业农村部印发《关于积极稳妥开展农村闲置宅基地和闲置住宅盘活利用工作的通知》，指导各地在依法维护农民宅基地合法权益和严格规范宅基地管理的基础上，探索盘活利用农村闲置宅基地和闲置住宅的有效途径和政策措施。

2020 年 6 月 30 日中央全面深化改革委员会第十四次会议通过《深化农村宅基地制度试点改革方案》，方案中进一步提出要深化农村宅基地制度改革，积极探索落实宅基地集体所有权、保障宅基地农户资格权和农民房屋财产权、适度放活宅基地和农民房屋使用权的具体路径和办法，坚决守住土地公有制性质不改变、耕地红线不突破、农民利益不受损这三条底线，实现好、维护好、发展好农民权益。探索打通宅基地与集体经营性建设用地的具体机制。宅基地财产价值增长与转换机制已然成为宅基地“三权分置”改革的重要内容。2020 年 10 月，中央农办、农业农村部批复全国 104 个县（市、区）和 3 个设区市为新一轮农村宅基地制度改革试点地区，核心是要探索宅基地所有权、资格权、使用权分置实现形式，着重从完善宅基地集体所有权行使机制在内的九个方面探索。2021 年中央一号文件中指出“加强宅基地管理，稳慎推进农村宅基地制度改革试点，探索宅基地所有权、资格权、使用权分置有效实现形式。规范开展房地一体宅基地日常登记颁证工作”。说明未来我们要继续探索宅基地“三权分置”有效形式，需要继续就宅基地权能分置结构达成共识。2021 年 1 月 28 日，自然资源部、国家发展改革委会同农业农村部印发《关于保障和规范农村一二三产业融合发展用地的通知》，提出在符合国土空间规划的前提下，鼓励对依法登记的宅基地等农村建设用地进行复合利用，发展乡村民宿、农产品初加工、电子商务等农村产业。2022 年和 2023 年的中央一号文件也多次强调要“稳慎推进农村宅基地制度改革试点，探索宅基地‘三权分置’有效实现形式”。表 5－2 中详细展示了 2012—2023 年农村宅基地制度的演化过程，体现出国家持续深化和探索宅基地“三权分置”改革的决心与恒心。

我国开启的宅基地“三权分置”制度改革，为宅基地充分发挥其资产收益功能提供了制度助力。放活宅基地使用权能够盘活农村闲置的土地资源，有利于宅基地充分发挥其作为资产具有的资产收益功能，为农民增加收入、提高生活质量拓宽途径，同时也有利于我们重新思考宅基地所有权主体、资格权主体与使用权主体之间的产权关系应该如何处理。可以看出国家关心、关切农民宅基地财产权益的实现，宅基地“三权分置”试点改革使得除了使用权之外的转让权、经营权、收益权、处分权等权利能得到实现。除宅基地“三权分置”制度的创造性提出外，一些既有问题也在当前时期的改革中得到了解决，针对现在农村宅基地存在的如宅基地自愿有偿退出、“一户多宅”、违规乱建和建设用地荒废等问题，国家也出台了相关法律法规和政策性文件。

在放活宅基地使用权试点的改革过程中，我们也面临一些困难与问题，有待未来探索。在所有权归属上，要落实土地归村集体所有的属性，鼓励村集体实行处分权，解决所有权归属和处分权行使方面面临的问题；在资格权保障上，保障农民对分配到的宅基地所能行使的各项权利，确权登记持续推行，还有关于资格权的权能、认定和实现形式等问题，在使用权放活上，面临使用权属性、权能、实现形式及法律障碍等问题。在未来一段时间内，国家仍需要结合新一轮试点成果，为制度、法律的完善提供依据，使得所有权更加明确，确权登记工作顺利推进，使用权权能得到充分发挥。

表 5－2　2012—2023 年农村宅基地制度的演化

时间	文件名称	内容
2014 年 12 月 2 日	《关于农村土地征收、集体经营性建设用地入市、宅基地制度改革试点工作的意见》	完善宅基地权益保障及取得方式；治理“一户多宅”问题；探索宅基地有偿退出机制；改革宅基地审批制度
2018 年 1 月 2 日	《中共中央 国务院关于实施乡村振兴战略的意见》	完善农民闲置宅基地和闲置农房政策，探索宅基地所有权、资格权、使用权“三权分置”
2018 年 12 月 23 日	第十三届全国人民代表大会常务委员会第七次会议上发布了《关于农村土地征收、集体经营性建设用地入市、宅基地制度改革试点情况报告总结》	报告中总结宅基地试点成果，为《中华人民共和国土地管理法》修订提供依据
2019 年 1 月 3 日	《中共中央 国务院关于坚持农业农村优先发展做好“三农”工作的若干意见》	拓展改革试点；坚持保障农民土地权益、不得以退出承包地和宅基地作为农民进城落户条件；加快推进宅基地使用权确权登记颁证工作
2019 年 4 月 15 日	中共中央、国务院发布《关于建立健全城乡融合发展体制机制和政策体系的意见》	提出“允许村集体在村民自愿的前提下，依法把有偿收回的闲置宅基地、废弃的集体公益性建设用地转变为集体经营性建设用地入市”，进一步扩大了可供入市的集体经营性建设用地范围，也为“一户多宅”问题治理提供了动力
2019 年 8 月 26 日	新《中华人民共和国土地管理法》	新修订法案中增加“住有所居”规定；新增宅基地“赠予”流转方式；明确宅基地规划要符合乡（镇）土地利用总体规划、村庄规划；宅基地自愿有偿退出等法律条文
2019 年 9 月 20 日	《关于进一步加强农村宅基地管理的通知》	通知要求严格落实新《中华人民共和国土地管理法》，对于“一户多宅”问题、超标准占用宅基地、违法违规买卖宅基地、侵占耕地建设住宅等问题，要按照有关政策规定分类进行认定和处置，明确落实基层政府的属地责任
2019 年 9 月 30 日	《关于积极稳妥开展农村闲置宅基地和闲置住宅盘活利用工作的通知》	探索盘活利用农村闲置宅基地和闲置住宅的有效途径和政策措施

续表

时间	文件名称	内容
2020 年 6 月 30 日	《深化农村宅基地制度试点改革方案》	积极探索落实宅基地集体所有权、保障宅基地农户资格权和农民房屋财产权、适度放活宅基地和农民房屋使用权的具体路径和办法；探索打通宅基地与集体经营性建设用地的具体机制
2021 年 1 月 4 日	《关于全面推进乡村振兴加快农业农村现代化的意见》	加强宅基地管理，稳慎推进农村宅基地制度改革试点，探索宅基地所有权、资格权、使用权分置有效实现形式。规范开展房地一体宅基地日常登记颁证工作
2021 年 1 月 28 日	《关于保障和规范农村一二三产业融合发展用地的通知》	在符合国土空间规划的前提下，鼓励对依法登记的宅基地等农村建设用地进行复合利用，发展乡村民宿、农产品初加工、电子商务等农村产业
2022 年 1 月 4 日	《关于做好 2022 年全面推进乡村振兴重点工作的意见》	稳慎推进农村宅基地制度改革试点
2023 年 1 月 2 日	《关于做好 2023 年全面推进乡村振兴重点工作的意见》	稳慎推进农村宅基地制度改革试点，切实摸清底数，加快房地一体宅基地确权登记颁证，加强规范管理，妥善化解历史遗留问题，探索宅基地“三权分置”有效实现形式

三、构建城乡建设用地同等入市的集体经营性建设用地制度

习近平总书记指出：“农村土地制度改革是个大事，涉及的主体、包含的利益关系十分复杂，必须审慎稳妥推进。[①]”这一时期集体经营性建设用地改革的主要任务是完善农村集体经营性建设用地产权制度，赋予农村集体经营性建设用地出让、租赁、入股权能，明确农村集体经营性建设用地入市范围和途径，建立健全市场交易规则和服务监管制度。农村集体经营性建设用地经历了从原来严格限制流转，到试点推广，再到积极鼓励农村集体经营性建设用地入市的转变。在党的十八届三中全会后，农村集体

① 在中央农村工作会议上的讲话(2013 年 12 月 23 日)[M]//十八大以来重要文献选编(上).北京:中央文献出版社,2014:658.

经营性建设用地改革迎来新突破，表5－3详细展示了2012—2023年农村集体经营性建设用地制度的演化过程。

制度变革需要政策和法律的支撑，自2013年起党和政府多次制定促进城乡统一建设用地市场建立的政策和法规，并开展了多轮试点工作，在充分实践的基础上探索和完善农村集体经营性建设用地入市制度。2013年，党的十八届三中全会明确了集体经营性建设用地制度改革的基本思路，提出建立城乡统一的建设用地市场，实行与国有建设用地同等入市、同权同价。2014年12月31日，《关于农村土地征收、集体经营性建设用地入市、宅基地制度改革试点工作的意见》发布，首批授予15个试点地区从全国层面总体推进和探索农村集体经营性建设用地和国有土地享有同等权利实践。并以指导意见、管理办法、实施细则和通知的形式配套出台了系列相关文件。2018年12月23日，国务院作了《关于农村土地征收、集体经营性建设用地入市、宅基地制度改革试点情况的总结报告》，报告中总结了集体经营性建设用地改革的一些成果，33个试点县（市、区）已按新办法实施征地1275宗18万亩；集体经营性建设用地已入市地块1万余宗，面积9万余亩，总价款约257亿元，收取调节金28.6亿元，办理集体经营性建设用地抵押贷款228宗38.6亿元。2019年新修订的《中华人民共和国土地管理法》，首次以法律形式明确农村集体经营性建设用地入市，在法律层面为农地入市扫清了法律障碍。2021年2月，《中共中央 国务院关于全面推进乡村振兴加快农业农村现代化的意见》正式发布，明确将探索实施农村集体经营性建设用地制度，作为深入推进农村改革的重要事项，农地入市具体实施细则将迎来突破性进展。2022年9月6日，全面深化改革委员会第27次会议通过的《关于深化农村集体经营性建设用地入市试点工作的指导意见》提出，要进行集体经营性建设用地入市第二轮试点，表明集体经营性建设用地入市相关制度体系的建设有待进一步探索。

集体经营性建设用地可以直接入市的改革方向确定后，关于入市的具体细节问题还有待探索，如集体经营性建设用地使用权的范围、土地交易二级市场的构建、集体经营性建设用地入市范围等也在这一时期有了相关政策支撑。2017 年 8 月 21 日，为增加租赁住房供应，缓解住房供需矛盾，构建购租并举的住房体系，建立健全房地产平稳健康发展长效机制，国土资源部会同住房和城乡建设部根据地方自愿，确定第一批在北京、上海、沈阳、南京、杭州、合肥、厦门、郑州、武汉、广州、佛山、肇庆、成都 13 个城市开展利用集体建设用地建设租赁住房试点，制定了《利用集体建设用地建设租赁住房试点方案》。试点地区率先放开对集体经营性建设用地使用权范围的实践，允许其用于租赁房屋建设。2019 年年初，中央农办、国家发展改革委等 5 部门联合出台《关于统筹推进村庄规划工作的意见》，明确到 2020 年年底，结合国土空间规划编制在县域层面基本完成村庄布局工作，指出有条件的村可单独编制村庄规划。符合规划和用途管制是推动农村集体经营性建设用地入市顺利开展的前置条件。2019 年 7 月 22 日，国务院办公厅发布《关于完善建设用地使用权转让、出租、抵押二级市场的指导意见》，针对土地二级市场运行发展中存在的交易规则不健全、交易信息不对称、交易平台不规范、政府服务和监管不完善等造成土地要素流通补偿、配置效率低等问题提出了一些指导意见。其中明确要加强政府对土地市场的监管调控，提供便捷高效的政务服务，培育和规范中介组织，对土地交易二级市场的构建进行了政策指导。2015—2019 年在 33 个县（市、区）土地制度改革试点为《中华人民共和国土地管理法》调整提供依据，也为农村土地制度改革提供了可靠的经验总结。2019 年新修订的《中华人民共和国土地管理法》中明确通过出让等方式取得的集体经营性建设用地使用权可以转让、互换、出资、赠予或者抵押，但法律、行政法规另有规定或者土地所有权人、土地使用权人签订的书面合同另有规定的除外。该项法规使得使用者取得集体经营性建设用地使用权后还可以转让、互换或者抵押，这一规定是重大的制度突破，它结束了多年来集体建设用地不能与国有建设用地同权同价同等入市的二元体制，为推进城乡一体化发展扫清了制度障碍，但同时法律没有明确经营性用途中是否包括开发商品住宅，关于这方面的规定仍不明确。新《中华人民共和国土地管理法》还将“保障被征地农民原有生活水平不降低、长远生计有保障”的补偿原则上升为法律规定。因此，关于集体经营性建设用地制度的完善还有待进一步试点探索。

入市障碍被打破后，集体经营性建设用地入市后的增值收益分配制度急需建立和完善，收益分配既要注重公平也要具有激励性，才能使得活力源源不断迸发。试点实践和多项政策为增值收益分配制度提供了支撑，在2014年中央一号文件中就提出“要加快建立农村集体经营性建设用地产权流转和增值收益分配制度”。2014年12月2日，《关于农村土地征收、集体经营性建设用地入市、宅基地制度改革试点工作的意见》也指出：“建立兼顾国家、集体、个人的土地增值收益分配机制”，“实现土地征收转用与集体经营性建设用地入市取得的土地增值收益在国家和集体之间分享比例的大体平衡”。因此在2014—2018年集体经营性建设用地入市试点过程中，关于集体经营性建设用地土地增值收益分配机制也涌现出了特色的地方实践方案。2015年，农村土地三块地试点改革初期，试点地区各承担一项试点任务，后于2016年打通三块地试点改革，统筹推进。重要原因在于，宅基地、农地与集体经营性建设用地入市具有高度关联性，“增减挂钩”和“占补平衡”把建设用地与农地相关联，而宅基地可转化为集体经营性建设用地又畅通了这两块地间的联系，因此在改革中三块地试点实践必须同时并举。2016年4月18日，财政部、国土资源部《农村集体经营性建设用地土地增值收益调节金征收使用管理暂行办法》（以下简称《暂行办法》）对集体经营性建设用地土地增值收益分配机制的规范化提供了探索文本。各个地区的试点实践探索出具有地方特色的改革方案，如重庆地票制、北京大兴方案等。2023年中央一号文件中继续强调要深化农村集体经营性建设用地入市试点，探索建立兼顾国家、农村集体经济组织和农民利益的土地增值收益有效调节机制。

表5－3　2012—2023年农村集体经营性建设用地制度的演化

时间	文件名称	内容
2013年11月12日	《中共中央关于全面深化改革若干重大问题的决定》	明确了集体经营性建设用地制度改革的基本思路，实行与国有建设用地同等入市、同权同价

续表

时间	文件名称	内容
2014年 1月19日	《关于全面深化农村改革加快推进农业现代化的若干意见》	要加快建立农村集体经营性建设用地产权流转和增值收益分配制度
2014年 12月2日	《关于农村土地征收、集体经营性建设用地入市、宅基地制度改革试点工作的意见》	建立兼顾国家、集体、个人的土地增值收益分配机制，实现土地征收转用与集体经营性建设用地入市取得的土地增值收益在国家和集体之间分享比例的大体平衡
2017年 8月21日	《利用集体建设用地建设租赁住房试点方案》	为增加租赁住房供应，缓解住房供需矛盾，构建购租并举的住房体系，建立健全房地产平稳健康发展长效机制，国土资源部会同住房和城乡建设部根据地方自愿，确定第一批在北京、上海、沈阳、南京、杭州、合肥、厦门、郑州、武汉、广州、佛山、肇庆、成都13个城市开展利用集体建设用地建设租赁住房试点
2018年 12月23日	在第十三届全国人民代表大会常务委员会第七次会议上发布了《关于农村土地征收、集体经营性建设用地入市、宅基地制度改革试点情况的总结报告》	33个试点县（市、区）已按新办法实施征地1275宗、18万亩；集体经营性建设用地已入市地块1万余宗，面积9万余亩，总价款约257亿元，收取调节金28.6亿元，办理集体经营性建设用地抵押贷款228宗、38.6亿元
2019年 1月4日	中央农办、发展改革委等5部门联合出台《关于统筹推进村庄规划工作的意见》	明确到2020年年底，结合国土空间规划编制在县域层面基本完成村庄布局工作，指出有条件的村可单独编制村庄规划
2019年 7月22日	《关于完善建设用地使用权转让、出租、抵押二级市场的指导意见》	针对土地二级市场运行发展中存在的交易规则不健全、交易信息不对称、交易平台不规范、政府服务和监管不完善等造成土地要素流通补偿，配置效率低等问题提出了一些指导意见。其中明确要加强政府对土地市场的监管调控，提供便捷高效的政务服务，培育和规范中介组织
2019年 8月26日	新修订《中华人民共和国土地管理法》	明确农村集体经营性建设用地可以直接入市交易，在法律层面为农地入市扫清了障碍
2021年 1月4日	《中共中央 国务院关于全面推进乡村振兴加快农业农村现代化的意见》	明确将探索实施农村集体经营性建设用地制度，作为深入推进农村改革的重要事项，农地入市具体实施细则将迎来突破性进展

续表

时间	文件名称	内容
2022 年 9 月 6 日	《关于深化农村集体经营性建设用地入市试点工作的指导意见》	提出要进行集体经营性建设用地入市第二轮试点，表明集体经营性建设用地入市相关制度体系的建设有待进一步探索
2023 年 2 月 13 日	《关于做好 2023 年全面推进乡村振兴重点工作的意见》	强调要深化农村集体经营性建设用地入市试点，探索建立兼顾国家、农村集体经济组织和农民利益的土地增值收益有效调节机制

第三节　中国特色社会主义新时代农村土地制度的实践及影响

国家始终秉承以理论指引行动、以行动检验思想、以实践检验结果的原则，以先行动、后跟踪的思路，不断深化和完善体制机构的改革。我国在探索农村土地制度改革过程中，往往不是理论先行的，而是先看到了现实的需求以及现实中已有的一些非正式制度下取得的良好效果，然后分析广泛推广的可能性以及制度推行的成本与可能释放出的经济活力之间的关系，最后确定实施这项制度改革。以下是这一时期农地、宅基地、集体经营性建设用地具有代表性的实践案例。

一、农地制度的实践及影响

在新时代背景下，农地制度改革以“三权分置”为核心，积极探索农地经营权流转的有效模式，以释放农地的活力。同时，加快推进农村承包地确权登记工作，确保土地承包关系长期稳定，并坚守耕地保护红线。实践是检验制度改革正确性的关键，为制度设计提供指导，通过农地细碎化整合、农地经营权流转和农地确权登记等实践，进一步完善农地制度。在改革过程中，农地制度坚持农地集体所有制，体现对农民收益权的保障，促进承包地流转更加自由、城乡要素流动更加顺畅。同时，土地改革也为新型农业经营方式的发展和村集体在农业经营中发挥中介作用提供了机会。

（一）农地细碎化整合实践

随着科技的发展，农田规模和结构的同步优化，有助于提升农产品的机械化水平和效率。为此，改革实践正在努力推动农田的规模化和结构优化，以期将小田变成大田，在一些试验性的地方取得良好的成绩。完善的农田规模和结构，不仅可以有效拓宽农田的耕作空间，还可以有力鼓励农民投身农田的流通和使用，进而更好地发挥其经济价值①。

（1）2014 年湖北沙洋县“按户连片耕种”的实践。湖北沙洋县“按户连片耕种”“不插花”的实施旨在确保土地的集中管理，同时维护家庭的承包权，并根据当地的灌溉水源情况，由当地的村委会负责指挥，并尊重农户的自主选择。该县采取了两种方式来解决这一问题：一种是将“按户连片耕种”中的两片土地合并，另一种则是“不插花”中的两片，即将“不插花”中的两片土地合并，但保持其他两片的面积。通过提供全面的支持，帮助农民扩展土地的生产能力。

（2）2014 年广东清远市“土地整合”实践。通过建立自然组的经济合作社，并根据“耕者优先”“大者优先”“同样情况抽签”“连片发展”“按配比设置”“顺延扩充”的要求进行土地的分配与置换。对于村民外出务工较集中的村组，可由合作社或有耕种意愿的农户代为耕种，村民获得土地股份或租金收益②。

（3）2019 年江苏盐城市亭湖区“小田变大田”实践。突破传统的田埂、垄沟的界线，将原来的耕地用于重新发展，使其形成一块更加有秩序的区域。这一措施将原来的农村土地重新组织，并将其划分成“流转区”

① 胡新艳，陈小知，米运生. 农地整合确权政策对农业规模经营发展的影响评估——来自准自然实验的证据[J]. 中国农村经济，2018，408(12)：83 – 102.

② 郜亮亮，纪月清. 中国城乡转型中的农村土地集体产权与流转配置效率[J]. 中国农村经济，2022，454(10)：24 – 40.

“自种区”“预留区”三个区域，其中“流转区”由当地的规模化企业获得，“自种区”由小农户耕种，复耕农民可在“预留区”获得承包权上对应面积的土地①。

（二）农地经营权流转实践

当前时期，土地流转得到较大发展，农户的流转积极性明显提高。近年来，由于农业规模化经营发展，土地流动范围和经济效益都在逐年增加。2014—2020年，全国土地流动范围已经由原来的4.03亿亩扩展至5.32亿亩，并且土地流动的比例也增加了30.32%，达到了34.06%。随着时间的推移，流入其他主体的耕地面积由4074.03万亩增加至4200.35万亩②。

（1）浙江省衢州市“两山合作社”农地流转模式是政府、市场、农户、企业多主体共同参与的流转模式。“两山合作社”借鉴银行经营理念，构建政府主导、国有企业负责运营的“两山合作社”，形成耕地资产定价评估、标准化集中收蓄、生态赋能存储、融资增信交易、生态分红和风控的农地流转规范，创建了契合中国式农业现代化的“两山合作社”农地流转模式，实现了耕地“长久化”、产业“规模化”、经营“社会化”，为强村富民提供了重要途径③。

（2）贵州省安顺市平坝区的塘约村探索出了“村社一体、合股联营”的“塘约模式”。塘约村通过对全村耕地进行精确丈量，厘清村庄的土地资产。在确权的基础上，坚持自愿原则，引导农民把土地流转到合作社，由合作社来进行统一经营管理，对土地经营收益分配按照合作社30%、村集体30%、村民40%的比例进行利润分成，实现农民财政性收入的增加。

---

① 郜亮亮，纪月清. 中国城乡转型中的农村土地集体产权与流转配置效率[J]. 中国农村经济，2022，454(10)：24－40.

② 中华人民共和国农业农村部. 中国农业统计年鉴[M]. 北京：中国农业出版社，2014－2020.

③ 秦涛，蒋逸飞，朱然. 农地流转模式创新与价值提升——以浙江衢州“两山合作社”为例[J]. 世界农业，2023，529(5)：116－124.

（三）农地确权登记实践

截至2019年年底我国农村承包地确权登记颁证工作已基本完成，本轮实践开始于2009年，首先在少数试点村进行，然后推广到乡镇、县，最后推广到省，逐步开展试点工作。近年来，我们在2838个县（市、区）3.4万个乡村的55万多个行政村实现了农地确权备案颁证，为15亿亩耕地明确了产权，同时颁发了2亿个农民的权利证明，使得农业确权颁证比例达到了96%①。

云南省砚山县确权登记实践是其中的典型案例。砚山县积极推动农村土地承包经营权登记颁证工作，县级政府特别成立了领导小组，制定了详细的实施方案，并为村庄提供资金支持。而且砚山县十分重视在试点过程中总结经验，探索出了影像指认与实地指认相结合的方法，节省了大量的人力和时间成本。砚山县政府还重视对群众的动员工作，积极开展确权登记宣传，为解决确权登记过程中可能出现的矛盾而成立矛盾调解组。对土地确权标准与流程进行详细规定，确保信息准确、精准度高，对于确权登记成果进行监督验收，防止出现不实信息和错误信息②。

通过实践试点，我们发现当前农地制度“三权分置”促进各地区探索符合地区发展的农地经营、流转模式，政策和法律的放开使得各地探索的步子迈得更坚定。同时，实践使得制度改革在现实中真实地运行起来，在实践的过程中我们能发现制度改革的合理和不合理之处，便于在今后的改革中把握方向，解决问题。以下就农地制度改革和实践的影响进行分析。

改革保证公有制发展方向。这一时期，我国对农地集体产权制度改革从制度和机制结合上作了新的探索，在产权保护上明确农地集体所有性质，保护农地财产权不受侵犯，在改革形式上通过“三权分置”来实现城乡各要素的自由流动，吸引工商资本下乡，不断发展壮大农村集体经济，

---

① 农村承包地确权登记颁证工作基本完成[J]. 中国农民合作社，2020，139(12)：5.

② 胡锡光. 砚山县整县推进农村土地承包经营权确权登记颁证的实践与启示[J]. 云南农业，2016(12)：69－71.

逐步提高农地公有化及其产权运行水平①。

改革保障了农民土地财产权的实现。三权分离的实践，使农民土地财产权得以实现，农户能够通过土地流转获得地租，也可以承包别人的土地进行经营。这一时期改革围绕经营权流转展开，主要探索如何划定流转范围、流转方式、流转尺度，同时探索建立畅通、完善的土地交易市场，使得土地流转能够高效率进行。同时，这一时期开展的农地改革实践还探索了村集体在土地流转中能够发挥怎样的作用，能否通过村集体这一中介组织，改善村集体收益及村民收益状况，使流转能克服细碎化、地租多样化等问题。

改革使得承包地流转更加自由、城乡要素流动更畅通。新时期土地“三权分置”制度改革促进了城市资本向乡村的流动，工商资本具有技术、管理、资金等优势，能够为农村生产经营和土地整理等工作提供帮助。资本从土地的经营权入手，建设生产基地，将完整的农业生产和加工环节纳入企业的管理范围，构建了完整的产业链条。土地的经营主体从农户变为企业，原材料从交易获取到直接生产，企业以支付农户薪酬的形式让农户继续从事农业生产经营活动。资本下乡这一现象既有优势也有劣势，优势在于企业能够通过建立专属产业链的行为，促进农业生产标准化建设，进而提高产品质量，农业技术的引进和先进农业生产设备的使用使得农业生产效率提高的可能性很大。劣势在于资本进入可能会挤出一些小型农业经营主体，如个体农户、家庭农场等，企业能支付给农户更高的租金，小农户由于无力支付，会被挤出土地流转市场，同时，企业采取的是雇用劳动进行农业生产，那么劳动力差的群体可能会被拒绝雇用，农村闲置劳动力可能会无处安放。同时，企业也会面临一些不确定性，首先，经营权获得成本高，前期投入成本也高，企业要进行基础设施建设、劳动力培训等。其次，农业生产抗风险能力差，异常天气对农业生产影响重大，且生产周

① 陈红.百年中国农地产权制度变革的政治经济学逻辑及其启迪[J].财经理论与实践,2022,43(6):124－130.

期长、资金回笼慢，市场不确定性也较高，一旦市场价格波动，企业承担的经济收益风险较大[①]。

新型经营主体的培育促进“三农”问题解决。随着新一轮的农村改革开放，传统的农耕模式正在被改变，导致了许多不利影响。为解决这些问题，中央采取了一些措施，以促进农业的可持续发展。这些措施包括：提高对农民的技术支持，进一步加强对他们的教育，改善他们的就业率，以及进一步提高他们的收入。通过这些措施，中央将为促进中国的农业现代化作出贡献。新型农业经营主体主要有专业大户、家庭农场、农业合作社和农业产业龙头企业。作为现代化农业的关键支柱，专业大户在推动现代化农业的进程中扮演着至关重要的角色。而家庭农场则更进一步地推动了中国现代化农业的实现，它将为未来中国的农业生产提供更加稳定的支撑。农业合作社作为一种社会性组织，不仅可以将小型农民、中型农民、大型农民以及其他农业经济实体紧密地联系起来，而且还可以作为农产品加工、销售、物流等环节的核心参与者[②]。

改革过程中发挥政府及村集体这一中介组织的作用。家庭联产承包责任制的实行，加速了土地的切割，但是，这种切割的土地无法被有效利用，从而降低了由于农业机械的普及所带来的农作物产量和产出，从而让农户无法获得有利的承包商，最终只好放弃转出土地模式。随着农地流转市场的发展，农地流转市场被认为是优化农地配置、减少耕地抛荒并实现农业规模化、集约化经营的重要路径，但随着农地流转市场化进程的推进，价格机制将决定高质量农地的价值显化和优先配置，细碎偏远地块则可能被市场淘汰，从而加剧耕地抛荒。土地流转制度改革以及土地交易市场的完善，会使农户更易获得流转出来的土地，通过直接承包或间接承包方式实现规模化土地经营，也会使农户能更顺畅地找到可靠承包方从而对农地进行承包。研究显示，农地流转的市场化可能会导致贫困地区的土地

① 海丹凤. 乡村振兴背景下资本下乡的路径分析[J]. 投资与创业,2023,34(2):163 - 165.

② 孟丽,钟永玲,李楠. 我国新型农业经营主体功能定位及结构演变研究[J]. 农业现代化研究,2015,36(1):41 - 45.

浪费。在这个过程中，政府和村民都发挥了重要作用。政府可以通过提供补贴、“打包”出租等措施减少对贫困地区的淘汰压力。村民则应该致力于减少农田的多样性，通过土地整理、规划、建设高标准农田和完善农村基础设施来减少农田的质量差异。通过充分利用市场机制，我们可以更好地配置农田。畅通的土地交易信息平台的构建及完善的立法保障能够很好地减少因信息不对称而发生的市场投机行为，畅通土地要素流转。

改革大大激励了新兴的经济实践，加强了农业科学技术的应用，并取得了良好的集约化管理成效。新型经营主体是伴随农村经营模式体系变革而出现的专业大户、合作社、家庭农场、企业等农业经营管理组织。新型经营主体具有集约化、规模化、专业化的特点，适应现阶段农业发展的规律，他们更容易利用工商资本下乡等政策引进新技术、新设备，增加土地投入。新型农业经营主体还具有通过市场合理配置资源提高效率，紧跟政策性资源配置的优势，原因在于，新型经营主体多为高素质农民，具有良好的农业知识和科学文化素养，能够准确把握市场和政策动向，合理利用各方面有利条件，提高经营效率①。通过对专业农民的培训，可以大大提升他们的农业生产技能，并且他们拥有持续学习的潜力，可以将最先进的科研成果应用到实践中，帮助他们进行农村市场管理、资源优化配置、可持续利用、可持续管理，从而促进农村的发展。

改革提升了农业的效率，提升了农田的经营效益，提升了农村的生产力，从而实现农业的现代化。农地利用效率的提高不仅可以通过土地制度改革提高流转效率，实现规模经营的效果，还可以通过高标准农田建设、农业技术普及、数字化农业推行以及优质种子培育、高素质农民培养，提升农田建设水平。为了达到高标准的农田建设，我们必须把提高耕地质量作为一项重要任务，采取深耕深松的方式，突破犁底层，恢复土壤的团粒结构，调节土壤的三相比例，从而有效提升耕地的质量。同时，大力推进“小田并大田”和“宜机化”改造，实现农田“优质、集中、连片”，有

① 李泽弘，李泽德. 新型农业经营主体资源配置优势分析[J]. 合作经济与科技，2023(8)：36－38.

效扩展农机作业空间，促进现代农业规模化集约化发展。秉承“绿色发展”的宗旨，我们努力推动农田的可再生能源发展，通过推广生态沟渠、田埂等技术，使得土壤更为均匀，灌溉、排放系统更为健全，形成一个优质的、绿色的、可持续的、可控制的农田“人工湿地”，从而大大减少农村的污染源，获得更大的效益、社会发展以及保护当地的水资源。利用5G、大数据、IoT等先进技术，搭建起一个完善的数字化框架，以支持农民的种植，同时也将增强对病虫害的预防和控制，以及对土壤的保护能力，从而使得我国的农村发展更具可持续性，能够更好地满足人民的需求。

农地改革要继续加快土地交易市场建设，完善农村土地信息系统。完善户籍调查和土地产权登记制度，能够让相关的土地管理部门明确掌握土地产权的变动，帮助解决土地产权纠纷等问题，对于土地的供需变化、流转模式、交易价格变动等有一个翔实的统计。完善农村土地经济数据体系，能够明确土地制度改革的实践效果。数字经济使得各行业都开始了数字化转型，农业的数字化转型也在持续推进，未来我们要构建以土地数据信息系统为基础，数字化科技赋能，与农村土地制度完善相关的信息化管理服务体系，加快各部门间的联动步伐，打造智能高效的综合信息服务平台。实时全方位监测农村土地制度改革的实施进度，及时反馈土地制度改革和当下国家经济发展的匹配程度。通过应用先进的现代数字化信息技术，如大数据挖掘、人工智能等，我们可以更加精准地跟踪农村土地制度的变迁，更好地了解变迁的趋势，从而更好地应对变迁过程中出现的挑战，确保农村土地制度的持续健康发展。

二、宅基地制度的实践及影响

宅基地制度改革在本阶段有了重大突破，在继续推进宅基地确权登记制度、落实“一户一宅”制度、完善宅基地退出制度的基础上，国家开始大胆探索放活宅基地使用权的可行性，希望能充分盘活闲置的宅基地资源，增加农村居民财产性收益。我国当前农村土地制度改革工作已经进行了两轮试点实践，首轮试点实践中并未把盘活宅基地使用权作为试点实践的重要工作内容，“一户多宅”问题的解决及宅基地确权颁证工作取得积极进展。二轮试点改革中，党中央把盘活宅基地使用权作为当前实践的重点，各地区都在探索如何实现宅基地使用权获益，并且已取得了部分可推广经验。农村宅基地制度改革过程中逐步放宽对农村宅基地使用权限制，进一步盘活了农村土地要素活力，但对使用权流转的范围和形式仍有待未来探索。

（一）“一户多宅”问题治理实践

随着《有关农业耕地征税、集体所有运营性工程建设使用土地入市、农村宅基地制度改革试点工作的几个建议》的发布，2015—2019 年，“一户一宅”和“一户多宅”的农村土地征税、集体所有运营性工程建设使用土地入市以及农业宅基地管理制度变革的推进取得了积极的进展，制定的相关政策得到了有力执行。在本次改革实施过程中，已经清理掉超过 14 万户、8.4 万亩的零散和空白农房，并且成功受理了 5.8 万宗农房质押信贷，总金额达到 111 亿元。2019 年《中华人民共和国土地管理法》修订，在原有“一户一宅”规定基础上增加了对农村居民“住有所居”的保障性法律规定。2019 年《关于进一步加强农村宅基地管理的通知》中强调对于“一户多宅”的治理要落实基层政府责任，推动村集体落实好监管执行工作。在试点中不少地区获得了丰富的“一户多宅”治理经验，使农村闲置土地得到清理、腾移，最后获得重新利用，既让村容村貌美观起来，土地利用效率提高起来，又使村集体成员感受到了切实的福利。比如在经过一段较长时期的“一户多宅”问题治理后，2021 年我国政策中强调的开展农村宅基地确权登记工作，能够摸排“一户多宅”治理效果的同时，也可以预防未来再发生这种情况，农村宅基地产权明确，国家治理有据可依。

（1）浙江省台州市仙居县对于农村“一户多宅”问题治理的实际案例。仙居县以《中华人民共和国土地管理法》第六十一条为依据，制定出台了《仙居县历史遗留非法住宅处置意见（试行）》等四项政策，科学划分不同“一户多宅”类型，明确处罚补办、退宅调剂和拆除等具体处置办法，同时对于村干部的任命以“一户多宅”治理情况为主要依据。仙居县首先在全县38个试点村开始“一户多宅”治理，逐步由易到难推进全县整治工作，目前该县治理成效显著。截至2021年11月25日，全县“一户多宅”综合整治确认总宗数196230宗，其中确认合法110140宗，占总宗数的56.13%；应处罚补办57593宗，已处罚补办55684宗，补办率达96.69%；应拆除20014宗，已拆除19199宗，拆除率达95.93%；拟退宅调剂6321宗，已退宅调剂6139宗，退宅率达97.12%。[①] 仙居县采取了确权与安置相结合的方式，确保群众能够安居乐业，同时也给予了拆除房屋的合理补偿。此外，仙居县还采取了规划与复垦相结合的方式，通过对闲置宅基地的治理，使得农村的布局可以重新规划调整，将适宜复垦的地块进行整合，重新规划集中连片的高标准农田；同时，仙居县还积极探索“三权分置”实现形式，创新农村宅基地的利用方式，开展农家乐、民俗等产业活动，以期达到更好的治理效果，实现农民增收。

（2）浙江省桐庐县通过事前摸排“一户多宅”情况，实施过程中听取群众意见，接受群众监督，拆除后给村民分得切实的福利，推动拆除工作顺利进行。经过一系列的努力，6973户农村违章建筑被彻底清理，总计114万平方米的违章建筑物被清理，695944平方米的占地被清理，总计1000余亩可供使用的土地中，300亩被分配给农户，350亩的土地被用来进行复垦，350亩的土地被用来修建村庄的路、桥、亭、绿化带，让当地居民受益匪浅。[②]

（二）宅基地自愿有偿退出实践

我国自2015年开展宅基地制度改革试点以来，部分试点地区结合本地

① 郭紫程.出实招 下实功 打通共同富裕“快车道”——仙居县开展“一户多宅”及历史遗留非法住宅综合整治专项行动[J].浙江国土资源，2021（12）：20－21.

② 尹芳，刘曙辉.一户多宅腾空1000余亩土地 百姓乐享拆出的甜头——桐庐县开展一户多宅清理整治纪实[J].浙江国土资源，2014（8）：59.

实际情况，探索建立了宅基地自愿有偿退出机制，并且积累了一系列可供借鉴的房屋所有权转让的宝贵经验，代表性模式如下。

（1）安徽省滁州市凤阳县的“保权退出”模式。安徽省凤阳县探索农村宅基地退出的有效途径，给予农民自主选择权，为农民提供了两种选择：一是暂时退出，即退出使用权保留资格权，农民可选择退出一定年限的宅基地使用权，补偿金额由农民和村集体协商确定；二是永久退出，即同时退出使用权和资格权，农民自愿永久退出符合规定的宅基地使用权和资格权，给予一次性补偿①。宅基地“保权退出”给农民以充分的选择权，有一定的积极作用，但也存在一些问题，需要进一步实践探索并加以改善。

（2）山东省青岛市即墨区的“双置换”宅基地退出模式。2019 年孟沙河社区遵循“政府主导、街道实施”的原则，采取“双置换”模式，即“宅基地置换房屋、货币，承包地置换租金、股金”。农民以自家宅基地置换相应面积的城镇商品房或者按照市场价置换货币，农民完成回迁后剩余的宅基地用于补充城市建设用地指标②。

（3）浙江省义乌市的集地券模式。该模式是将退出的宅基地或者零散建设用地复垦农业用地，经验收合格后按规定折算成建设用地指标，发给农户集地券。拥有集地券的居民不仅能够通过质押贷款的形式获得资助，还能够在政府指定的交易平台以挂牌和竞标等形式进行流转。集地券这一创新模式，为义乌市统筹发展提供了助力。

（三）宅基地使用权盘活实践

我国正在进行农村宅基地改革使用权盘活试点实践，探索宅基地的“三权分置”，使土地的使用权在合理的范围内被使用，从而提高农民的生

---

① 杜宇能，潘勤添，张琰明．“保权退出”：宅基地退出的一种新模式研究[J]．山西农业大学学报（社会科学版），2023，22（5）：34－41．

② 苗启香．乡村振兴背景下农村宅基地退出成效评价研究——以青岛市即墨区“双置换”模式为例[J]．中共青岛市委党校青岛行政学院学报，2023（3）：72－77．

计水平。这些措施为今后的农村土地使用权调整提供了参考和借鉴。

（1）浙江省象山县和义乌市的宅基地租赁模式比较典型。象山县积极推进村集体统筹，引入社会资本，有效利用农村闲置宅基地，发展乡村旅游产业，并将宅基地使用权的流转期限限制在20年以内。义乌市在地方政府和村集体统筹下，保障宅基地使用权跨村转让的合法性。

（2）四川省泸县的宅基地共建共享模式比较典型。泸县引领村集体规划探索共建共享的转换入市方式，激活宅基地使用权的财产功能。目前，泸县完成了65个新农村“多规合一”的编制规划，优化了农村生产、生活、生态空间。在政府的政策指导下，村集体积极采取行动，收回农户的闲置宅基地，不仅提供拆旧补偿，而且保护其宅基地的使用权，从而探索出一种新的模式，即共建共享，以促进宅基地向集体经营性建设用地的转变①。

通过实践试点，我们发现当前宅基地制度改革已有显著成效，各地区探索放开宅基地使用权后，如何实现宅基地使用权获益、盘活宅基地使用权是当前实践的重点，受到收益激励，村集体及农户也更有动力去解决“一户多宅”问题，村民放弃宅基地资格权补偿也更有吸引力。同时，实践使得制度改革在现实中真实地运行起来，在实践的过程中我们能发现制度改革的合理和不合理之处，在今后的改革中把握方向、解决问题。以下就农地制度改革和实践的影响进行分析。

农村宅基地“三权分置”改革，放宽了对农村宅基地使用权限制，对于释放农村土地要素活力、盘活闲置宅基地资源、探索农村经济多样化发展具有积极意义。其后的文件中多次强调了对宅基地“三权分置”权利实现形式的探索，宅基地权利可以分为所有权、资格权、使用权。宅基地所有权明确归集体所有，只有拥有本村集体户口的农户才拥有宅基地分配资格权。当前时期探索放开使用权流转，是为了实现农民能够通过流转获得

① 李怀，陈明红. 乡村振兴背景下宅基地“三权分置”改革的政策意蕴与实践模式[J]. 中国流通经济，2023(4)：72－80.

资产性收益、能够通过宅基地房屋进行抵押获得资金，同时，流转出去的宅基地除了用作住房出租外还可以进行产业经营，创新宅基地利用形式，通过吸引投资，结合地区特色开发民宿、农家乐等产业，发展农村养老产业。为了明确宅基地权利归属，便利流转过程中明晰产权，我国自2021年以来的中央一号文件都强调了规范开展房地一体宅基地日常登记颁证工作。

未来一段时期宅基地制度改革实践中将继续探索使用权的几种流转形式。当前改革的焦点还在于宅基地改革试点使用权转移应该在什么样的限度内进行。在农村宅基地试点改革开始前，农民对宅基地只有使用权，没有收益权和处分权，这样虽然农村房屋具有价值，但是并不能发挥其财产功能，只能发挥居住功能，宅基地房屋的收益基本不能实现。我国现在进行农村宅基地改革试点，试点中探索了宅基地的“三权分置”，即所有权、资格权、使用权的“三权分置”，使得宅基地也能够进行流转，增加了农民的财产性收益。2019年颁布的新《中华人民共和国土地管理法》中有关条款说明国家并没有放开对农村宅基地的买卖。“出租”是一种有效的土地流转机制，它可以有效地激发农民的经济活力，让他们将自己的宅基地和房屋转让给更多的人，从而实现农村住房的改造和发展，并将这些宅基地和房屋用于民宿、农家乐等多种经济用途。目前对于是否要放开对非本村集体户籍人口的宅基地流转争议颇多，放开流转意味着原来规定的需要本村户籍才可参与宅基地分配的制度可能会退出历史舞台。如果宅基地资格权也可流转，会导致逐利资本涌入农村土地市场，在没有承包权限制的情况下，农民转让土地承包权后会失去这一保护网，宅基地和耕地无法赎回，在转卖掉自己宅基地各项权益后，导致的亏损或者收益都需要自行承担；资本介入宅基地可能会导致土地泡沫现象，炒地现象层出不穷，无论是经济发展好的地区还是稍落后地区，地价都一直居高不下，这与资本逐利行为紧密相关；宅基地财产化提高了土地整理难度，集体所有土地可以在集体发展规划的要求下，通过土地征收补偿与农户进行协商，在非集体所有土地的情况下，谈判成本会增加，不利于村庄的集体整治规划。在这一情况下，我们坚决不能完全放开宅基地流转。

本轮改革完善了宅基地有偿退出机制。目前政策法律明确规定保障入市农民的承包地经营权及宅基地使用权，在自愿有偿情况下引导农民宅基地退出。但是对于农民宅基地退出补偿并没有相对具体的规定，补偿标准不明确是宅基地有偿退出的最大障碍。各地政策实施具有较大差异性，对于经济发达地区，村集体可以用村集体收入对宅基地退出农户进行补偿，把收回土地用作集体经营性建设用地；但是对于经济欠发达地区，大部分村集体没有创收能力，没有资金进行宅基地回收补偿，部分地区探索利用“增减挂钩”政策把腾退出的宅基地转变为农村集体经营性建设用地，进行指标置换，先贷款替农户垫付，在获得政府资金拨付后再进行还款。但是“增减挂钩”对于土地质量有要求，如果土地没有通过验收，不能成为可置换土地，就不能得到赔偿，村集体可能需要自行垫付资金。对于土地价值而言，赔偿标准划定不明确，不同地区地价不同，赔偿标准也不相同，对于赔偿标准的划定需要各地区出台各自的补偿规范。《中华人民共和国土地管理法》规定，集体经济组织成员因出租、出卖、赠予等原因丧失宅基地使用权的，不具备再次申请宅基地资格。对于这一条款的实施各地区也有差异，部分地区认为村集体有偿收回村民宅基地后也属于上述情形中的一种，村民将丧失宅基地资格权，部分地区则认为村集体有偿收回宅基地后，村民仍可保有再次申请宅基地的权利，即村集体收回不属于入市流转。这部分法律规定不够细化导致执行中出现了认知差异，在未来我们要继续明确土地流转的范围，对争议性条款进行细化。

三、集体经营性建设用地制度的实践及影响

为实现集体经营性建设用地收益功能，国家探索赋予农村集体经营性建设用地出让、租赁、入股权能。在过去的 2015—2018 年，集体经营性建设用地的改革试点项目已经成功地进行了 1 万多宗地块，占地面积 9 万多亩，总投资额达到 257.5 亿元，并获得了 28.6 亿元的调节资金。此外，还办理了

228 宗抵押贷款，贷款余额达到了 38.6 亿元。集体经营性建设用地入市进一步显化了集体土地价值，试点地区共获得入市收益 178.1 亿元。试点过程中部分地区还探索建立了集体经营性建设用地入市机制，形成了可复制、能推广、具有可操作性的集体经营性建设用地入市模式，代表性模式如下。

（1）贵州省湄潭县创新设立综合类用地，允许分割登记。湄潭县的农民把宅基地用于经营农家乐、乡村宾馆、商铺、茶叶加工房等现象普遍存在。为满足农民用宅基地开展多用途经营的需求。湄潭县创立了综合类集体建设用地的地类，即作为宅基地取得的土地，由于部分改变用途，土地兼具多种用途。湄潭县采取创新的综合类集体建设用地分割登记的入市模式，以改善当地的土地利用状况，使其能够更好地适应市场需求，从而实现综合类建设用地的有效利用。经过分割登记，大量的宅基地被转变成可供经营性建设用地，这不仅有助于激活闲置的宅基地，而且也满足了改革的制度要求。

（2）河北省张家口市宣化区探索异地调整入市，消除区位影响。针对用地分散、难以成片开发的问题，宣化区创新性地提出了异地调整入市政策。该政策将建设用地增减挂钩政策与集体建设用地入市政策进行有效对接，在确保建设用地规模稳定及总量平衡的基础上，对低效、废弃的农村建设用地进行拆除，并将其转化为高标准农田。这一过程中释放出的建设用地指标，则被精准地调配至那些有实际需求、已规划项目却面临用地短缺境况的区域。

（3）江苏省宿迁市发展“国有＋集体”土地协同入市模式。该模式为不同类型土地整体配置提供了思路，使其可通过土地协同入市方式由同一市场主体同步规划、同步交易、同步建设。该模式提高了土地资产配置效率，有效缩短了企业用地的时间周期，极大地激发了农村闲置土地资源的活力，并优化了整体空间布局。泗阳县作为宿迁市下辖县，运用该模式成功挂牌出让“国有＋集体”组合工业用地。

通过对试点地区实践成效总结，我们发现集体经营性建设用地入市模式大概有调整产权入市、合作入市、统筹入市、指标交易入市等①。实践使得制度改革内容真实地运行，在运行过程中发现制度改革的合理和不合理之处，更好地在今后的改革中把握方向、解决问题。下面就集体经营性建设用地制度改革和实践的影响进行分析。

集体经营性建设用地改革带来的积极影响有促进农民增加集体收益、冲击国有土地价格、打破国有土地的垄断、缓和城市建设用地不足问题、促进区域协调发展②。在集体经营性建设用地入市过程中要保证农民的收益权，集体经营性建设用地改革无论是以入股形式使农民取得分红收益还是征地过程中直接给予农民征地补偿，都拓宽了农民的收入来源。现在集体经营性建设用地可直接入市交易，破除了城乡建设用地双轨制，土地交易市场卖方主体的多样化有利于一个健康的土地价值评估市场的形成，打破了之前政府垄断卖方市场的局面。同时，农村经营性建设用地供给过剩与城市建设用地需求不足形成明显对比，这一制度改革可以在很大程度上缓解城乡建设用地供需失衡问题。农村集体经营性建设用地制度改革还能改善村集体收支状况，有学者对村集体这一组织进行研究，发现村集体收入来源单一导致村庄事务的处理总是支大于收，集体经营性建设用地入市使村集体获得收益，村集体能够满足集体事务的处理需要，对村庄进行规划建设也有了资金支持，能够促进美丽乡村建设的实现，改善农村生活。最后，集体经营性建设用地入市可以优化城市布局，入市除了能解决经营性建设用地不足问题，还能从调整城乡布局的角度出发，解决因区位布局造成的发展不平衡问题，缩小不同区域间发展机会的差距。

农村集体经营性建设用地改革明确了农村集体经营性建设用地入市范围与途径。《关于农村土地征收、集体经营性建设用地入市、宅基地制度改革试点工作的意见》中明确了入市条件和入市范围，这些试点地区都进

---

① 岳永兵.集体经营性建设用地入市实施主体对比分析[J].中国国土资源经济,2019,32(6):29－34.

② 彭小霞.集体经营性建设用地入市的功能检视与实现路径[J].哈尔滨工业大学学报(社会科学版),2023,25(2):145－152.

行了遵循，入市途径大部分都以就地入市、异地调整入市、综合整治入市三种方式为主，就地入市占比最高，异地调整入市一般是为了整合细碎土地，实现土地集约化利用。不同地区的入市方法各有不同，其中北京试点地区、广西试点地区要求土地异地调整入市采取镇级统筹方式。此外，部分试点地区要求复垦地须向城镇核心区、产业区、重点项目区集中，如辽宁、海南、甘肃、吉林、北京等试点地区要求复垦后地块调整到本县（市、区）域范围内的产业集中区入市，上海试点地区则要求调整到集中建设区入市。综合整治入市主要针对城中村（如广西、辽宁、海南、贵州、吉林等试点地区）、连片农村（如广东试点地区）的集体经营性建设用地。集体经营性建设用地入市主体为土地所有权人，也就是村集体，可以委托具有资质的公司、合作社来代理实施入市事宜。部分地区对于集体经营性建设用地开发途径进行了探索，虽然法律没有对该类型土地能否直接进行商品房开发进行明确规定，但试点地区如广西、山西、上海、海南等地区都进行了商品房开发或租赁型住房建设等试点工作。在未来一段时间内，我国依然要在各地积极开展土地改革试点工作，对于集体经营性建设用地相关法律制度性改革仍在积极推进，未来的改革方向应该聚焦于集体经营性建设用地用途的规范、集体经营性建设用地入市途径的探索，以及集体经营性建设用地产权归属的研究。

改革过程中，为更好地推进土地市场健康蓬勃发展，正在逐渐构建更加完备的市场交易规则、服务监管体系，以及相关的法律法规、社会保障措施，以保护农村土地的权益。通过改革进一步提高农村土地的可持续利用效率，提升经济社会发展水平，改善社会公共利益，改进农村经济发展环境。集体经营性建设用地入市制度带来的土地增值收益，可提高村民收入，土地经营性用途的丰富提高了农村经济的发展质量，推进农村经济社会可持续发展，建设新型农村市场经济。2019 年，为解决当前存在的农村土地市场问题，我国制定了《有关改进建设用地使用权流转、租赁、抵押二级市场的指导意见》，进一步完善相关制度，并且通过增设新的法律法规、改进相应的技术标准、推行新的财税制度、改进金融机构的运营模式，以及引入新的投融资机制，达到资金的有效分配，促进经济的可持续发展，推进城乡统筹协调。通过改进市场监督和调节机制，建立健全的土地市场信贷制度。

未来，集体经营性建设用地制度改革将持续推进，对于当前改革中未解决的问题，有待通过实践及理论经验的进一步丰富来解决。当前存在的问题有：集体建设用地的使用范围有待明确，部分地区对集体经营性建设用地用于商品房建设用途的尝试是否合规？随着城市发展规模的不断扩大，原来属于农村的地区可能纳入城市规划中，成为被城市包裹的乡村。二元化的城乡结构和土地结构也让城中村与城市融合并不容易，之前国有土地制度和集体土地制度双轨并行，使得政府对集体土地进行征收难度较大。城中村的居住密度一般较高，流动人口多，基础设施建设并不完备，居住环境比较落后，但是因为城中村租金较低廉，吸引了大量进城务工人员在此聚集，导致近城村庄小产权房交易和城中村违法乱建现象严重。我国正在逐步推进对城中村的改造工程，探索对城中村的改造方法，以及是充分发挥村庄集体经营性建设用地的功能还是将村庄集体收归国有，整体拆除进行重新规划的政策。集体经营性建设用地能否和国有土地同等入市、同权同价是非常重要的，如果城中村能够把整合出来的集体经营性建设用地流转出去，不通过国家征收直接用作商业性住宅开发，获得的收益可以让全体村民共享，也可以用作村庄发展，降低了我国由政府组织拆迁，进行城中村改造所需要付出的成本。但是我国目前对集体经营性建设用地的概念界定不明确，国有建设用地中经营性用地在法律中明确包括商业住宅，《中华人民共和国土地管理法》第六十三条“土地利用总体规划、城乡规划确定为工业、商业等经营性用途，并经依法登记的集体经营性建设用地，土地所有权人可以通过出让、出租等方式交由单位或者个人使用”。规定集体土地上经营性用途为工业、商业等，对于何为经营性用途仍不确定，商业住宅开发是否可以归入经营性用途中还未可知。对于非近城居民而言，城乡建设用地“增减挂钩”“占补平衡”等政策使得农村集体建设用地可以发挥它的经济价值，对于荒地、未利用土地多的村庄，可以对这些未利用土地进行开荒。城镇要进行开发需要建设用地指标，农村获得的建设用地指标与城镇交易，城镇获得了需要的建设用地指标，农村获得了资金，可以使本村村民获得经济收益，村庄村容村貌建设也可获得资金支持。只是其中土地的治理成本是村集体自行垫付，还是政府成立土地治理公司专门进行资金的派发，对于没有办法垫付治理的乡村，在验收前可以通过贷款等形式提供资金支持，在指标验收发放后，再进行资金的拨发。这样农民享受到了土地收益权能，收入来源渠道也更加广泛。

集体经营性建设用地增值收益制度有待进一步完善。集体经营性建设用地产生增值收益的途径主要有两个，一是通过政府对集体土地的征收实现，党的十八大以来国家出台多个文件对土地征收进行规定，旨在破除土地征收乱象。由于缺乏有效的监督，我国的土地征收活动出现了严重的问题。为了牟取个人利益，部分政府试图滥用职权，违背法律规定，导致土地的价格被严重低估。为了解决此问题，有必要建立健全的土地入市体系，将土地的经济价值有效地体现出来，并且建立起有效的价格机制，促进农民的合理投资。价格机制是如何发挥作用的呢？比如能反映在市价上的土地价值增值，往往受到土地投资、市场供求变化以及土地用途改变的影响。在土地投资增加的情况下土地的价值肯定会随之增加，投资分为间接投资，也就是完善土地上基础设施和公共服务设施的建设，有了完备的基础设施，土地对产业吸引力会随之提高。还有直接投资，直接投资指直接对土地进行开发利用，也会产生巨大的增值收益。市场供求变化导致的增值主要与经济社会发展有关，政府规划的改变会使得规划发展区域内的土地价值发生变化，土地的有限性和发展的不断前进性也会带来土地价值的提高。二是土地用途改变也会带来增值收益，如果之前未开发利用的土地转变为农用地和它转变为建设用地的价值差别也是十分明显的。对于集体经营性建设用地利益分配存在国家、集体和个人三方，调查研究报告显示，我国现行土地政策下，除企业获得的土地增值收益外，在入市所产生的增值收益中，政府占到的分配比例为60%～70%，农村集体经济组织占5%～30%，而农民仅占5%～10%，明显看出集体和农户的收益话语权往往处于劣势。从分配视角下如何实现分配公平，首先要明确分配主体，经营性建设用地属于农村集体所有，我国对于集体的概念还没有明确的界定，现行法规对此需要不断完善，这也是土地制度改革的方向之一。分配主体按照惯例来讲有三个——政府、集体、农户，但是学术界关于政府是否能参与分配未有定论，支持政府参与分配的学者认为，政府对于农村基础设施建设和公共服务设施的完善投入巨大，可以参与分配，不支持政府参与分配的学者则认为政府从土地产权角度来讲，不能对集体所有土地行使权利。同时参与主体之间也存在着不同的利益诉求，地方政府存在增加财政收入的诉求，基础设施建设和完善需要财政支出，这些投入也提高了地价，改善了村民的居住生活环境，应该在入市时获得一定的土地增值收益回报，集体则作为土地的所有者，对土地入市收益应该享有最大的支配权，集体是有共同利益诉求的，土地收益也可以合理利用到集体的建设中去，农户对于土地收益的诉求则是希望能获得切实的好处，实现自身的利益最大化。他们共同的目标是希望能获得土地收益，但是关于三者之间收益的分配是一个博弈的过程，地方政府与集体之间的博弈，集体与农户之间的博弈，地方政府与集体之间存在竞争关系。村集体虽然是地方政府政策的接收者和执行方，但政府政策是否能顺利推行村集体的作用不容忽视，最理想状态下是政府积极推行入市政策，确定合理的集体经营性建设用地入市增值收益调节金比例，村集体接受地方政府确定的入市增值收益的调节金比例或希望能够通过协商谈判达到一个合理的调节金比例，这样既保证了集体经营性建设用地顺利推行，又保障了双方的利益。另一方博弈是村集体与农户间的博弈，在村集体能合理规划集体经营性建设用地使用的情况下，村民一般会选择遵从，但是如果不能合理分配入市收益及建设用地使用缺乏合理性，农民会拒绝遵守村集体的决策。无论是哪一主体都需要被监管，失去监管的权利是会失控的。2023 年的中央一号文件中也强调要稳步提高土地出让收益用于农村的比例。在这种情况下，一个积极有力的村集体是至关重要的，村集体要与村民之间积极协商，无论是村集体留存最大收益还是把收益分配给村民，都一定要坚持分配过程的公平性、收益分配的合理性，实现整体利益的最大化。

第四节　本章小结

自党的十八大召开以来，农村土地制度改革进入进一步优化阶段，我国开始探索放开土地流转，明确土地产权关系，盘活农村土地要素活力，以期带动城乡要素流转畅通，缩小城乡收入差距，改革也有利于我国城市建设用地不足、农村建设用地闲置矛盾的解决（本章内容概览见图5－5）。

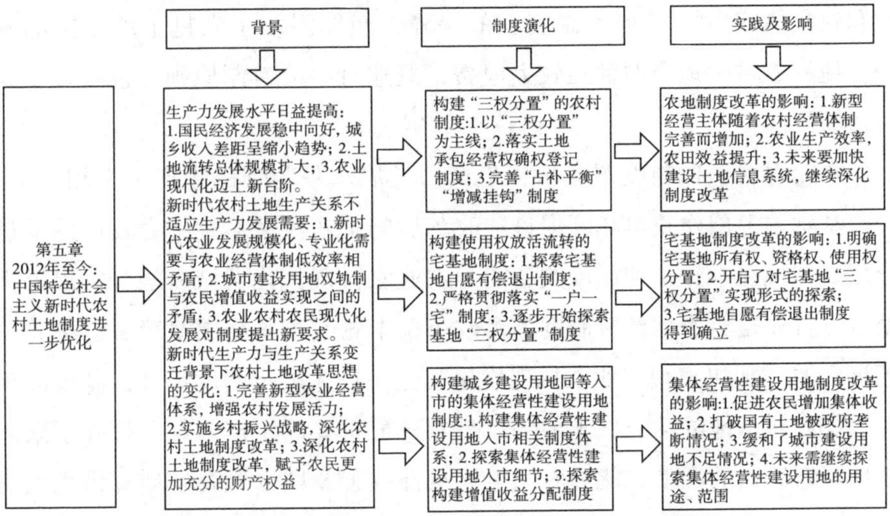

图5－5　2012年至今：中国特色社会主义新时代农村土地制度进一步优化

本轮土地制度改革源于农村生产力水平不断提高与现有的生产关系不适应其发展的矛盾。进入新时代，在我国国民经济发展稳中向好、城乡收入差距呈缩小趋势、农业农村现代化迈上新台阶、农村生产力水平不断提高的背景下，农村居民受限于土地制度安排，无法充分发挥土地要素资源优势，更合理的农村土地制度安排把其转化为农村经济增长的新动能，同时城市吸引农村劳动力大批迁入，推动了城镇化进程。但在城镇化过程中由于受到农村土地制度和故土难离思想的影响，大量农民并未变为户籍意义上的城镇人口。在农业生产方面，新时代农业发展规模化、专业化需要与农业经营体制低效率相矛盾，而城乡二元土地市场也使得农村土地要素无法进入市场发挥其资产收益权能，为农村集体经济发展作出贡献。因此当前时期我们进行农村土地制度改革，主要就是解决生产关系不协调问题，使其能够对农村生产力发展起到正向的推动作用。我国社会主义社会的经济基础是以公有制为基础的生产关系，而农村土地制度作为上层建筑也应该适应于经济基础发展的需要，因此深化农村土地制度改革是上层建筑一定要适应经济基础状况的必然要求。我国新一轮农村土地制度改革的另一原因在于前一时期的农村土地制度对经济基础存在不适应性，农民权益和村集体权益无法得到制度上的保障，制度限制了农村土地权能的发挥，使得农村土地资源存在较大浪费，既违背了公有制原则，也违背了人民性原则。

本轮农村土地制度改革后，生产力发展水平与新的生产关系相适应，经济基础与上层建筑也相互促进。改革后的生产关系对生产力发展的促进作用，体现在本轮土地制度改革能为农业农村现代化及城乡融合发展提供助益。首先是对农地产权制度的再改革，本轮改革紧密围绕着习近平总书记提出的“加快实现农业农村现代化”这一目标进行制度设计，制度改革释放了农村土地的活力，土地要素是农村最重要的生产要素，打破了限制土地要素流通的因素，能为农民生活条件改善及城乡融合发展提供重大力量。农地及宅基地权利从“两权分置”到“三权分置”，对于农民既有的承包经营权划分为承包权与经营权，使得农民可以把土地作为自己的资产进行流转并获得收益，顺应了农业集约化经营的需要。通过改革完善了农村新型经营体制，促进了新型经营主体的增加。农业生产效率、农田效益有了明显提升。未来要加快建设土地经营权流转市场，继续深化制度改革。其次是对宅基地制度的改革。对于农民享有的宅基地资格权，国家把它细分为资格权与使用权，适度放松了宅基地使用权流转，开启了对宅基地“三权分置”的全能探索。虽然流转范围及用途仍在讨论中，但相较于之前的严格限制宅基地流转已经迈出了一大步。农村宅基地自愿有偿退出制度得到确立，为户籍人口城镇化率提高做好制度安排。最后是对集体经营性建设用地的改革。集体经营性建设用地获得了可与城市建设用地同等入市的权利，既缓和了城市建设用地不足的情况，也为村集体增收提供了路径。

上层建筑对经济基础的指导作用体现在党中央形成的农地制度思想为改革提供指引。在面对生产力和生产关系的新变化时，党和国家从新的历史方位和国家发展战略全局出发，继承了之前改革中的先进思想，适应了农业农村农民发展的新需求，坚持以人民为中心的原则，为农村改革提供新的思想指引。农村土地制度改革全面深入，始终在坚持中国特色社会主义前进方向，坚持农村土地农民集体所有权及坚持家庭经营的基础上推进，通过改革落实土地承包关系坚持长久不变，给农民吃下了一颗“定心丸”。同时，更加重视对农村土地权益的保障及完善，无论是集体经营性建设用地收益权的划分，还是宅基地资格权保留、承包地承包权长久不变，都体现着改革始终具有人民性，共同富裕是我们的奋斗目标，改革希望实现多数人受益。

不同时期，面对不同的农村、农业、农民发展需求，土地改革方向也在不断调整，但以人民为中心，实现农村、农业、农民的发展是党和国家始终不变的追求。未来农村土地制度改革仍将继续，针对当前时期改革中还有待探索和解决的问题，通过试点实践不断调整，实现农村土地制度的完善发展，制度与农村生产力发展需要相匹配。

第六章 当代中国农村土地制度演化的特点、逻辑及现实意义

一、当代中国农村土地制度演化的特点

当代中国农村土地制度既不同于中国古代的土地制度，也不同于当代西方、当代其他社会主义国家的土地制度，有着独特的中国特色，体现了当代中国人民解放与发展生产力的理性探索特质。

1. 制度演化主体：代表人民群众利益的中国共产党

人民群众是推动历史演化的核心力量，中国共产党代表最广大人民群众的利益。就制度演化主体而言，中国共产党始终是当代中国各个历史时期农村土地制度独一无二的重量级主体。中国共产党的领导是当代中国农村土地制度演化的重要影响因素。

中国共产党的坚强领导是影响当代中国农村土地制度演化的最重要最核心因素。自 1921 年成立以来，中国共产党就在异常艰巨的环境下不断寻找自身发展与国家富强之路，并在不断的淬炼中找到了符合中国实际的新民主主义革命路径，成长为一个成熟的、有着强大影响力、执行力与领导力的政党。

1949 年成立的中华人民共和国是人民民主专政的政体，坚持中国共产党的领导是其本质特征。当代中国各个时期的农村土地制度都是新中国历

届政府根据各个时期中国农村的实际情况推出的，在研判、决策、形成制度、执行的各个环节，中国共产党的领导贯穿始终，是保证各时期制度供给与落地实践的重要因素。

2. 制度演化主要路径：自上而下的强制性变迁

就制度演化路径而言，当代中国农村土地制度演化的主要路径是自上而下的强制性变迁，但自下而上的诱致性变迁也是非常重要的补充路径。

顶层设计与基层经验相结合是当代中国农村土地制度演化过程中形成的主要经验，顶层设计体现中央上层高屋建瓴的谋篇布局，但这种布局又常常是建立在基层经验基础上的谋划；基层经验是各地微观实践的经验积累，体现着民间与地方政府因地制宜发展经济的智慧，但这种经验通常又是在中央适度放开政策允许尝试的宏观环境下产生的，两者相辅相成，共同助力于当代中国农村经济的发展。前者一般会指向强制性变迁，后者则指向诱致性变迁。不过，总体而言，在当代中国农村土地制度演化过程中，前者是主要路径，后者是重要补充路径。这一点在家庭联产承包责任制推广过程中体现得尤为充分。尽管家庭联产承包责任制产生于以重庆九龙坡、安徽小岗村等为代表的基层实践之中，在初期以自下而上的诱致性变迁路径体现，但后期在家庭联产承包责任制推行全国的过程中，没有中央政府的认可与支持，没有中央以文件形式供给制度并组织基层细致落实，这种利国利民的制度短期内在全国推行几乎无法想象。因而，其制度变迁路径仍以自上而下路径为主。

3. 制度演化指向：不断解放与发展生产力，实现共同富裕

中国共产党是被马克思主义武装的政党，选择带领中国人民走社会主义道路，这直接决定了当代中国农村土地制度演化的方向。

马克思主义清楚地指出了资本主义生产的本质是剩余价值生产，资本主义危机的本质是生产相对过剩，且在资本主义生产体系中，生产的社会化与生产资料私人占有制的矛盾无法彻底解决，最终必然被共产主义代替，不过这一过程非常漫长，在穷尽所有调控手段之前，资本主义社会不

会灭亡。在共产主义社会，生产资料归全民所有，这一生产资料所有制与社会化大生产完美匹配，生产关系契合生产力，彻底解决了资本主义体系中无法解决的基本矛盾。

社会主义是共产主义的第一阶段，而我国尚处于社会主义的初级阶段，这注定了新中国要面对诸如前途漫漫、考验重重的众多挑战，但是，既然我国已经是社会主义国家，生产资料必然以公有制为主，生产资料公有制的本质属性是生产资料归全民所有，这一所有制属性决定了包括分配、实现方式在内的其他维度的属性。当代中国农村土地制度是实现农村经济发展的重要制度途径，自然也深受生产资料公有制属性的制约，体现人民的利益，以不断解放与发展生产力，实现共同富裕为制度指向。

二、当代中国农村土地制度演化的逻辑

1. 当代中国农村土地制度演化的历史逻辑

当代中国农村土地制度演化是中国在特定历史时空中、以制度为载体呼应时代命题、持续解放生产力的动态过程，这是其历史逻辑。

新中国成立以来，当代土地制度变迁可以划分为三个时期，1949—1978 年的社会主义革命和建设时期、1978—2012 年的改革开放与社会主义现代化建设新时期、2012 年至今的中国特色社会主义新时代。三个时期中国农村土地制度的内容虽不同，但皆是在特定历史时期旨在解放与发展生产力的制度实践与尝试，是特定历史环境下各因素合力的产物，有其历史逻辑。

社会主义革命和建设时期又可细分为 1949—1956 年的新民主主义革命向社会主义社会的过渡时期，1956—1966 年的全面建设社会主义时期，1966—1976 年的艰难探索及调整时期。三个时期，新中国的历史环境及面对的时代命题各异，解放农村生产力的制度安排自然也不同。

过渡时期，刚刚成立的新中国面对的最严峻考验是立足问题，是如何让年轻的政权站稳脚跟的问题。新中国成立初期，国内外局势异常严峻，

西方国家不承认新政权的合法性，并采取封锁禁运等方式对新中国加以打压，国民党残存势力、土匪、特务等负隅顽抗，对此，新中国在这一时期的施政方针倾向于稳定为要、巩固成果、夯实政权根基。争取中国最广大的农民群众的支持、激发农民革命与生产的热情是巩固政权的核心，此时的农村土地政策延续“耕者有其田”的既往方针，确保无地少地农民的土地权益，实施土地私有基础上的家庭经营土地制度。三大改造时期，配合国家优先发展重工业的产业战略成为时代命题。重工业是一个资金密集型、技术密集型产业，新中国一穷二白，资金技术俱缺乏，依照比较优势理论，发展重工业似乎并非上上之选。但是，在苏联优先发展重工业的成功经验、严峻国际环境下的国防建设升级压力、重工业发展具有自我循环特征等一系列因素影响下，新中国第一代领导人坚定地选择了这一发展战略。当时，严峻的国际环境在很大程度上阻隔了国际融资购买技术之路，对于新中国而言，内部积累之路成为此环境下的必然选择。新中国选择利用工农业价格剪刀差、以“重积累，轻消费”的方式完成内部积累任务。但是，如果农村土地依然掌握在个体农民手中，农民按照市场供求出售农产品，国家压低农产品价格提高工业品价格的剪刀差方式将丧失实践基础，唯有改变土地所有权属性，将土地私有转为土地公有，国家才可能以统收统支、统购统销的计划方式控制农产品价格，助力国家的重工业发展战略。为此，新中国开展了三大改造运动，农业的社会主义改造是其重要组成。中国农村土地制度开启了从土地私有家庭经营到土地集体所有集体经营的转变进程。

全面建设社会主义时期，大力发展国民经济、推动国家从农业国向工业国转变、彰显社会主义经济的蓬勃活力成为时代命题。农业是社会主义经济发展的重中之重，经过农业的社会主义改造，国家已经基本掌握了土地这一农村最重要的生产资料，国家的重工业优先发展战略也在如火如荼地开展，大力发展农业、为重工业发展提供必要支撑的可能性、重要性、紧迫性、必要性皆已凸显。此时，以人民公社为基本单位、以“一大二公”的计划体制发展农业成为当时农村经济发展的主要形式。“三级所有，队为基础”、集体所有、集体经营的农村土地经营管理制度成为这一时期的主要土地制度。

艰难探索及调整时期，探索中国特色的经济发展路径、巩固政权性质成为时代命题。苏共二十大之后，东欧的社会主义国家纷纷在20世纪60年代探索具有本国特色的经济发展路径，中国与苏联的关系也在20世纪五六十年代不断僵化。考虑到国际形势的变动及中国的国际处境，毛泽东主席较为关注意识形态的异动与博弈，为了防止资本主义势力复辟、保持党的纯洁性、探索中国特色的社会主义建设道路，发起了“文化大革命”运动。在10年艰难的尝试与探索期，意识形态的争论与斗争占据主流，经济发展受到较大的冲击。1976年“文化大革命”结束，至此一直到1978年，恢复调整成为国民经济工作的重点。整体而言，这一时期的经济发展相对缓慢，经济制度建设与推进相对迟滞。农村经济亦是如此，农村土地制度维持原有框架，计划体制下集体所有集体经营的土地制度仍是中国农村最重要的土地制度。

改革开放与社会主义现代化建设新时期是我国经济快速发展的重要时期，提高中国经济发展效率，激发中国经济发展活力成为这一时期的时代命题。为此，中国经济发展方式开始由计划经济向社会主义市场经济转变。为了激发中国农村经济发展活力，以家庭联产承包责任制为代表的土地制度应运而生。围绕三块地的土地制度共性是在保持土地集体所有权的同时，下放土地承包权、使用权与受益权。这一制度迅速在广大农村推广与普及，快速解决了中国人的温饱问题，并助力中国乡镇企业异军突起，带来了强劲的制度红利。

中国特色社会主义新时代是中国经济高质量发展的新阶段，满足人民群众对美好生活的向往，解决中国经济发展不均衡、不充分问题成为这一时期的时代命题。农村、农民、农业曾经为中国城市、市民、工业的发展做出了重大牺牲，这也是造成当前中国农村在二元经济中处于弱势地位的重要原因，就这一点而言，工业反哺农业、工业支持农业发展进而消除农业的非均衡发展势在必行，乡村振兴战略、城乡融合发展战略等国家层面的发展布局也顺理成章产生。为了缓解农村的非均衡发展劣势，促进农村经济的高质量发展，中国农村土地制度在这一时期也发生了较大变化，“三权分置”的土地制度应运而生，这一制度是对原有家庭联产承包责任制的进一步完善与优化，以坚持所有权、稳定承包权、放活经营权为特征，在保障农村集体组织及承包户合法权益、推进农业的现代化经营、激发土地资源的市场活力等领域作出了重大贡献。

2. 当代中国农村土地制度演化的理论逻辑

当代中国农村土地制度演化是马克思主义土地制度思想、马克思主义制度变迁理论的中国化发展、创新过程，这是其理论逻辑。

马克思主义是中国共产党的指导思想，马克思主义土地制度思想深入影响了当代中国土地制度实践，不过，中国土地制度演化并非教条地执行马克思主义土地思想的产物，而是与中国革命与实践相结合的产物，是一个创新性的中国化发展的过程。

马克思主义土地制度思想及制度变迁理论很透彻地分析了西方资本主义的地租本质，揭示了资本主义土地市场的演化规律，对资本主义土地市场的产生、发展及趋势有强劲的解释力。但是，中国土地市场的发展及制度演化完全不同于西方，有其独特的国别性、民族性及历史阶段性特征。1949 年新中国成立之时，中国刚刚告别半殖民地半封建的社会体系，刚刚从不公平的“中心—依附”世界经济体系中挣脱出来，急需符合中国国情的土地制度促进经济发展，马克思主义体系中也没有匹配中国国情的现成的土地制度思想。不过，马克思在《哥达纲领批判》中，已明确把共产主义分为低级与高级两个阶段，认为无产阶级建立政权后，还必须经过一个漫长的过渡时期才能最终步入共产主义社会。列宁采取战时共产主义政策、新经济政策，对过渡时期的制度进行了开创性的探索。斯大林尤为重视社会主义经济建设的理论研讨与提炼总结工作，在其领导下，《政治经济学教科书》于 1954 年 8 月正式出版，标志着社会主义政治经济学理论体系的正式诞生。

中华人民共和国成立后，如何发展社会主义经济、如何使中国从传统的农业国转向现代化工业国成为当务之急，而经济的发展离不开正确的经济理论的指导。1958—1961 年，毛泽东主席在多个场合密集推荐苏联的《政治经济学教科书》《苏联社会主义经济问题》，充分体现了他对理论建设工作的重视。同时，毛泽东主席也意识到探索中国特色经济发展道路的必要性："解放后，三年恢复时期，对搞建设，我们是懵懵懂懂的。接着搞第一个五年计划，对建设还是懵懵懂懂的，只能基本上照抄苏联的办法，但总觉得不满意，心情不舒畅。"[①] 谈及《政治经济学教科书》，毛泽东主席虽认为此书存在问题，但受此书启发，也强调中国应当从本国实际出发，创造新的理论，产生自己的理论家。显然，毛泽东主席已敏锐觉察到马克思主义中国化的必要性与紧迫性。此后包括邓小平、江泽民、胡锦涛、习近平总书记在内的各时期国家领导人都秉承此传统，非常重视对中国特色发展道路的理论凝练与总结。

理论的凝练与总结离不开实践支撑。理论是对实践的体系化升华与学理性总结，中国特色农村土地制度实践是中国特色农村土地制度理论的实践基础。基于马克思、列宁、斯大林等人对社会主义经济的理论探索，中国各个时期的国家领导团体将前者有关社会主义所有制的理论与中国实际情况充分结合，在各个时期给出了因时而异的中国农村土地制度，体现了当代中国领导团队与人民群众发展农村经济的集体智慧。各时期中国农村土地制度是中国人民将马克思主义理论中国化的智慧结晶，中国农村土地制度演化也成为马克思主义土地制度思想与制度变迁理论的中国化发展与创新过程。

3. 当代中国农村土地制度演化的实践逻辑

当代中国农村土地制度演化是一个以人民为中心，以共同富裕为目标、用土地制度对各时期社会利益关系进行调整的运作过程，这是其实践逻辑。

---

① 毛泽东. 读苏联《政治经济学教科书》的谈话[M]//毛泽东文集:第 8 卷. 北京:人民出版社,1997:117.

土地是最重要的生产要素，关乎最广大人民群众的利益。土地制度最能体现政权性质与生产关系，新中国是社会主义国家，各个时期的土地制度演化是以制度方式对人民利益进行动态调整的过程。

1949 年中华人民共和国成立，对于国际共产主义运动与中国新民主主义革命而言，具有划时代意义，标志着一个崭新的社会主义政权建立了。新中国的国家性质被清楚地界定于宪法之中：中华人民共和国是工人阶级领导的、以工农联盟为基础的人民民主专政的社会主义国家，社会主义制度是我国的根本制度，以公有制为主体、多种所有制共同发展是我国的基本经济制度。

既然是人民民主专政国家，自然代表最广大人民群众的利益。既然以公有制为主体，而土地又是最宝贵的生产要素，土地的公有属性在社会主义国家理所当然，也最能体现人民利益。不过，一个基本事实是，我国还处于社会主义初级阶段，即我国虽已经是社会主义国家，但我国正处于且将长期处于社会主义的初级阶段，处于生产力水平较为落后、商品经济尚不够发达的阶段，这一基本事实是当前包括农村土地制度在内的一切制度产生的基础。换句话说，当代中国农村土地制度的现实任务非常明确，即在一个生产力发展水平较低、商品经济不太发达的社会主义国家，如何用土地制度在促进农村经济发展的同时确保农户的利益。纵观当代中国农村土地制度的演化过程，不难发现各个时期的土地制度无不围绕着上述现实任务展开，从“耕者有其田”的土地私有家庭经营到土地集体所有集体经营，再到土地集体所有家庭承包经营，最后到土地集体所有家庭承包但可流转经营的土地制度，每个时期的土地制度都旨在通过调整生产关系调整人民之间的社会利益关系，并使社会生产朝着共同富裕的方向发展。

三、当代中国农村土地制度演化的现实意义

1. 不断解放与发展了农村生产力，为中国奇迹的创造贡献了中国特色的制度支撑

新中国在短短 70 余年的时间内，从一穷二白的农业国发展成为国内生

产总值全球第二的工业国，成为与全球各个区域紧密联系的“世界工厂”，在世界舞台上有着举足轻重的影响力，发展速度令全球瞩目，被称为“中国奇迹”。促成“中国奇迹”的影响因素众多，学术界也从各个角度对之进行了充分的讨论，有经济政策改革说、四因素综合作用说、高储蓄率高投资率说、低起点说、初始条件说、创新说、制度变迁说、“三化”推进说、发展战略说、市场需求说、技术进步说、劳动力转移说①等，这些视角见仁见智，笔者认为四因素综合作用说与制度变迁说有较强的解释力，两者的共性是都非常重视制度对经济发展的作用。

的确，制度在促进当代中国农村经济发展过程中的作用至关重要，特别是土地制度。中国的新民主主义革命走了一条农村包围城市的道路，其中“耕者有其田”的土地革命大大激发了广大农民参与革命的热情，助力新中国的成立。农业的社会主义改造使农村土地公有属性确立，助力优先发展重工业的国家发展战略，使得中国有条件通过工农业剪刀差走一条“重积累、轻消费”的路径，在艰苦的条件下研发成功两弹一星。家庭联产承包责任制呼应“一大二公”体制下农业生产效率低下的发展问题，是土地集体属性基础上的制度创新成果，助力中国农业及乡镇企业的快速发展。“三权分置”制度是新时代土地制度的再次优化与创新，助力乡村振兴战略的顺利实施。每一时期的农村土地制度都在当时的历史语境下解放与发展了中国农村的生产力，这些成绩不断积淀，成就了中国奇迹。

2. 探索了发展社会主义农业的制度形式，证明了社会主义农业发展的多元实现方式

自十月革命胜利后建立第一个社会主义政权起，社会主义国家对如何提高农业发展效率进行了各种各样的制度尝试，苏联的新经济政策，南斯拉夫、匈牙利、捷克斯洛伐克等东欧各国根据本国国情的改革都包含大量与农业相关的市场化改革元素，为探索社会主义国家农业发展方式作出了一定

① 任保平，刘丽. 中国30年“经济增长奇迹”：描述、界定与理论解释[J]. 西北大学学报（哲学社会科学版），2008(1)：13－22.

贡献。

中国向来有积极探索符合国情之发展道路的传统，农村包围城市、工农联合、统一战线皆是新民主主义革命过程中马克思主义中国化的产物。在发展农村经济的制度探索方面，中国更是卓有成效。从土地私有到土地集体所有，从家庭经营到集体经营再到家庭经营再到鼓励经营权流转规模化经营，当代中国的土地制度实践尝试非常充分，且用优异的农业发展成绩证实了社会主义国家的确可以采取多元方式推进农业的发展。

3. 提供了人类文明演进过程中发展农村经济的另一种制度形式，丰富了农业现代化的制度路径

前现代时期，东西方文明特点迥异，东方的大河文明、黄色文明、农耕文明不同于西方的海洋文明、蓝色文明、商业文明，不过，就农业发展进程而言，原始农业革命对东西方的影响是共同的，都使人类初步摆脱了自然的束缚。之后古罗马的大地产制、封建庄园经济，中国的分封制井田制、小农经济等虽存在各种特征差异，但在生产技术、生产社会化程度等方面类似，均属于传统农业。随着西方民族国家形成、新航路开辟、地理大发现、价格革命、商业革命等新变化产生，西方近代农业革命应运而生，资本的力量进入农业领域，现代化农场产生，地主、农场主、农业工人成为农业现代化经营中的三大阶层，农业的现代化发展顺理成章，现代化农业生产技术取代传统技术，现代化农业工人取代传统农民，农业生产的规模与社会化、市场化程度与日俱增，并最终完成农业的现代化，将大量的农业剩余人口排挤到城市，为工业革命做好了劳动力准备。可见，西方是以市场的方式完成农业的现代化。

中国则完全不同，新中国成立之初，国际国内环境非常复杂严峻，为了更好地建设新中国，中国政府制定了优先发展重工业的发展战略，并选择工农业商品价格人为剪刀差的方式完成资本积累，当时，中国农业为工业发展作出了巨大的贡献。1978 年以后，中国政府聚焦农业发展，不断制度创新，并将工业反哺农业、城乡一体化发展、城乡融合发展作为阶段性目标，制定出大量惠农助农政策，家庭联产承包责任制、“三权分置”等

制度皆是力证。换言之，中国是以人为制定发展战略、利用倾向性非常明显的土地制度促进中国农业的发展，农业是国家宏观经济体系的有机组成，农业的阶段性发展目标与土地制度是国家基于全局目标宏观考量的产物，有着迥异于西方的特征。就人类文明进程而言，当代中国农村土地制度演化亦对人类农业现代化的实现方式进行了有益的探索，提供了另一种制度路径。

参考文献

[1]蔡继明,李蒙蒙. 当代中国土地制度变迁的历史与逻辑[J]. 经济学动态,2021(12):40 - 51.

[2]蔡蕊文. 新中国 70 年农村土地制度变迁研究[D]. 福州:福建师范大学,2019.

[3]曾令秋,胡健敏. 新中国农地制度研究[M]. 北京:人民出版社,2011.

[4]陈红. 百年中国农地产权制度变革的政治经济学逻辑及其启迪[J]. 财经理论与实践,2022,43(6):124 - 130.

[5]陈纪英. 两个乡镇两重天[J]. 记者观察(上半月),2007(10):16 - 19.

[6]陈坤秋,龙花楼,马历,等. 农村土地制度改革与乡村振兴[J]. 地理科学进展,2019,38(9):1424 - 1434.

[7]陈淑琼. 新时期中国农地制度改革研究[M]. 北京:人民出版社,2016.

[8]陈思凡. 建国以来的农村土地制度变迁探析[D]. 厦门:厦门大学,2014.

[9]陈锡文. 中国农村制度变迁 60 年[M]. 北京:人民出版社,2009.

[10]城乡建设用地增减挂钩试点管理办法[J]. 资源与人居环境,2009(6):19 - 21.

[11]程世勇. 中国农村土地制度变迁:多元利益博弈与制度均衡[J]. 社会科学辑刊,2016(2):85 - 93.

[12]程文朝,程宇林.新中国成立以来农村土地制度变迁的历史溯源及当代成就[J].中共乐山市委党校学报(新论),2020,22(1):9-14.

[13]迟福林.赋予农民长期而有效的土地使用权[N].人民日报,1999-01-05(9).

[14]仇叶.乡村工业化模式与农村土地制度变迁——一项对沿海地区集体经营性建设用地制度的研究[J].中国农村经济,2020(4):101-123.

[15]崔霁.中国土地制度的演变之路[J].城市开发,2007(19):53-55.

[16]戴银萍,莫晓辉.关于福建省晋江市陈埭镇洋埭村耕地股份合作制调研报告[J].中国土地学,2001(1):35-38.

[17]董新辉.新中国70年宅基地使用权流转:制度变迁、现实困境、改革方向[J].中国农村经济,2019(6):2-27.

[18]段美玲.新中国成立以来农村土地制度变迁研究[D].上海:华东师范大学,2012.

[19]范丹.农村土地制度:变迁历程、基本特征与经验启示——基于百年党史的视角[J].农业考古,2021(4):86-94.

[20]丰雷,蒋妍,叶剑平.诱致性制度变迁还是强制性制度变迁?——中国农村土地调整的制度演进及地区差异研究[J].经济研究,2013,48(6):4-18,57.

[21]甘元彦.中国土地制度研究及“股田制”改革分析[D].重庆:重庆大学,2008.

[22]高帆.中国经济发展的独特性:一个基于土地制度变迁的考察[J].社会科学战线,2021(12):41-49.

[23]高圣平,吴昭军.宅基地制度改革的试点总结与立法完善——以《土地管理法》修订为对象[J].山东社会科学,2019(8):103-111.

[24]郜亮亮,纪月清.中国城乡转型中的农村土地集体产权与流转配置效率[J].中国农村经济,2022,454(10):24-40.

[25]关于引导农村土地经营权有序流转发展农业适度规模经营的意见[N].人民日报,2014-11-21(3).

[26]管洪彦,孔祥智.农地“三权分置”典型模式的改革启示与未来展望[J].经济体制改革,2018,213(6):63-69.

[27]郭贯成,李学增,王茜月.新中国成立70年宅基地制度变迁、困境与展望:一个分析框架[J].中国土地科学,2019,33(12):1-9.

[28]郭紫程.出实招下实功打通共同富裕“快车道”——仙居县开展“一户多宅”及历史遗留非法住宅综合整治专项行动[J].浙江国土资源,2021(12):20-21.

[29]国务院办公厅.关于完善建设用地使用权转让、出租、抵押二级市场的指导意见[Z].2019-07-22.

[30]国务院关于农村土地征收、集体经营性建设用地入市、宅基地制度改革试点情况的总结报告——2018年12月23日在第十三届全国人民代表大会常务委员会第七次会议上[J].中华人民共和国全国人民代表大会常务委员会公报,2019(1):292-296.

[31]国务院关于深化改革严格土地管理的决定[J].农村经营管理,2005(2):4-6.

[32]海丹凤.乡村振兴背景下资本下乡的路径分析[J].投资与创业,2023,34(2):163-165.

[33]韩立达,李勇,韩冬.农村土地制度改革研究[M].北京:中国经济出版社,2011.

[34]韩浈浈,杨丹丹.“小田变大田”的安徽探索[N].农民日报,2022-11-14(1).

[35]贺建平.驰骋在丰收的沃野[J].政府法制,2007(1):31.

[36]胡锦涛.坚定不移沿着中国特色社会主义道路前进 为全面建成小康社会而奋斗——在中国共产党第十八次全国代表大会上的报告[J].求是,2012(22):3-25.

[37]胡锡光.砚山县整县推进农村土地承包经营权确权登记颁证的实践与启示[J].云南农业,2016(12):69-71.

[38]胡新艳,陈小知,米运生.农地整合确权政策对农业规模经营发展

的影响评估——来自准自然实验的证据[J]. 中国农村经济,2018,408(12):83-102.

[39]胡元坤. 中国农村土地制度变迁的动力机制[D]. 南京:南京农业大学,2003.

[40]黄道霞. 五十年来中国农业生产关系的发展及其演变[J]. 教学与研究,1999(9):16-22.

[41]江华,杨秀琴. 农村集体建设用地流转——制度变迁与绩效评价[M]. 北京:中国经济出版社,2011.

[42]蒋永穆,安雅娜. 我国农村土地制度变迁的路径依赖及其创新[J]. 经济学家,2003(3):54-59.

[43]金良年. 论语译注[M]. 上海:上海古籍出版社,2004:197.

[44]康雄华. 农村集体土地产权制度与土地使用权流转研究[D]. 武汉:华中农业大学,2006.

[45]孔泾源. 中国农村土地制度:变迁过程的实证分析[J]. 经济研究,1993(2):16,65-72.

[46]孔祥智,马庆超. 农村集体经营性建设用地改革:内涵、存在问题与对策建议[J]. 农村金融研究,2014(9):11-14.

[47]李保东,王黎锋. 论建国后中国土地制度的演变——基于农民土地观的分析[J]. 武汉职业技术学院学报(综合版),2007(1):118-120.

[48]李敢,徐建牛. 改革开放四十年来的我国农村土地制度变迁及其逻辑分析——以资源配置的效率与公平为视角[J]. 社会发展研究,2018,5(2):55-74,243.

[49]李怀,陈明红. 乡村振兴背景下宅基地"三权分置"改革的政策意蕴与实践模式[J]. 中国流通经济,2023(4):72-80.

[50]李士梅,尹希文. 中国农村劳动力转移对农业全要素生产率的影响分析[J]. 农业技术经济,2017,269(9):4-13.

[51]李行,温铁军. 中国60年农村土地制度变迁[J]. 科学对社会的影响,2009(3):38-41.

[52]李泽弘,李泽德.新型农业经营主体资源配置优势分析[J].合作经济与科技,2023(8):36-38.

[53]刘福垣.农村改革的新方略[M].北京:中国财政经济出版社,1992.

[54]刘广栋,程久苗.1949年以来中国农村土地制度变迁的理论和实践[J].中国农村观察,2007(2):70-80.

[55]刘辉.浅议农业产业化[J].农业科技与信息,2007(12):23-24.

[56]刘鹏,李显勇.中国土地制度演变及当下改革路径探析[J].商品与质量,2012(S7):72-73.

[57]刘锐.土地、财产与治理——农村宅基地制度变迁研究[M].武汉:华中科技大学出版社,2017.

[58]刘守英,颜嘉楠.体制秩序与地权结构——百年土地制度变迁的政治经济学解释[J].中国土地科学,2021,35(8):1-14.

[59]刘守英.集体地权制度变迁与农业绩效——中国改革40年农地制度研究综述性评论[J].农业技术经济,2019(1):4-16.

[60]刘守英.农村宅基地制度的特殊性与出路[J].国家行政学院学报,2015(3):18-24,43.

[61]刘长乐.马克思土地产权理论及其中国化探寻[D].武汉:华中师范大学,2014.

[62]卢红岩.基于新制度经济学的中国农村土地制度变迁研究[D].郑州:河南大学,2009.

[63]马凯.中国农村集体非农建设用地市场演化机制研究[D].南京:南京农业大学,2009.

[64]茆荣华.我国农村集体土地流转制度研究[M].北京:北京大学出版社,2010.

[65]孟丽,钟永玲,李楠.我国新型农业经营主体功能定位及结构演变研究[J].农业现代化研究,2015,36(1):41-45.

[66]农村承包地确权登记颁证工作基本完成[J].中国农民合作社,

2020,139(12):5.

[67]彭小霞.集体经营性建设用地入市的功能检视与实现路径[J].哈尔滨工业大学学报(社会科学版),2023,25(2):145-152.

[68]钱忠好,牟燕.中国土地市场化改革:制度变迁及其特征分析[J].农业经济问题,2013,34(5):20-26,110.

[69]钱忠好,曲福田.农地股份合作制的制度经济解析[J].管理世界,2006(8):47-55.

[70]秦涛,蒋逸飞,朱然.农地流转模式创新与价值提升——以浙江衢州"两山合作社"为例[J].世界农业,2023,529(5):116-124.

[71]沈昊,姜秀玉.近代以来中国土地制度变迁的探索与启示(1851—1949)[J].中国农史,2022,41(6):89-97.

[72]孙圣民.政治过程、制度变迁与经济绩效[D].济南:山东大学,2007.

[73]孙涛,黄少安.制度变迁的路径依赖、状态和结构依存特征研究——以改革开放以来中国农村土地制度变迁为例[J].广东社会科学,2009(2):19-24.

[74]孙佑海.土地流转制度研究[D].南京:南京农业大学,2000.

[75]唐国华,朱小静.股田制:农村土地流转创新的目标制度[J].农村经济,2007(7):17-19.

[76]唐辉.中国共产党百年农村土地制度变迁:动因、逻辑及启示——基于社会基本矛盾的视角[J].党政研究,2021(5):34-43.

[77]唐健,谭荣.农村集体建设用地入市路径——基于几个试点地区的观察[J].中国人民大学学报,2019,33(1):13-22.

[78]唐俊.中国土地流转制度历史演变探析[J].法制与社会,2015(19):13-14.

[79]唐俐.农村宅基地使用权流转问题探讨[J].现代农业科学,2008(9):100-101.

[80]唐明曦.中国农村新型家庭经济的崛起[J].经济研究,1983(12):42-47.

[81]田传浩. 土地制度兴衰探源[M]. 杭州:浙江大学出版社,2018.

[82]汪晖,陶然. 论土地发展权转移与交易的“浙江模式”——制度起源、操作模式及其重要含义[J]. 管理世界,2009(8):39 -52.

[83]王海滨. 新农村建设着力于农民增收[J]. 经济学家,2007(4):125 -126.

[84]王景新. 中国农村土地制度变迁30年:回眸与瞻望[J]. 现代经济探讨,2008(6):5 -11.

[85]王敬尧,魏来. 当代中国农地制度的存续与变迁[J]. 中国社会科学,2016(2):73 -92,206.

[86]王俊龙,郭贯成. 1949年以来中国宅基地制度变迁的历史演变、基本逻辑与展望[J]. 农业经济问题,2022(3):88 -96.

[87]王丽华. 中国农村土地制度变迁的新政治经济学分析[D]. 沈阳:辽宁大学,2012.

[88]王能应. 中国经济史上的农地产权制度变迁[D]. 武汉:华中科技大学,2008.

[89]王桃桃. 建国以来我国农村土地制度变迁研究[D]. 北京:首都经济贸易大学,2015.

[90]王一波,欧伟豪. 完善土地承包制的一种好形式——“均田公标制”的具体做法和理论依据[J]. 农业经济问题,1991(2):38 -39.

[91]吴郁玲,曲福田. 土地流转的制度经济学分析[J]. 农村经济,2006(1):24 -26.

[92]武凤平. 遏制耕地“非农化”“非粮化”问题研究[J]. 当代农机,2023,390(1):61,63.

[93]习近平主持召开中央全面深化改革领导小组第五次会议[N]. 人民日报,2014 -09 -30(1).

[94]夏浩. 改革开放以来农村集体经营性建设用地制度变迁研究[J]. 安徽农业科学,2021,49(8):253 -255.

[95]肖淑英,赵敏. 农业产业化在现代农业中的作用及发展对策[J]. 农

业经济,2007(3):15－16.

[96]徐杨. 中国土地制度变迁的回顾与展望[D]. 苏州:苏州大学,2002.

[97]徐云. 中国土地制度演变及未来趋势[J]. 城市开发,2007(22):28－29.

[98]严金明,郭栋林,夏方舟. 中国共产党百年土地制度变迁的"历史逻辑、理论逻辑和实践逻辑"[J]. 管理世界,2021,37(7):2,19－31.

[99]姚洋. 集体决策下的诱导性制度变迁——中国农村地权稳定性演化的实证分析[J]. 中国农村观察,2000(2):11－19,80.

[100]姚洋. 中国农地制度:一个分析框架[J]. 中国社会科学,2000(2):54－65,206.

[101]叶艳妹,彭群,吴旭生. 农村城镇化、工业化驱动下的集体建设用地流转问题探讨:以浙江省湖州市、建德市为例[J]. 中国农村经济,2002(9):36－42.

[102]尹芳,刘曙辉. 一户多宅腾空1000余亩土地百姓乐享拆出的甜头——桐庐县开展一户多宅清理整治纪实[J]. 浙江国土资源,2014(8):59.

[103]于荣泽. 宅基地"三权分置"中农户资格权的认定及其制度构建[J]. 镇江高专学报,2023,36(2):37－43.

[104]余方镇. 论我国农业产业化系统构建及运作协调[J]. 河南大学学报(自然科学版),2007(1):51－55.

[105]俞明轩,谷雨佳,李睿哲. 党的以人民为中心的土地政策:百年沿革与发展[J]. 管理世界,2021,37(4):24－35.

[106]岳永兵. 集体经营性建设用地调整入市模式对比分析[J]. 中国国土资源经济,2018,31(6):23－27.

[107]岳永兵. 集体经营性建设用地入市实施主体对比分析[J]. 中国国土资源经济,2019,32(6):29－34.

[108]臧知非,周国林,耿元骊,等. 唯物史观视阈下的中国古代土地制度变迁[J]. 中国社会科学,2020(1):153－203,207－208.

[109]张彩云,隋筱童. 中国土地制度的阶段性演变及成就[J]. 改革与

战略,2019,35(5):16－25.

[110]张广辉,张建."三权分置"与农民农村共同富裕的四维耦合及实践推进——基于政治经济学的视角[J].经济纵横,2023(3):17－25.

[111]张海明.当代中国土地产权制度变迁研究(1949—2015)[D].济南:山东大学,2019.

[112]张红宇.中国农村土地制度变迁的政治经济学分析[D].重庆:西南农业大学,2001.

[113]张红宇.中国农地制度变迁的制度绩效:从实证到理论的分析[J].中国农村观察,2002(2):21－33,80.

[114]张莉,李舒雯,杨轶轲.新中国70年城市化与土地制度变迁[J].宏观质量研究,2019,7(2):80－102.

[115]张旭,隋筱童.我国农村集体经济发展的理论逻辑、历史脉络与改革方向[J].当代经济研究,2018(2):26－36.

[116]张毅,张红,毕宝德.农地的"三权分置"及改革问题:政策轨迹、文本分析与产权重构[J].中国软科学,2016,303(3):13－23.

[117]赵明正,张桂玲,郑方方,等.百年来的中国农村土地制度变迁:回顾与展望[J].农村·农业·农民(B版),2022(2):7－11.

[118]中共中央 国务院关于加快发展现代农业进一步增强农村发展活力的若干意见[J].中国合作经济,2013(2):4－9.

[119]中共中央 国务院关于坚持农业农村优先发展做好"三农"工作的若干意见[J].农村经营管理,2019(2):6－12.

[120]中共中央 国务院关于落实发展新理念加快农业现代化实现全面小康目标的若干意见[J].中华人民共和国国务院公报,2016(6):7－17.

[121]中共中央 国务院关于做好2022年全面推进乡村振兴重点工作的意见[J].中华人民共和国国务院公报,2022(7):5－13.

[122]中共中央 国务院关于做好2023年全面推进乡村振兴重点工作的意见[J].中华人民共和国国务院公报,2023(6):4－10.

[123]中共中央办公厅 国务院办公厅印发《关于加快构建政策体系培

育新型农业经营主体的意见》[J]. 中国农民合作社,2017(7):7-10.

[124]中共中央关于全面深化改革若干重大问题的决定[N]. 人民日报,2013-11-16(1).

[125]中共中央关于推进农村改革发展若干重大问题的决定[N]. 人民日报,2008-10-20(1).

[126]中共中央 国务院关于加强耕地保护和改进占补平衡的意见[N]. 人民日报,2017-01-24(1).

[127]中共中央 国务院关于建立健全城乡融合发展体制机制和政策体系的意见[N]. 人民日报,2019-05-06(1).

[128]中共中央 国务院关于全面推进乡村振兴加快农业农村现代化的意见[N]. 人民日报,2021-02-22(1).

[129]中共中央 国务院关于深入推进农业供给侧结构性改革加快培育农业农村发展新动能的若干意见[N]. 人民日报,2017-02-06(1).

[130]中共中央 国务院关于实施乡村振兴战略的意见[N]. 人民日报,2018-02-05(1).

[131]中共中央 国务院关于抓好"三农"领域重点工作确保如期实现全面小康的意见[N]. 人民日报,2020-02-06(1).

[132]中共中央 国务院印发《关于加大改革创新力度加快农业现代化建设的若干意见》[N]. 人民日报,2015-02-02(1).

[133]中共中央 国务院印发《关于全面深化农村改革加快推进农业现代化的若干意见》[N]. 人民日报,2014-01-20(1).

[134]中华人民共和国农村土地承包法[J]. 农村经营管理,2019(2):23-27.

[135]中央农办农业农村部 自然资源部 国家发展改革委 财政部关于统筹推进村庄规划工作的意见[J]. 中华人民共和国农业农村部公报,2019(2):21-23.

[136]周其仁. 中国农村改革:国家和所有权关系的变化(上)——一个经济制度变迁史的回顾[J]. 管理世界,1995(3):178-189,219-220.

[137]朱冬亮. 社会变迁中的村级土地制度[M]. 厦门:厦门大学出版社,2003.

[138]朱玲. 农业劳动力的代际更替:国有农场案例研究[J]. 劳动经济研究,2017,5(3):3-29.

[139]朱晓哲,刘瑞峰,马恒运. 中国农村土地制度的历史演变、动因及效果:一个文献综述视角[J]. 农业经济问题,2021(8):90-103.

[140]朱新华,陈利根,付坚强. 农村宅基地制度变迁的规律及启示[J]. 中国土地科学,2012,26(7):39-43.

[141]邹宝玲,彭素. 中国农村土地制度变迁、权能拓展与共同富裕[J]. 贵州师范大学学报(社会科学版),2022(4):79-89.

[142]罗红云. 中国农村土地制度研究:1949—2008[M]. 上海:上海财经大学出版社,2012.

[143]杜虹. 20 世纪中国农民问题[M]. 北京:中国社会出版社,1998.

[144]苏星. 我国农业的社会主义改造[M]. 北京:人民出版社, 1980.

[145]董志凯. 土地改革与我国的社会生产力——回答对我国土改的一种看法[J]. 中国经济史研究,1987(3):84,151-161.

[146]中国社会科学院, 中央档案馆. 1949—1952 年中华人民共和国经济档案资料选编:农业卷[M]. 北京:社会科学文献出版社, 1991.

[147]中共中央工作委员会. 中国土地法大纲[M]. 沧州:渤海新华书店, 1948.

[148]龙观华. 毛泽东解决中国农民土地问题的历史考察[J]. 江西社会科学,2002(11):110-112.

[149]杜润生. 杜润生自述:中国农村体制变革重大决策纪实[M]. 北京:人民出版社, 2005.

[150]杜润生. 关于中国的土地改革运动[J]. 中共党史研究,1996(6):17-19,24.

[151]毛泽东. 毛泽东选集:第一卷[M]. 北京:人民出版社,1966.

[152]毛泽东. 毛泽东文集:第一卷[M]. 北京:人民出版社,1993.

[153]兴国《土地法》[J]. 新湘评论,2019(9):51.

[154]中共中央文献研究室. 毛泽东文集(第5卷)[M]. 北京:人民出版社,1996.

[155]中国社会科学院,中央档案馆. 1949—1952中华人民共和国经济档案资料选编:农村经济体制卷[M]. 北京:社会科学文献出版社,1992.

[156]薄一波. 若干重大决策与事件的回顾(上)[M]. 北京:中共党史出版社,2008.

[157]李立志. 土地改革与农民社会心理变迁[J]. 北京:中共党史研究,2002(4):33-38.

[158]黄道霞. 建国以来农业合作化史料汇编[M]. 北京:中共党史出版社,1992.

[159]中共中央文献研究室. 建国以来重要文献选编(第七册)[M]. 北京:中央文献出版社,1993.

[160]武力. 过犹不及的艰难选择——论1949—1998年中国农业现代化过程中的制度选择[J]. 中国经济史研究,2000(2):87-98.

[161]中共中央文献研究室. 毛泽东文集(第6卷)[M]. 北京:人民出版社,1999.

[162]武力. 中国共产党"三农"思想政策史[M]. 北京:中国时代经济出版社,2013.

[163]中共中央办公厅,编. 中国农村的社会主义高潮(中册)[M]. 北京:人民出版社,1956.

[164]杨胜群,田松年. 共和国重大决策的来龙去脉(1949—1965)[M]. 南京:江苏人民出版社,1995.

[165]谢春涛. 大跃进狂澜[M]. 郑州:河南人民出版社,1990.

[166]中共中央文献研究室. 建国以来重要文献选编(第十一册)[M]. 北京:中央文献出版社,1995.

[167]蔡畅. 党的总路线照耀着我国妇女彻底解放的道路[M]. 北京:中国妇女杂志社,1960.

[168]中国人民政治协商会议共同纲领[J].江西政报,1949(3):16-20.

[169]曾令秋. 新中国农地制度研究[M]. 北京:人民出版社, 2011.

[170]中华人民共和国土地改革法[J].陕西政报,1950(4):3-7.

[171]郑有贵.土地改革是一场伟大的历史性变革——纪念《中华人民共和国土地改革法》颁布50周年[J].当代中国史研究,2000(5):6-16.

[172]董志凯, 陈廷煊. 土地改革史话[M]. 北京:社会科学文献出版社, 2011.

[173]易永锡. 中国当代农地制度研究[M]. 哈尔滨:黑龙江人民出版社, 2010.

[174]中央人民政府政务院关于一九五二年农业生产的决定[J].山西政报,1952(5):36-37.

[175]中共中央文献研究室.建国以来重要文献选编(第四册)[M].北京:中央文献出版社,1993.

[176]中国共产党中央委员会关于发展农业生产合作社的决议[J].陕西政报,1954(1):18-25.

[177]农业生产合作社示范章程草案[J].中华人民共和国国务院公报,1955(20):943-967.

[178]中共中央文献研究室. 建国以来重要文献选编(第八册)[M].北京:中央文献出版社, 1994.

[179]朱方林,朱大威.建国以来中国土地制度重大改革回顾与展望[J].江苏农业学报,2015,31(1):200-209.

[180]中共中央文献研究室. 建国以来重要文献选编(第十二册)[M].北京:中央文献出版社, 1996.

[181]中共中央文献研究室. 建国以来重要文献选编(第十四册)[M].北京:中央文献出版社, 1997.

[182]徐亚东.建党百年中国农地制度变迁:动态演进与逻辑[J].农业经济问题,2021(12):16-36.

[183]刘亚平.对中国土地制度沿革历史的沉思——试看东方尘封大地

的历史车辙[J]. 科学社会主义,2011(5):135 - 138.

[184]王煜宇. 农地入市:演进逻辑、制度障碍与路径创新——基于法经济学视角的解读[J]. 中国不动产法研究,2009,4(00):3 - 16.

[185]张云华. 完善与改革农村宅基地制度研究[M]. 北京:中国农业出版社, 2011.

[186]韩清怀. 农村宅基地使用权制度研究[M]. 北京:中国政法大学出版社,2015.

[187]王旭东. 中国农村宅基地制度研究[M]. 北京:中国建筑工业出版社,2011.

[188]任育锋,李哲敏,芦千文. 农村宅基地制度:变迁历程、演变逻辑与改革路径[J]. 当代经济管理,2022,44(4):34 - 41.

[189]中共中央文献研究室. 建国以来重要文献选编(第十五册)[M]. 北京:中央文献出版社, 1997.

[190]张琦英,徐玲. 改革开放以来农村集体经营性建设用地流转政策演进研究[J]. 现代商贸工业,2023,44(5):4 - 6.

[191]赵娉婷. 农村集体建设用地制度研究[D]. 泰安:山东农业大学,2011.

[192]张晓玲. 集体建设用地入市政策演进历程与规划管控策略[J]. 中国土地,2021(3):4 - 7.

[193]王贝. 中国集体建设用地产权制度的现状及演进[J]. 中国农学通报,2011,27(4):381 - 386.

[194]龙开胜. 农村集体建设用地流转:演变,机理与调控[D]. 南京:南京农业大学,2009.

[195]李保东,王黎锋. 论建国后中国土地制度的演变——基于农民土地观的分析[J]. 武汉职业技术学院学报(综合版),2007(1):118 - 120.

[196]杜润生. 中国的土地改革[M]. 北京:当代中国出版社,1996.

[197]孙瑞鸢. 建国初期土地改革的动因、政策和成就——对《剑桥中国史》第 14 卷有关部分的评析[J]. 中共党史研究,1994(5):43 - 50.

[198]陈晓枫,陈瑞旭.新中国70年农地经营权制度演进的逻辑与经验[J].马克思主义与现实,2020(1):155-162.

[199]中共中央文献研究室. 建国以来重要文献选编(第十册)[M]. 北京:中央文献出版社, 1995.

[200]管洪彦.农村宅基地分配制度:历史演变、运行困境与改革思路[J].南京农业大学学报(社会科学版),2022,22(4):165-175.

后　记

乡村振兴、城乡融合发展是解决中国“三农”问题、发展城乡二元经济的必由之路，对土地这一农村最重要生产要素的高效使用是落实此路径的关键所在，土地制度又是决定土地生产效率的核心因素，理解中国农村的任何现实实践问题，土地制度始终是无法绕开的重要考量。

新中国成立以来，在中国共产党的领导下，中国农村经济始终在韧性发展，取得了举世瞩目的成绩，中国农村的社会主义实践及成绩与各个时期应时而变的土地制度高度相关。七十余年的风雨历程之后，适时的总结回顾尤为必要，本书在马克思主义视阈下，通过构建“土地制度演化背景——土地制度的演化——土地制度的实践与影响”的分析框架，对当代中国农村土地制度演化进行系统的梳理与分析，以期抛砖引玉。

本书是团队合作的成果，成员以西北大学经济管理学院的教师及研究生为主。赵麦茹副教授负责全书框架设计、逻辑构建、写作指导、统筹协调等工作。具体章节写作分工如下：第一章，赵麦茹；第二章，高山；第三章，刘若冰；第四章，张嫚；第五章，孟冉；第六章，赵麦茹。